搭地鐵
玩遍巴黎

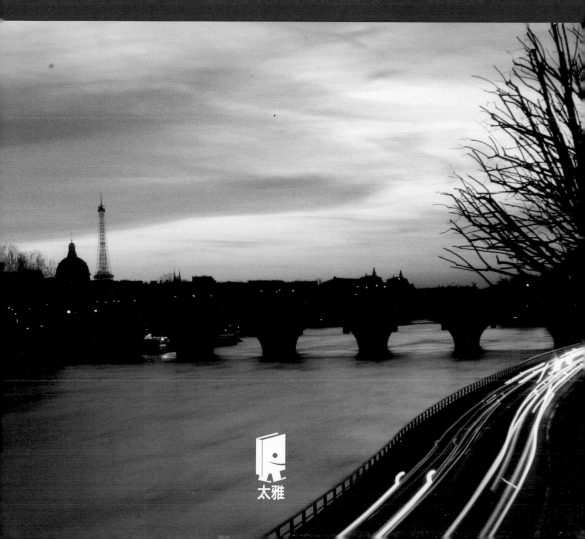

太雅

世界主題之旅 71　**搭地鐵玩遍巴黎**　Life Net 71

| 文　　字 | 姚筱涵 |
| 攝　　影 | 姚筱涵 |

總 編 輯	張芳玲
書系主編	張焙宜
修訂編輯	邱律婷
美術設計	曹馥蘭・林惠群
封面設計	曹馥蘭・林惠群
地圖繪製	姚筱涵
修訂美編	林惠群・吳靜霓

太雅出版社

TEL：(02)2882-0755　FAX：(02)2882-1500
E-MAIL：taiya@morningstar.com.tw
郵政信箱：台北市郵政53-1291號信箱
太雅網址：http://taiya.morningstar.com.tw
購書網址：http://www.morningstar.com.tw
讀者專線：(04)2359-5819 分機230

發 行 所	太雅出版有限公司
	台北市11148忠誠路一段30號7樓
	行政院新聞局局版台業字第五○○四號
印　　刷	上好印刷股份有限公司　TEL：(04)2315-0280
裝　　訂	東宏製本有限公司　TEL：(04)2452-2977

初　　版	西元2011年08月10日
初版三刷	西元2014年04月01日
定　　價	420元

(本書如有破損或缺頁，退換書請寄至：台中市工業30路1號　太雅出版倉儲部收)

ISBN 978-986-6107-20-7
Published by TAIYA Publishing Co.,Ltd.
Printed in Taiwan

國家圖書館出版品預行編目資料

搭地鐵玩遍巴黎 / 姚筱涵作.攝影.
-- 初版. -- 臺北市：太雅, 2011.07
面；　公分. -- (世界主題之旅；71)

ISBN 978-986-6107-20-7(平裝)

1.火車旅行　2.地下鐵路　3.法國巴黎
742.719.　　　100010397

作者序

地鐵，是暢遊巴黎最好的方式！

在巴黎旅行，最方便又不會迷路的方式便是乘坐地鐵，擁有14條線路、300個車站的巴黎，只要一張票在手就可以輕鬆快速的到各大景點參觀。本書便由最古老的一號線開始，穿越東西向的巴黎帶你玩遍包括凱旋門、香榭大道、羅浮宮、市政廳、瑪黑區、巴士底等主要的名勝古蹟；與一號線呈十字交錯的四號線，則帶你南北向的跨越河兩岸，由布爾喬亞的貴族右岸玩到充滿文藝青年、咖啡飄香的左岸；有了一號、四號兩條線便足以認識巴黎基本的風貌，而八號線則帶你回到十九世紀，歌劇院、老餐廳的懷舊風格；高架橋上的六號線帶你由艾菲爾鐵塔玩到塞納河沿岸；二號線則帶你領會蒙馬特高地的風景。

只要本書在手，即使是第一次到巴黎旅行的你，都可以輕鬆的搭地鐵、玩遍巴黎！

姚筱涵

作 者 簡 介

姚筱涵 Isa Yao

1983年生。政大廣告系畢業，巴黎Gobelins影像學院平面設計專業文憑。

現於巴黎任職平面、網頁設計師，代表作品包括巴黎歌劇院、小皇宮、羅丹美術館的網站設計、《Officiel 1000 Modèles》時尚雜誌美術編輯。並不定時替台灣《Brand名牌誌》、《Art Collection+Design藝術收藏+設計》等雜誌撰稿。曾出版《11樓》、《兩個女生遊巴黎》、《來去巴黎逛瑪黑》、《開始踏上法國留學之路》(太雅出版)、《巴黎》(太雅出版)。並曾受邀為法國Echirolles第十九屆平面藝術月參展藝術家。

目錄
CONTENTS

04　作者序

08　如何使用本書

10　巴黎旅遊黃頁簿

014　巴黎印象

015　精湛工藝

016　藝文之都

017　多元文化

018　電影場景

020　美食天堂

025　伴手禮物

028　巴黎地鐵快易通

029　巴黎地鐵3大系統

030　巴黎地鐵圈數概念

030　巴黎地鐵購票通

032　搭地鐵小撇步

034　巴黎地鐵分站導覽

036　1號線　巴黎主要地標一條通

036　星辰廣場站

048　香榭麗舍站

056　杜樂麗站

068　羅浮宮站

082　市政廳站

090　聖保羅站

102　巴士底站

110　拉德芳斯站

112　凡仙城堡站

114　4號線　從左岸一路玩到右岸

114　磊阿勒站

120　艾汀馬歇爾站

130　夏特雷站

138　西堤島站

146　聖米歇爾站

152　歐德翁站

162　聖傑曼德佩站

170　聖許畢斯站

178　蒙帕拿斯站

184　克里雍庫爾門站

186　8號線　美食、劇院、老巴黎

186　歌劇院站

196　瑪德蓮站

206　大道站

212　傷兵院站

220　共和廣場站

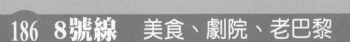

巴黎7大之「最」

❶ 世界最美的一座橋
052 亞歷山大三世橋Pont Alexandre III

❷ 最美麗的廊巷
074 薇薇安廊巷Galerie Vivienne

❸ 世界最美麗的廣場
092 孚日廣場Place des Vosges

❹ 世界上畢卡索作品藏量最豐富的博物館
094 畢卡索博物館Musée National Picasso Paris

❺ 巴黎最古老的橋
144 新橋Pont Neuf

❻ 巴黎最古老的教堂
164 聖傑曼德佩教堂Église St.-Germain des Prés

❼ 巴黎最便宜藥妝店
165 City Pharma

全書地圖集

封面裡　巴黎市區街道圖
封底裡　巴黎地鐵全圖
037　星辰廣場站街道圖
040　香榭麗舍站街道圖
057　杜樂麗站街道圖
069　羅浮宮站街道圖
083　市政廳站街道圖
091　聖保羅站街道圖
103　巴士底站街道圖
115　磊阿勒站街道圖
121　艾汀馬歇爾站街道圖
131　夏特雷站街道圖
139　西堤島站街道圖
147　聖米歇爾站街道圖
153　歐德翁站街道圖
163　聖傑曼德佩站街道圖
171　聖許里斯站街道圖
179　蒙帕拿斯站街道圖
187　歌劇院站街道圖
197　瑪德蓮站街道圖
207　大道站街道圖
213　傷兵院站街道圖
221　共和廣場站街道圖
227　比爾阿坎站街道圖
235　投卡德侯站街道圖
245　安特衛普站街道圖
253　皮加爾站街道圖
259　白站街道圖

226　6號線　塞納河畔的建築風情

226　比爾阿坎站
234　投卡德侯站
240　車站岸邊站

244　2號線　康康舞、紅磨坊、懷舊年代

244　安特衛普站
252　皮加爾站
258　白站

264　搭RER遊巴黎近郊

265　凡爾賽宮　　　　276　香堤伊堡
271　奧維　　　　　　278　巴黎迪士尼樂園
274　楓丹白露　　　　279　瓦雷購物村暢貨中心

280　巴黎旅館住宿

頂級奢華型旅館・品味精緻型旅館・商務舒適型旅館

如何使用本書

本書希望讓讀者能在行前充份的準備，了解當地的生活文化、基本資訊，以及自行規畫旅遊行程，從賞美景、嘗美食、買特產，還能住得舒適，擁有一趟最深度、最優質、最精采的自助旅行。書中規畫簡介如下：

旅遊黃頁簿

提供你當地旅遊資訊，辦好該辦的證件，帶足需要的用品輕鬆上路去！並提供機場－市區交通資訊，一下飛機不慌亂！

巴黎印象

對巴黎的印象除了香水、浪漫外，還想到什麼？Isa告訴你不一樣的巴黎，有著精湛的工藝、是個藝文之都、電影中的搶手場景，以及令人迷戀的法式料理等等都盡在巴黎。

邊欄索引

顯示各主題以及各地鐵站的顏色及站名，清楚知道所在位置。

輕鬆成為巴黎地鐵通

巴黎地鐵系統、票券種類介紹及教你如何購買最划算，並有購票步驟圖解法，深入淺出認識巴黎地鐵。

地鐵站簡圖
標示出該站與前後地鐵站的相對位置，讓你不下錯站。

地鐵大發現
各個地鐵站均有其不同特色，記得仔細欣賞！

依主題分類
各站分別依照景點、購物、美食三大類別作介紹。

巴黎達人3大推薦地
提供Isa最愛、遊客最愛、巴黎人推薦的不可不去的必玩必吃好去處。

地鐵站周邊街道圖
該站景點、購物、美食及住宿位置全標示在上面。

郊區一日遊
附贈郊區行程，走訪巴黎的大城小鎮。

編輯室提醒

出發前，請記得利用書上提供的data再一次確認。
每一個城市都是有生命的，會隨著時間不斷成長，「改變」於是成為不可避免的常態，雖然本書的作者與編輯已經盡力，讓書中呈現最新最完整的資訊，但是，我們仍要提醒本書的讀者，必要的時候，請多利用書中的電話，再次確認相關訊息。

資訊不代表對服務品質的背書。
本書作者所提供的飯店、餐廳、商店等等資訊，是作者個人經歷或採訪獲得的資訊，本書作者盡力介紹有特色與價值的旅遊資訊，但是過去有讀者因為店家或機構服務態度不佳，而產生對作者的誤解。敝社申明，「服務」是一種「人為」，作者無法為所有服務生或任何機構的職員背書他們的品行，甚或是費用與服務內容也會隨時間調動，所以，因時因地因人，可能會與作者的體會不同，這也是旅行的特質。請讀者培養電話確認與查詢細節的習慣，來保護自己的權益。

謝謝眾多讀者的來信。
過去太雅旅遊書，透過非常多讀者的來信，得知更多的資訊，甚至幫忙修訂，非常感謝你們幫忙的熱心與愛好旅遊的熱情。歡迎讀者將你所知道的變動後訊息，提供給太雅旅行作家俱樂部taiya@morningstar.com.tw。

太雅旅行作家俱樂部

Paris
巴黎旅遊黃頁簿

前往與入境資訊

簽證

自2011年1月起，持台灣護照者前往歐盟境內可免簽證入境，並可自由進出35個歐盟國家，6個月內停留90天，但仍注意須備妥以下文件以備查驗，並購買旅遊醫療保險，記得申請一份英文版本備用。

須備文件
● 中華民國護照，離境時有效期3個月以上
● 住宿證明或訂房紀錄
● 旅遊行程表及回程機票
● 財力證明
● 醫療保險證明

35個免簽歐盟國家

格陵蘭、冰島、法羅群島、挪威、瑞典、芬蘭、愛沙尼亞、拉脫維亞、立陶宛、波蘭、斯洛伐克、匈牙利、羅馬尼亞、保加利亞、希臘、賽浦路斯、丹麥、德國、捷克、奧地利、斯洛維尼亞、聖馬力諾、義大利、梵蒂岡、馬爾他、荷蘭、比利時、盧森堡、列支敦士登、瑞士、法國、摩納哥、安道爾、西班牙、葡萄牙。

緊急聯繫單位

駐法國台北代表處
住址：78, rue de l'Université, 75007 Paris
電話：+33 (0)1 44 39 88 30
傳真：+33 (0)1 44 39 88 71
急難救助專線電話：+33 (0)1 44 39 88 30
行動電話：+33 (0)6 80 07 49 94

機場——市區交通資訊

巴黎共有3座機場,戴高樂機場(Roissy-CDG)分為3個航站、歐里機場(Orly)分為西歐里南歐里、柏維機場(Beauvais)則有多家廉價航空在此起飛與降落。

從戴高樂機場往返市區

自台灣前往巴黎主要降落仕戴高樂機場,共有3個航廈,航廈之間有免費接駁捷運CDGVAL相連,而前往市中心便可搭乘郊區快鐵RER-B線,或利用法航巴士(Car Air France)、華西巴士(Roissy Bus)前往市中心。

從歐里機場往返市區

如果從巴黎前往歐洲其他城市旅行,則可能會在奧里機場起降。可利用RER-B線搭乘至Antony站轉搭歐里快線(OrlyVal),或地鐵站Denfert-Rochereau出口轉搭歐里巴士(Orly bus)前往。

從柏維機場往返市區

在柏維機場起降的航空多半為廉價航空,如Ryanair、Niki air等。可從巴黎馬約門地鐵站(Porte de Maillot)附近搭乘接駁公車前往,車程約1小時,車資單程15歐元。

交通方式	搭乘地點	交通路線	車程	運行時間與間隔	費用
戴高樂機場Roissy Charles de Gaulles					
B線郊區快鐵 RER-B	第三航廈Terminal 3 Roissypôle	Roissy CDG-Paris	30分鐘	05:00～24:00,每10～15分鐘一班	9.5€
法航巴士 Cars Air France	第一航廈入境層34號門;第二航廈2A-2C:C2號門,2B-2D:B2號門,2E-2F:Galerie 3號門	路線2:Roissy CDG-porte de Maillot-place de l'étoile	45～60分鐘	05:45～23:00,每20分鐘一班	17€
		路線4:Roissy CDG-Gare de Lyon Gare Montparnasse		06:00～22:30,每30分鐘一班	17.5€
華西巴士 Roissy Bus	第一航廈入境層30號門;第二航廈2A-2C:A9號門,2B-2D:D11號門,2E-2F:Galerie 5號門	Roissy CDG-Opéra	45～60分鐘	06:00～23:00,每15～20分鐘一班	10.5€
350及351號公車 Bus	第一航廈入境層12號門;第二航廈2A-2C:A9號門,2B-2D:D11號門,2E-2F:Galerie 5號門	350號:Roissy CDG-Gare de l'Est	90分鐘	週一～日05:30～21:30,每15～20分鐘一班	分圈數收1～4張地鐵票
		351號:Roissy CDG-Nation			
計程車 Taxi	第一航廈入境層10號門;第二航廈A6、B7、C7、D7		35分鐘		50～60€,週日及假日加價15%
歐里機場 Orly					
歐里快線 Orlyval	Orly-Sud:K門 Orly-Ouest:A門	Orly-Antony-Paris	10分鐘	06:00～23:00,每10分鐘一班	11.3€
歐里公車 Orlybus	Orly-Sud:H門 Orly-Ouest:G門	Orly-Denfert-Rochereau	30分鐘	05:35～23:50,每15～20分鐘一班	7.4€

製表:姚筱涵

日常生活資訊

行政概略／地理位置

　　首都巴黎位於法國北部，北緯48度。在法國行政區劃分上，屬於22個行政大區中的法蘭西島區(Île de France)，並屬於100個省中的75省，這是為何在郵筒上巴黎的郵遞區號代號是75。市區面積大約105平方公里，居住人口約200萬，在市區周圍有各座衛星城鎮與巴黎相連。巴黎市中心有塞納河流經，劃分為左右岸，以圓心開始像蝸牛迴圈區分了巴黎的二十個區域，例如我們常說的拉丁區就是第五區的範圍，瑪黑區則介於三、四區之間。巴黎最早是由聚集在塞納河上的小島西堤島的巴黎西人(Parisii)開始發展，西元358年羅馬人在此建城，名為Lutetia(呂得斯)，並於400年改名為巴黎。光之城、花都，都是她美麗的代名詞，道地的巴黎人則暱稱為巴娜姆(Paname)。

巴黎位置圖與行政分區簡圖

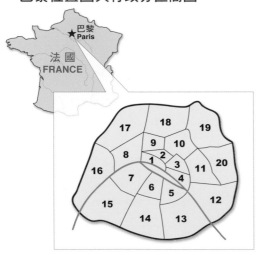

語言

　　主要語言以法語為主，近年來觀光地點的商家也都開始通行英文。

氣候與服裝

　　巴黎屬於溫帶海洋型氣候，夏季七、八月平均氣溫約28度，日照時間長，是法國人喜歡把握機會外出曬太陽的時刻，也是觀光客喜愛旅遊的旺季，但儘管是夏季，入夜後溫差仍大，因此也可準備薄長袖避寒；冬季寒冷少陽光，天色經常灰濛，也有機會下雪，冬季旅行則須注意保暖，備妥大衣、手套及帽子。

電壓

電壓為220伏特，插頭為兩孔圓孔型，自台灣帶去的電器需要注意是否能適用220電壓，以及需準備轉換插頭。

時差

巴黎與台北時差為-7小時，夏季實行日光節約時間則縮減為6小時。

匯率與消費

自2002年初起，法國開始使用歐元，符號為€，意義是代表歐洲的E，加上兩道代表穩定的平行線。物價在歐洲僅次於倫敦，屬於高消費的城市，基本的民生物品如棍子麵包差不多是1歐元，濃縮黑咖啡約在2至4歐元之間，一般餐館用餐則約15歐元左右，米其林餐廳中餐約70歐元，晚餐則可至200歐元以上。至餐館用餐價格已含服務費，無須另給小費。另外若一日在同一間店家內購滿175歐元以上可申請退稅。

電話

法國國際冠碼為33，一般室內電話為01開頭，手機則為06或07開頭。若在巴黎想要使用手機，最方便的便是購買一張當地電信業者的儲值卡(Carte prepayée)，若需要打回台灣則可至香煙雜貨店(Tabac)或中國城購買電話卡，或使用網路電話。

如何撥打電話

從巴黎打台灣
00+886+區碼(去0)+電話號碼

從台灣打巴黎
國際冠碼+巴黎國碼33+區碼(去0)+電話號碼

節慶與假期

1月1日	新年
3～4月間	復活節週一
5月1日	勞工節
5月8日	一次大戰勝利紀念日
	耶穌升天日(復活節後40天)
7月14日	國慶日
8月15日	聖母升天日
11月1日	諸聖節
11月11日	一次大戰停戰紀念日
12月25日	聖誕節

Paris
巴黎印象

塞納河畔、左岸小巷、午後公園內……步行在巴黎，到處都像置身電影鏡頭，充滿動人的場景；精緻法式料理、傳統手工藝等待你發掘；除此之外，各式各樣的文化交會在巴黎，豐富的藝文活動讓你每天都玩得盡興！在隨著Isa到各個地鐵站探險以前，先跟大家分享巴黎的幾個深刻印象，讓你對花都不再只有「浪漫」的認識喔！

精湛工藝	15
藝文之都	16
多元文化	17
電影場景	18
美食天堂	20
伴手禮物	25

印象1

精湛工藝

想到法國工藝，許多人首先想到各式各樣的名牌！在奢侈品世界占有重要地位，法國有許多讓人瘋狂的名牌，都是靠精湛的工藝出名如Louis Vuitton的皮箱、Hermès的馬具。除了名牌以外，法國各地其實還有許多出色的工藝品，像是素有法國景德鎮之稱的「里摩日」(Limoge)便出產19世紀起世界上最好的瓷器，向來被歐洲王室指定使用，堪稱法國白金；巴黎的「戈伯朗織毯廠」(Manufacture National des Gobelins)則創立於15世紀，更於1662年成為國立織毯廠，替路易十五及歐洲王室織出無數奢華的大型掛毯，凡爾賽宮、羅浮宮展示的許多掛毯便是出自戈伯朗之手；香水更是法國享譽全球的重要奢侈品，百年歷史老牌如Caron、擁有香水博物館的Fragonard，喜歡香水的話，更要到南法香水重鎮格拉斯走一趟；眼鏡也是展現法國手工藝極致的領域，如La font、Face a Face、Alain Mikli、Gold & Wood都是精心設計、講究用料的眼鏡品牌，不如就在巴黎挑選一支有設計感的手工鏡框，絕對是在台灣找不到的喔！

1.Caron的奢華香水瓶
2.Haviland的精美瓷盤
3.LV手袋是名牌迷到法國必敗的包包
4.Fragonard香水博物館內一景

印象2
藝文之都

巴黎歌劇院內部一景

在巴黎有許多機會和場合能享受一場具有世界水準的藝文表演，比如到歌劇院聽歌劇、看芭蕾、或到教堂、劇院聆聽古典音樂。一年四季也有各式各樣的展覽、沙龍、音樂季、演唱會，每年6月21日更是盛大的音樂節，從早到晚街頭都有音樂表演。想知道最新的節目單可到街上的書報攤購買當週的藝文小報「Pariscope」(一份0.4歐元)或「Officiel des Spectacles」(一份0.35歐元)。除了提早至劇院官網預定票券，或到Fnac、Virgin訂票，巴黎更設有三處半價戲劇票亭(Kiosque Théâtre)，提供當日剩下票券半價優惠！學生或26歲以下青年也多有折扣或低價優惠票券。

● KIOSQUE MADELEINE
　15, place de la Madeleine
　週二～六12:30～20:00，週日12:30～16:00
● KIOSQUE MONTPARNASSE
　Montparnasse火車站前
　週二～六12:30～20:00，週日12:30～16:00
● LE KIOSQUE DES TERNERS
　Ternes廣場上
　週二～六12:30～20:00，週日12:30～16:00

你不可不知

以下是各型藝文活動的知名場所：

歌劇
巴黎歌劇院(Opéra de Paris)、喜劇歌劇院(Opéra Comique)、奧蘭匹亞(Olmpia)、普雷亞廳(Salle Pleyel)

戲劇
法蘭西喜劇院(Comédie Française)、歐德翁劇院(Odéon Théâtre de l'Europe)

芭蕾
巴黎歌劇院(Opéra de Paris)、夏特雷劇院(Théâtre Châtelet)、市立劇院(Théâtre de la Ville)、夏佑宮(Palais de Chaillot)

古典音樂會
普雷亞廳(Salle Pleyel)、歌劇院(Opéra de Paris)、夏特雷劇院(Théâtre Châtelet)、聖禮拜堂(St.-Chapelle)、聖貧窮朱里安小教堂(Église St.-Julien le Pauvre)

夜總會
紅磨坊(Moulin Rouge)、麗都(Le Lido)、瘋馬(Crazy Horse)

電影
UGC和Gaumont兩大影城，以及Forum des images、Géode的3D電影院、Grand Rex

演唱會
貝西體育館(Palais Omnisports de Paris-Bercy)、法蘭西球場(Stade de France)

大型展覽館
巴黎凡爾賽門展覽館(Paris Expo-Porte de Versailles)、羅浮宮精品樓(Carrousel du Louvre)、維勒班特展覽館(Paris Nord Villepinte)

印象3
多元文化

除了巴黎本身豐富的文化以外，這座城市也以兼容各種多元文化為榮，例如布朗利碼頭博物館(P.231)便由席哈克所構思，巴黎首座介紹多元文化的博物館。13區近伊夫里門(Porte d'Ivry)的中國城與東南亞區高樓林立，以陳式商場(Tang Frère)和巴黎士多(Paris Store)兩家中國超市最熱門，想買亞洲食物或吃港式飲茶、烤鴨、越南河粉到這裡準沒錯；歌劇院附近的日韓區則以安娜街(Rue St.-Anne)為大本營，聚集了多家拉麵、壽司、大阪燒與韓式拌飯、烤肉店，並有京子和ACE兩家代表性的日韓超市；北站(Gare du Nord)與禮拜堂站(La Chapelle)附近的印度區，20世紀兩波移民潮，將印度和斯里蘭卡的居民帶來這裡，一出地站街上便都是異國風味的印餐廳與雜貨店，咖哩、印度餅、三角餃、拉昔奶茶等美道地的料理讓你想來第二次；水堡站(Château d'Eau)至紅堡站(Château Rouge)一帶的非洲區，則有大量假髮、髮型用品店，以及市集和香料雜貨店，非洲料理則以烤雞聞名。

1. 印度巴非(Barfi)小米蛋糕
2. 中式烤鴨
3. 咖哩蔬菜餃
4. 日式拉麵
5. 巴黎是個多元文化並存的城市

巴黎6大印象

精湛工藝・藝文之都・多元文化・電影場景・美食天堂・伴手禮物

電影場景

據《達文西密碼》中透露拱心石就藏匿在羅浮宮倒金字塔下方

奧斯曼建築群的古典街道、水波蕩漾的塞納河畔、隨著丘陵起伏的蒙馬特階梯，這些巴黎的經典美景都是導演鏡頭下的最愛，也讓遊客在巴黎觀光，隨時都能走入電影場景，再三回味每個細節。

經典的愛情片《愛在日落巴黎時》，伊森霍克和茱莉蝶兒便由莎士比亞書店重逢開始，在植物園散步、搭河上觀光遊船談心、在純粹咖啡館(Pure Café)裡說起兩人過去九年來的際遇，開放的結局讓人回味不已！日劇《交響情人夢巴黎篇》，更商借台灣駐法代表處作為野田妹的宿舍，兩人打架的聖路易橋、千秋學長晨跑經過的聖傑曼德佩教堂(P.164)，替原本就已熱門的景點錦上添花。

《達文西密碼》則讓愛解謎的人圍繞著羅浮宮的蒙娜麗莎試圖破解她微笑的謎團、或興奮地循著玫瑰線，踏入聖許畢斯教堂(P.172)，瘋狂的想敲開那座日晷儀⋯⋯。

許多愛上巴黎的人都會先愛上把蒙馬特拍得唯美迷人的《艾蜜莉的異想世界》，在

《交響情人夢SP篇》野田妹和千秋學長到巴黎的第一餐就在Le Vefour

比爾阿坎橋自從《全面啟動》熱映後,一舉翻紅

雙磨坊咖啡館(P.261)的洗手間裡你會找到片中的小矮人雕像;因電影《全面啟動》而暴紅的比爾阿坎橋(P.229),就離艾菲爾鐵塔不遠。Isa最推薦的莫過於集結20位導演所拍攝的《巴黎,我愛你》。如果出發前有機會的話,Isa建議你先把這幾部電影、電視劇找來看過,巴黎之旅會更加有深度喔!

 你不可不知

在巴黎拍攝的經典電影、電視劇與出現場景:

《愛在日落巴黎時》(Before Sunset)
植物園、塞納河、莎士比亞書店

《達文西密碼》(Da Vinci Code)
羅浮宮

《穿著Prada的惡魔》(The Devil weas Prada)
協和廣場、藝術橋、流行博物館、蒙恬大道、小皇宮

《艾蜜莉的異想世界》(Le Fabuleux destin d'Amélie Poulain)
聖心堂、東站、阿貝斯地鐵站、雙磨坊咖啡館

《全面啟動》(Inception)
比爾阿坎橋、流行博物館

《巴黎戀人》(Lovers in Paris),韓劇
噴水池、塞納河畔、紅磨坊

《巴黎,我愛你》(Paris, je t'aime)
巴黎20區各5分鐘短片

《料理鼠王》(Ratatouille)
艾菲爾鐵塔、下水道博物館

《交響情人夢SP篇》,日劇
Grand Vefour餐廳、聖路易橋、台灣駐法代表處、國立高等音樂學院

《艾蜜莉的異想世界》中打水漂的聖馬當運河

印象5
美食天堂

主菜篇

Isa 有時會覺得住在法國是件好也不好的事情，吃到讓人懷念再三的上等料理覺得超級幸福，不幸的是，你的嘴巴會開始越來越挑剔！或許就是法國人愛批評的個性，讓他們對料理這件事情也特別的講究，食物美味是基本的，如何擺盤、氣氛裝潢甚至用餐的談話主題都缺一不可！以下便是幾道在法國餐廳常見的經典主菜，跟著法文ㄅㄆㄇ唸就可以輕鬆點到想吃的美食喔！

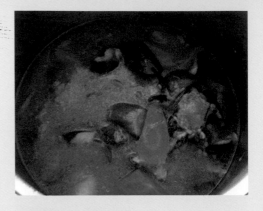

↑ 牛肉蔬菜湯
Pot au Feu (ㄅㄡ ㄅㄡˇ ㄈㄜˋ)

將牛肉與蔬菜丟入大鍋裡燉煮的家常菜，湯濃味美。

← 勃根地紅酒燉牛肉
Bœuf Bourguignonne
(ㄅㄜˋ ㄈㄨˇ ㄅㄨㄏ ㄍㄧ ㄋㄨㄥˋ)

牛肉塊加入勃根地紅酒、燻肉丁、洋蔥、蘑菇、馬鈴薯慢火燉煮而成。

→ 功夫鴨腿
Confit de Canard
(ㄍㄨㄥ ㄈㄧㄅ ㄍㄚ ㄋㄚˋ)

以油脂封存保存的鴨肉，要吃時再取出來煎熟，外酥肉軟，配上紅酒正好。

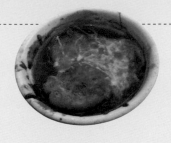

→ **洋蔥湯**
Soup à l'Oignon (ㄙㄨㄟ ㄆㄨ ㄚ ㄌㄡ ㄋㄧ ㄩㄥ)
切成細絲的洋蔥加入奶油小火慢煮,再攪入麵包與起士
烘烤,冬天品嘗絕對滿足。

← **烤蝸牛**
Escargot
(ㄟㄙ ㄍㄚ ㄍㄡ)
加入蒜、西洋芹及奶油香烤的
蝸牛,是常見的開胃前菜,需
以小火子與叉子取用。

↑ **淡菜鍋**
Moules (ㄇㄨㄟ ㄉ)
海鮮蚌殼鍋,有清蒸或紅醬、蒜味料
理,配上啤酒和現炸薯條。

↑ **海鮮拼盤**
Platcau de Fruits de Mer
(ㄆㄌㄚ ㄉㄡㄟ ㄉㄩ ㄈ ㄇㄟ ㄏ)
包括生蠔、淡菜、蛤蠣、螯蝦、螺、
蝦子的海產精選,配上裸麥麵包、奶
油與白酒。

↗ **酸菜肉腸**
Choucroute (ㄒㄩ ㄎㄨㄟ ㄘ)
阿爾薩斯料理,德式酸菜配上大量的香
腸、燻肉與馬鈴薯。

→ **扁豆燉肉**
Cassoulet (ㄎㄚ ㄙㄨ ㄌㄟ)
西南法料理,將白豆、香腸及肉
類在陶鍋中燉煮,口感厚實。

← **吐司先生**
Croque Monsieur (ㄎㄡㄟ ㄎㄇㄥ ㄒㄩㄟ)
傳統料理,吐司夾火腿上鋪起士,如果加蛋就叫作
吐司太太。

麵包甜點篇

©Jean-Paul Hévin

說起最好的料理連驕傲的法國人都會在法式和義式之間猶豫，但説起甜點，法國絕對是無可取代的第一名！巴黎出名的甜點店包括了Ladurée(P.44)、Pierre Hermé(P.168)、Angelina(P.64)、Sadararu Aoki(P.175)，到茶沙龍去享用蛋糕和熱茶，再愜意不過了。就算不去這些名店人擠人，一般街坊的麵包店也可以買到這些傳統的甜點與麵包，味道也不差。

↑ 馬卡洪
Macaron (ㄇㄚ ㄎㄚ ㄏㄨㄥˋ)

這種杏仁蛋白圓餅，是甜點界的小公主，端看這個便知道師傅的功力。

← 伊絲芭翁
Ispahan (ㄧˋㄙㄅㄚˋㄨㄥ)

兩片馬卡洪中夾覆盆子荔枝，甜而不膩，始創人是Pierre Hermé。

→ 焦糖烤布蕾
Crème Brulée
(ㄎㄟˋㄇㄅㄩ ㄌㄟˋ)

內餡為香草及蛋奶組成，上層以火槍燒烤出焦糖，口感外脆內軟。

卡娜蕾
Cannelé (ㄎㄚ ㄋㄚ ㄌㄟˋ)

波爾多地方的甜點，以蛋奶加入萊姆製成，微醺口感扎實。

千層派
Millefeuille (ㄎㄚ ㄋㄚ ㄌㄟˋ)

派皮酥軟與打褶難度高，是師傅功力的指標，經典口味為香草奶油餡。

國王蛋糕
Galette de Roi
(ㄍㄚ ㄌㄟˋ ㄉ ㄏㄨㄚˋ)

正月吃的圓形蛋糕，吃到內藏小瓷塊的就是當日國王。

僧侶泡芙
Religeuse (ㄏㄜ ㄌㄧ ㄐㄧ ㄜˋ ㄖㄨˇ)

以僧侶得到靈感的甜點，常見口味有巧克力或咖啡。

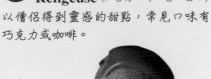

閃電泡芙
Éclair (ㄟˇ ㄎㄌㄟˋ ㄦ)

狀似閃電的泡芙，常見口味有咖啡、花生和開心果。

棍子麵包
Baquette (ㄅㄚ ㄍㄟˋ ㄘ)

必吃的傳統棍子麵包，單吃或沾肉醬都很美味。

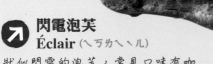

可頌
Croissant
(ㄎㄨㄚ ㄙㄨㄥˋ)

早餐必備的麵包，有牛角和新月造型，外酥內軟。

乳酪篇

飯後一盤乳酪是法國飲食文化裡不可或缺的部分，年產400多種乳酪，被戴高樂稱為「365種乳酪的國家」，種類可分為鮮乳酪、白紋乳酪、洗皮乳酪、藍黴乳酪、山羊乳酪，產區以近阿爾卑斯山的種類最豐富，在超市裡就有琳瑯滿目的乳酪可供選擇。法國名菜中有一道便是乳酪火鍋(Fondu au Fromage)，通常會加入白酒基底配上兩種以上的硬質乳酪。

洛克福 **Roquefort** (ㄏㄨㄟㄎㄈㄨㄟㄈ)	卡蒙貝爾 **Camenbert** (ㄎㄚㄇㄥㄅㄟㄈ)	布里 **Brie** (ㄅㄨㄏㄧ丶)	康提 **Comté** (ㄍㄨㄥㄉㄟ丶)	何布洛雄 **Reblochon** (ㄏㄨㄇㄌㄡㄒㄩㄥ丶)
乳酪之王，也是世界三大藍黴乳酪之一，羊乳酪。	入門款軟質乳酪，拿破崙三世親自命名，全球銷售冠軍。	未浸皮軟質乳酪，奶香濃厚，初試者也能接受。	硬質乳酪，可作為乳酪火鍋基底。	產於阿爾卑斯山附近的軟質乳酪，其上很多氣孔。
帕瑪森 **Parmesan** (ㄆㄚㄇㄙㄇㄣ丶)	康塔爾 **Cantal** (ㄍㄨㄥㄉㄚ丶ㄌ)	愛曼塔 **Emmental** (ㄟㄇㄥㄉㄚ丶ㄌ)	格律耶爾 **Gruyère** (ㄍㄩㄟㄈ)	哈克雷 **Raclette** (ㄏㄚㄎㄌㄟ丶ㄎ)
磨成粉作為義大利麵醬調味，或直接切碎配香腸和酒。	中部地方產的硬質乳酪，可直接食用加入馬鈴薯泥拌勻。	硬質乳酪，常作為乳酪鍋基底，或刨絲加入披薩。	硬質乳酪，有起士女王之稱，作為乳酪火鍋基底或用於鹹派、三明治。	乳酪火鍋常見，切成一片一片火烤與馬鈴薯一起食用。

葡萄酒篇

法國葡萄酒是世界上產量最多的國家，可分為勃根地(Bourgogne)、波爾多(Bordeau)、隆河三大酒鄉。想要挑選一瓶好酒，可先從酒標開始看起，而法國紅酒依品質又可以分為嚴格控管的法定產區酒AOC(Appellation d'Origine Controlée)、地區餐酒Vin de Pays、日常餐酒Vin de Table。

印象6

伴手禮物

到了巴黎，該帶一些什麼具有當地風味的伴手禮回家當紀念或送朋友呢？從歐洲九大食材、醬料、茶葉、果醬、餅乾，法式美食讓人只擔心行李超重帶不夠！而喜歡LV、Chanel、Dior、Longchamp等名牌的朋友更會在花都買到手軟！買個鐵塔鑰匙圈或景點金幣也可以表示心意喔！

瑪莉兄弟茶／11 €
Thé Opéra de Paris

品牌推薦：Mariage Frère
最著名的法國茶葉品牌，歌劇院綠茶帶有甜甜的香氣，獨自享用或與朋友分享都很合適。

伊絲芭翁果醬／9.7 €
Confuture Ispahan

品牌推薦：Pierre Hermé
如果你喜歡PH家的伊絲芭翁，記得帶這罐綜合玫瑰、覆盆子與荔枝口感的果醬，讓你回家也能回味。

第戎芥末醬／2.5 €
Moutard Dijon

品牌推薦：Maille
自1746年便開始製造芥末的Maille是芥末醬的名牌！和肉類搭配很美味，也可調製蜂蜜芥末醬。

貝德瑪神仙水／8 €
Créaline H2O

品牌推薦：Bioderma
這瓶法國產的超好用卸妝水，是必買的藥妝，溫和不刺激不含酒精。

25

← 葛爾宏德鹽花／3.5€
Fleur de Sel
品牌推薦：Guérande
歐洲九大食材之一的鹽花，不管灑在煎好的牛排或加入煲湯提味都很讚。

↓ 栗子泥／1.28€／250g
Crème de Marrons
品牌推薦：Clément Faugier
1885年便出產的著名地方名產，香濃的栗子泥除了可以塗抹在麵包上，也可以當作蛋糕的材料。

↑ 馬卡洪／1.5€
Macaron
品牌推薦：Ladurée
廣受歡迎的Ladúree馬卡洪現在在機場也設櫃，小心翼翼的提著分享給來接機的第一個最想看到的人吧！

↓ 松露橄欖油／6.9€／50ml
Huile d'Olive à la Truffe Noire
品牌推薦：Olivers & CO.
加入黑鑽石「松露」提味的橄欖油，炒菜或做飯更入味。

↑ 鵝肝醬／15.5€／60g
Fois Gras
品牌推薦：Fauchon
法國西南部名產的鵝肝醬，稍微退冰後塗抹在麵包上享用最美味。

↓ 聖米歇爾山蛋黃餅乾／1.25€
Les Gallets St.-Michel
品牌推薦：Mont. St.-Michel
1905年出產的餅乾，香濃酥脆，是到法國聖米歇爾山朝聖必帶的禮品，巴黎也可入手。

銀塔柳橙鴨肉醬／9.5 €
Terrine de canard à l'Orange
品牌推薦：Tour d'Argent
以鴨肉料理聞名的銀塔餐廳所推出的柳橙鴨肉醬，塗抹在麵包上當作前菜相當可口。

路易威登皮件
Portefeuille
品牌推薦：Louis Vuitton
在法國的訂價是全球最便宜，加上觀光客購滿175歐元可享 10　12%退稅，不少旅客指定要購買LV包或皮夾呢！

廊香折疊包／M號／62 €
Sac Pliage
品牌推薦：Longchamp
可折疊的Longchamp包是法國街頭最常看見的包包了，各種大小、顏色、長短包任你挑選。

景點紀念金幣／2 €
Métaille
品牌推薦：Bureau de Monnais
在各個觀光景點都有販售的紀念金幣，是除了購買明信片以外的另一種把景點帶回家的選擇。

歌劇院蜂蜜／7.5 €
Miel récolité sur les toits de l'Opéra de Paris
品牌推薦：Opéra
在巴黎歌劇院屋頂上所養殖的蜂窩採集而成的蜂蜜，是全世界最貴的，有一種獨特的花香。

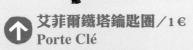

艾菲爾鐵塔鑰匙圈／1 €
Porte Clé
品牌推薦：Tour Eiffel
小巧好帶的金、銀色系鐵塔鑰匙圈，大概要屬巴黎最熱門的伴手禮了，不知道要送什麼的時候選這個準沒錯。

Paris
巴黎地鐵通

玩遍巴黎從認識地鐵開始

1900年開通的巴黎地鐵，以吉瑪設計的新藝術風格地鐵入口聞名。共有14條主要線路和2條支線，分300個地鐵站，其中62個地鐵站有不同線路交錯轉乘，著名景點都有地鐵可以抵達，讓旅行巴黎增添不少便利性。別被密密麻麻的地鐵圖弄得頭昏眼花，跟著地鐵快易通深入淺出的認識巴黎地鐵，讓你抵達後就成為地鐵達人！

巴黎地鐵3大系統	29
巴黎地鐵圈數概念	30
巴黎地鐵購票通	30
搭地鐵小撇步	32

巴黎地鐵3大系統

地鐵MÉTRO

　　由工程師Fulgence Bienvenüe和設計師Edmond Huet提出興建計劃，為了世界博覽會而開張於1900年，第一條地鐵為1號線，最新一條地鐵為無人駕駛的14號線，幾乎都設在地下，只有2和6號線一部分建設在高架橋上。由巴黎大眾運輸公司(Régie Autonome des Transports Parisiens, RATP)所營運，分為14條主線和2條支線，以數字命名。地鐵站的內部設計以白色瓷磚為主，並可放置許多廣告，站名寫在藍底白字的看板上，用的是Jean-François Porchez替RATP所設計的「Parisine」無襯線字型。

地鐵的出入口招牌也有不少改變，有些車站保留著吉瑪最原始的設計，玻璃雨棚上掛有寫著「Metropolitain」的牌子；有些則是欄杆加上紅底白字的「Metro」；也有簡化成單一字母的黃色「M」招牌。

郊區快鐵RER

　　最初由工程師Henri Ruhlmann和Marc Langewin提出快鐵計畫，為連接巴黎郊區與市區的交通，在1969年建設了郊區快鐵(Réseaux Express Régional)，簡稱為RER，分為5條主線，以字母A、B、C、D、E命名，A、B線由RATP管理，其餘則為國鐵局(SNCF)營運。RER的特色是不一定每站都停靠，例如B線有從北站直達戴高樂機場的快線，因此搭乘時需注意月台上的螢幕，看是否該班列車有停靠欲抵達車站。在巴黎旅行除了往返機場，前往凡爾賽宮、楓丹白露、迪士尼這些景點也需要搭乘到RER。

電車TRAMWAY

　　有別於深入地下的地鐵和郊區快鐵，在路面奔馳的電車帶給巴黎另外一種視野，自1992年開始營運，屬於RAIP和SNCF管理，分為4條線路，以T加上數字1、2、3、4來命名。預計興建3號線東線以及5至8號線將分別於2012和2013年完工。在巴黎市區比較常使用到的便是3號線，連接了巴黎南邊的交通樞紐，前往13區中國城相當便利。

巴黎地鐵圈數概念

購票時，站務人員經常會問你需要幾圈的地鐵票？在地鐵圖上會有標明1至6的數字便是所謂的「圈數」(Zone)，簡單說在巴黎地鐵可到達的範圍內便是1～2圈，一般在巴黎市中心內旅行購買此一圈數的車票即可；超過2圈以外的景點例如凡爾賽宮位4圈、戴高樂機場、迪士尼位5圈、楓丹白露位6圈。

巴黎地鐵購票通

巴黎地鐵可分為單一次使用的單張票，或以週或月計算無限搭乘的交通智慧卡，可依旅程時間及每日行程規劃來選擇。

票券種類

單程票TICKET+

單張地鐵票，可用在包括全線地鐵、1圈內的RER、公車、電車以及蒙馬特纜車。可供使用一次車程，包含地鐵各線路間、及地鐵與RER間1小時30分內的轉乘；公車與公車、公車與電車、電車與電車間的轉乘亦可。單程票售價1.7歐元。

十張票CARNET

一次購買10張地鐵票比起單買單張票節省約20～30%的交通費用，多人同行的話更划算不怕用不完。提醒你機場—市區、或市區—凡爾賽宮這樣的車程亦可購買10張票，並無來回票之區別，比如說湊足5人購買10張票便剛好足夠每人來回使用。巴黎市區使用的10張票售價13.7歐元，比起10張單張票(17歐元)便省了3.3歐元。

一日券MOBILIS

如果一天的行程需要搭乘5次以上的地鐵，而旅遊總天數又不到1週的話，購買一日券便是最划算的選擇。一日券的使用時間為該日的地鐵營運時間(05:30至凌晨01:00左右)，而非從使用時起算24小時，可分1-2圈、1-3圈、1-4圈、1-5圈。購買後需在上面寫上日期及使用者姓名。

圈數	1-2圈	1-3圈	1-4圈	1-5圈
金額	6.8€	9.05€	11.2€	16.1€

週末假日青年票TICKET JEUNE

提供給26歲以下的青年在週末或假日使用的一日券，分為1-3圈、1-5圈、3-5圈，1-3圈

的票就已經比平常1-2圈一日券便宜快一半了，相當划算。

圈數	1-3圈	1-5圈	3-5圈
金額	3.75€	8.1€	4.75€

週票、月票FORFAITS NAVIGO

自2009年起巴黎地鐵以可儲值的交通智慧卡(Navigo)取代了舊有的橘卡(Carte d'Orange)，使用此卡可無限次搭來所購圈數內的地鐵、RER、公車、電車及蒙馬特纜車，對於不想傷腦筋的人來說是最方便的。卡片可在地鐵窗口或Tabac店攜1張大頭照購買，工本費為5歐元，可永久使用。儲值種類可分為一週或一個月，日期計算方式以一週為週一至週日，一個月為月初至月底，而非從購買時間算一週或一個月，同樣分為1-2圈、1-3圈、1-4圈、1-5圈。2012年9月起，購買月票更可以在週末解除圈數限制，自由出圈搭乘，去凡爾賽宮或機場都不用另外付費喔！

圈數	週票1-2圈	月票1-2圈
金額	20.4€	67.1€

參觀巴黎卡PARIS VISITE

分為1、2、3及5天使用期限，分為1-3圈及1-5圈，憑此卡可無限次搭乘所購圈數內的地鐵、RER、公車、電車及蒙馬特纜車，並享有參觀景點的折扣優惠，例如凱旋門門票-15%、巴黎人觀光遊船-25%、迪士尼門票-20%、拉法葉百貨購物-10%、蒙帕拿斯大樓門票-35%等。適合到巴黎旅遊天數不多，又集中在參觀觀光景點的旅客。

天數	一天		兩天		三天		五天	
圈數	1-3圈	1-5圈	1-3圈	1-5圈	1-3圈	1-5圈	1-3圈	1-5圈
金額	10.85€	22.85€	17.65€	34.7€	24.1€	48.65€	34.7€	59.5€

優待票RÉDUCTIONS

4歲以下兒童免費，4至10歲兒童可享10張票半價。

購票步驟

Step1 選擇需要的票種

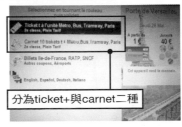

分為ticket+與carnet二種

Step2 選擇張數

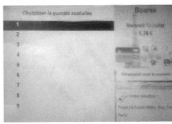

Step3 使用現金或信用卡付款

加值步驟

Step1 放置Navigo卡

Step2 選擇需要加值的項目

一週、一個月

Step3 選擇需要的圈數

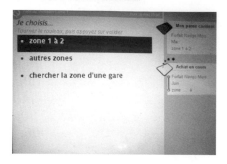

Step4 使用現金或信用卡付款

搭地鐵小撇步

Tip1：要注意時間

　　巴黎地鐵的營運時間平日約為05:30至凌晨01:00，週六則至凌晨02:00，如果購買了機票或火車票需要提早抵達機場或火車站，需注意早班發車時間，或提早預定計程車前往。晚間最後一班地鐵則大約在凌晨01:00或02:00從起終點站發車，玩得太晚的話，可利用夜間巴士或Velib'自助腳踏車回家！

Tip2：如何看指標？

▶搭車

Step1 通過閘門

將單張票刷過閘口後取回保留好，或用交通智慧卡感應，即可推動閘門進入車站。

Step2 找到欲搭乘的線路

在有多條線路交錯的車站裡，首先要找到欲搭乘的線路在哪裡。

Step3 找到欲搭乘的方向

每條線路均有兩個方向，確認欲前往的車站在列車行經方向再前往月台。

Step4 候車

月台上有顯示下一班列車和第二班列車預計抵達時間的看板。

▶出站

Step1 尋找出口指標

月台上會有顯示Sortie的出口指標。

Step2 確認出口

若有好幾個出口，須確認是哪一個出口離目的地最近。

Step3 出站

地鐵站的出口不需要刷票可直接出去，若是RER出口則須再刷一次進站使用過的票。

Tip3：索取免費小地鐵圖

在巴黎旅行可別拿張人地圖張望，容易引來不必要的麻煩，最好跟地鐵站服務台索取小張的地鐵圖(Petit Plan du Métro)，正面有巴黎1-2圈內的地鐵圖，背面則是RER的路線圖。或是下載RATP所提供的「RATP lite」iPhone應用程式，將所有路線都記錄在手機裡隨時找尋！

Tip4：在地人的小禮貌

儘管巴黎人時常給人冷漠的印象，不過一些隨手的小動作是不管如何都會遵守的禮節，如果能遵守這些禮節，巴黎人會覺得你相當在地，不把你當觀光客瞧！

1. 進入地鐵站時，別忘了Hold住閘門讓後面的旅客通過，出地鐵站時也一樣，推著門等後面的旅客接上再繼續往前走。
2. 列車擁擠時，別光坐著，一定要起立留些空間給別人。
3. 若位在車門旁，當列車停靠時可幫忙開門，讓後面旅客方便出去，或於擁擠時先下車至門旁等候人群散去，再回到車廂。

巴黎地鐵分站導覽
Introduce of Paris Metro Stations
Paris

1 La
Esplanade
de La Défense
Pont d Neuilly
Les Sa
P
Neuilly-Po

搭地鐵
輕鬆探訪花都千變萬化風情

Isa在此精選出5條地鐵路線、

30個停靠站來讓你深入淺出的玩遍巴黎。

將巴黎以十字畫分開來的1號和4號線無疑是最重要的2條線，

　　幾乎可把巴黎的各大景點走遍！

　　　　再加上另外3條輔佐路線，讓你更有深度的玩遍花都！

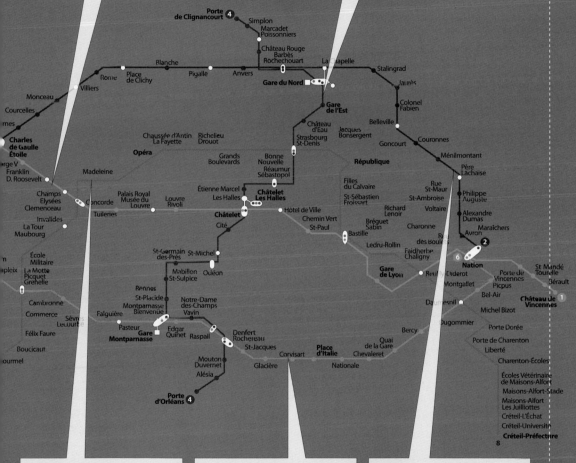

1號線 P.36
巴黎主要地標一條通
1900年開通的第一條東西向地鐵路線，經凱旋門、香榭大道、杜樂麗花園、羅浮宮、市政廳、瑪黑區、巴士底，巴黎菁華名勝盡在此線！

4號線 P.114
從左岸一路玩到右岸
利用河底隧道接通塞納河兩岸的南北向路線，將左岸人文薈萃的聖傑曼德佩、拉丁區老舊風情、西堤島聖母院、右岸磊阿勒購物商場、艾汀馬歇爾時髦街道通通串連在一起！

Porte de Clignancourt ④
Simplon
Marcadet Poissonniers
Château Rouge
Barbès Rochechouart
Blanche
Pigalle
Anvers
La Chapelle
Stalingrad
Jaurès
Rome
Place de Clichy
Villiers
Monceau
Courcelles
rnes
Charles de Gaulle Étoile
Gare du Nord
Gare de l'Est
Château d'Eau
Strasbourg St-Denis
Jacques Bonsergent
Belleville
Colonel Fabien
Couronnes
Ménilmontant
Père Lachaise
rge V
Franklin D. Roosevelt
Chaussée d'Antin La Fayette
Richelieu Drouot
Opéra
Grands Boulevards
Bonne Nouvelle
Réaumur Sébastopol
République
Goncourt
Madeleine
Filles du Calvaire
Rue St-Maur
St-Ambroise
Philippe Auguste
Champs Elysées Clemenceau
Concorde
Palais Royal Musée du Louvre
Louvre Rivoli
Étienne Marcel Les Halles
Châtelet Les Halles
St-Sébastien Froissart
Richard Lenoir
Voltaire
Alexandre Dumas
Invalides
La Tour Maubourg
Tuileries
Châtelet
Cité
Hôtel de Ville
Chemin Vert
St-Paul
Bréguet Sabin
Charonne
Maraîchers
Avron ②
Rue des Boulets
École Militaire
apleix
La Motte Picquet Grenelle
St-Germain des-Prés
St-Michel
Mabillon St-Sulpice
Odéon
Bastille
Ledru-Rollin
Faidherbe Chaligny
⑥ Nation
St Mandé Tourelle
Bérault
Cambronne
Commerce
Sèvre Lecourbe
Rennes
St-Placide
Montparnasse Bienvenüe
Falguière
Pasteur
Gare Montparnasse
Notre-Dame des-Champs
Vavin
Edgar Quinet
Raspail
Denfert Rochereau
St-Jacques
Gare de Lyon
Reuilly Diderot
Montgallet
Daumesnil
Porte de Vincennes Picpus
Bel-Air
Michel Bizot
Château de Vincennes ①
Félix Faure
Boucicaut
ourmel
Mouton Duvernet
Alésia
Corvisart
Glacière
Place d'Italie
Chevaleret
Nationale
Bercy
Quai de la Gare
Dugommier
Porte Dorée
Porte de Charenton
Liberté
Charenton-Écoles
Porte d'Orléans ④
Écoles Vétérinaire de Maisons-Alfort
Maisons-Alfort-Stade
Maisons-Alfort Les Juilliottes
Créteil-L'Échat
Créteil-Université
Créteil-Préfecture
8

8號線 P.186
美食、劇院、老巴黎
金碧輝煌的巴黎歌劇院喚起十九世紀的美好年代，拉法葉、春天百貨讓人陷入購物瘋狂，瑪德蓮和大道區的正統法式美食向你招手！

6號線 P.226
塞納河畔的建築風情
建築在高架橋上的地鐵路線，瀏覽都市脈動就從塞納河畔的建築群像：艾菲爾鐵塔、投卡德侯廣場、密特朗圖書館、塞納河船塢開始探索！

2號線 P.244
康康舞、紅磨坊、懷舊年代
巴黎北邊的東西向路線，探索香頌天后皮雅芙的真正巴黎人版圖，紅磨坊、聖心堂、帖特廣場、雙磨坊咖啡館，一次飽覽蒙馬特山丘風光！

Les Sablons　Porte Maillot　Argentine　**Charles de Gaulle-Étoile**　George V　Franklin D. Roosevelt　Champs-Élysées-Clémenceau

(RER) C　Ⓜ ❷ 6　(RER) Ⓐ　Ⓜ 9　Ⓜ 13

Charles de Gaulle Étoile

星辰廣場站

Isa的旅遊筆記

地鐵1號、2號、6號線交錯的星辰廣場站，是香榭大道上最重要的地鐵站，廣場上的地標——凱旋門，匯集12條大道經過，曾是拿破崙婚禮舉行的地點、每年國慶閱兵的起點、環法單車賽的終點，不斷的人潮讓這裡成為巴黎觀光客最多的地方。

處於香榭大道西部高處商業區聚集的地段，這裡有著一流的名

店、五星級酒店和餐廳，也是巴黎少數店家營業到凌晨的地方，如果你嫌商店太早關門，不妨到這裡來繼續血拼，夜店和24小時餐廳更是夜貓族的好去處。

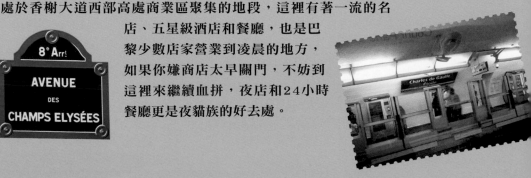

巴黎達人 **3** 大推薦地

Isa最愛
Ladurée

香奈兒創意總監拉格斐也愛的甜點店，選幾個馬卡洪小圓餅配一壺茶，感受甚麼叫幸福！
（見P.44）

©Ladurée

遊客必訪
凱旋門

香榭大道上的新古典主義地標，紀念戰爭勝利而建，可上頂層俯瞰12條大道交會的星辰廣場。（見P.38）

巴黎人推薦
Publicis Drugstore

Renaut・30歲・服裝設計師

最喜愛到香榭大道上的複合式shopping mall 逛街了！型男美女也很多！（見P.42）

星辰廣場站街道圖

Courcelles

BE Boulangépicier

Ternes

Jean-Pierre Cohier

Rue Daru

蒙梭公園 Parc Monceau

Avenue de Wagram

Avenue Hoche

Rue de Miromesnil

Avenue Mac-Mahon

La Maison du Chocolat

Avenue Carnot

出口4 Av. de Wagram

出口3 Av. Hoche

出口9 R. Beaujon

Boulevard Haussmann

9號線

Av. de la Grande Armée

出口5 Av. Carnot

星辰廣場站 Charles de Gaulle Étoile

出口2 Av. de Friedland

Miromesnil

出口6 Av. de la Gde Armée

凱旋門 Arc de Triomphe

出口1 Av. Champs-Élysées

Rue du Faubourg Saint-Honoré

Avenue Foch

出口8 Av. Foch

Publicis Drugstore

George V

香榭麗舍大道 Avenue des Champs-Élysées

Saint-Philippe du Roule

13號線

愛麗榭宮 Palais de L'élysée

Avenue Victor Hugo

Kléber

出口7 R. de Presbourg

Lancel

Fouquet's Barrière

Louis Vuitton

Ladurée

R. de Ponthieu

Av. des Champs-Élysées

1號線

Avenue Kléber

Avenue Iéra

Avenue Marceau

Avenue George V

Spoon

Franklin D. Roosevelt

香榭麗舍站 Champs-Élysées Clémenceau

Laurent

Café Le Nôtre

巴卡拉水晶博物館 Musée Baccarat

Av. Pierre 1er de Serbie

Hôtel Plaza-Athénée

Avenue Montaigne

大皇宮 Grand Palais

小皇宮 Petit Palais

聖羅蘭基金會 Fondation Pierre Bergé – Yves Saint-Laurent

凱旋門上底下不熄之火

凱旋門
L'Arc de Triomphe

象徵勝利的地標

　　香榭大道終點上的紀念性建築物凱旋門，如同它的名字，是拿破崙為了慶祝士兵凱旋歸來而建於1806年，花費30年建成，紀念法國在奧斯特立茲戰爭的勝利。這樣的古羅馬四面拱門建築形式，在巴黎並不算是特例，但這座凱旋門是歐洲最大的，高50米、寬45米，厚約22米。正反面各有2處自偉大畫作複製的精美雕刻，以面對香榭大道右手邊的「出征」最為出名，描寫1792年自馬賽出征的法國士兵，也成了後來法國國歌《馬賽曲》描繪的場景。內壁刻滿558名尾隨拿破崙征戰的將軍名字，門底下有一處1920年增設的無名士兵墓，代表在第一次世界大戰犧牲的150萬名法國士兵，並有一

處不熄之火。前往凱旋門參觀必須在出地鐵站後，由香榭大道上的地下道穿過，別想從星辰廣場上擁擠的車潮間衝過去，那可是非常危險的喔！

凱旋門上的「出征」浮雕特寫

　　搭乘電梯或樓梯可到凱旋門頂樓欣賞12條大道環繞的美景，也可眺望聖心堂、艾菲爾鐵塔、蒙帕拿斯大樓等巴黎名勝。還有一處小型博物館介紹凱旋門的歷史與事蹟。

> **Data**
> 地址：Place Charles de Gaulle 75008 Paris
> 電話：01 55 37 73 77
> 開放時間：4～9月週一～日10:00～23:00，10～3月週一～日10:00～22:30
> 門票：底層參觀免費，頂樓電梯全票9.5€，18～25歲6€，冬季11～3月每月第一個週日免費，適用博物館卡
> 前往方式：地鐵站Charles de Gaulle Étoile出口1，在香榭大道上穿過地下道即可抵達
> MAP：P37

凱旋門是香榭大道上的地標

天氣好時可從香榭大道上直望拉德芳斯的新凱旋門

香榭麗舍大道
Avenue des Champs Élysées

奢華巴黎的代名詞

香榭大道原只是一條在17世紀時從杜樂麗宮延伸出去的皇后小徑(Cours de Reine)，專供皇室貴族散步之用，法文的「Champs」是田野的意思，而「Élysées」則是指愛麗榭宮，最初香榭大道指的只是一條愛麗榭宮旁的田園小徑。在第二帝國巴黎改造時期，擴建成八線道的大道，寬闊的人行步道更讓它增加氣勢，聚集了世界一流的名店包括101號的Louis Vuitton總店、每年凱薩獎晚宴舉行地點的Fouquet's咖啡館，成為巴黎的象徵之一。聖誕季節時行道樹更會點上浪漫繽紛的燈飾，是香榭大道最有魅力的時

巴黎最夜夜笙歌的香榭大道

刻。Isa建議你從星辰廣場站開始遊覽香榭大道，因為這邊是上坡，從此往下走比較順路也比較節省腳力！很多朋友到巴黎來會覺得店很早關不夠逛？到香榭大道來就對了，這裡的店家多半營業到晚間22點甚至凌晨，而夜店更可讓你玩到隔天早上！

Data 前往方式：地鐵站Charles de Gaulle Étoile出口1即可抵達
MAP：P37

內部裝潢華麗古典的巴卡拉總部

巴卡拉水晶博物館
Galerie-Musée Baccarat

法國傳統工藝的總部

　　巴卡拉是法國頂級奢華的水晶品牌，早在1764年品牌便在法王路易十五授權下成立，現今總統府愛麗榭宮裡的餐桌上就是使用巴卡拉打造的酒杯；土耳其伊斯坦堡宮殿中的咖啡杯、俄國沙皇冬宮的枝狀水晶燈、印度君王使用的家具等都是出自巴卡拉之手。總部與博物館設立在16區一棟古典大宅內，它原是一位子爵夫人Marie-Laure de Noailles的私人住宅，在Philippe Starck的精心設計下，大理石地板、水晶燈，呈現出華麗雍容的獨一無二氣氛，來此欣賞巴卡拉接受來自世界各國的輝煌訂單，以及每屆世界博覽會所提出的獨特設計，包括1878年的「土耳其釉彩成套咖啡壺」(Le Service à Moka Turc aux Émaux Polychromes)，或1880年的「大象花瓶」(Le Vase Eléphant)。附設的水晶屋餐廳(Cristal Room Baccarat)，原是子爵夫人的餐廳，Starck在古典的基礎上加入現代的筆觸加以改造，刻意裸露的磚牆與燭台、水晶燈相映出極簡又奢華的新洛可可式風格，餐點則由米其林星級廚師Guy Martin掌廚，講究氣氛的人在此享用一頓高級的法式料理必定難忘！

地址：11, place des États-Unis 75116 Paris
電話：01 40 22 11 10
開放時間：博物館週一、三～六10:00～18:30，週二、日休息；餐廳週一～六午餐12:15～14:15，晚餐19:15～22:30，用餐必須上網預約
價位：博物館全票7€，18～25歲5€；餐廳中午主菜+甜點套餐29€起，單點25€起
前往方式：地鐵站Charles de Gaulle Étoile出口7，沿Av. Kléber往南直走至Rue de Belloy左轉，直行5分鐘接上Place des États-Unis；或地鐵站Iéna沿Av. d'Iéna往北直行至Place des États-Unis即可抵達
網址：www.baccarat.fr
MAP：P37

蒙梭公園
Parc de Monceau

穿梭時空的幻想公園

　　巴黎人認為最享受的事情之一，便是在天氣好的日子裡到公園裡曬太陽，由於巴黎一年到頭除了短短夏季以外，多半時候都是灰濛濛的天色，因此難得有陽光的午後，公園的草皮上可是一位難求呢！這座離凱旋門不

公園中位在池畔優美的希臘廊柱

遠，原屬於奧爾良公爵的公園，建於1773年，以「時光旅行」為布景主題，收集了各年代各國的代表建築物，如希臘廊柱、中國寶塔、埃及金字塔、荷蘭風車、瑞士磨坊等，充滿了異國風情，隨處可見讀書、慢跑、野餐的人們在此休憩，這裡也曾是莫內

最喜歡的公園。Isa會在香榭大道買些Ladurée的點心帶到這裡來享受一個寧靜的下午。

埃及金字塔也納入了時光旅行的布景主題中

 Data　地址：Bd. de Courcelle 75008 Paris
開放時間：週一～日冬季07:00～20:00，夏季延長至22:00
前往方式：地鐵站Charles de Gaulle Étoile出口4沿Av. de Wagram往北至Av. de Courcelle右轉，步行10分鐘；或地鐵站Monceau出口，沿Bd. de Courcelle步行1分鐘即可抵達
MAP：P37

聖羅蘭基金會 Fondation Pierre Bergé - Yves Saint-Laurent

一代時裝大師的風範

　　位在16區的大道內，聖羅蘭基金會就像設計師一樣優雅迷人，2004年開幕，收藏有YSL在時尚圈40年超過5,000件的訂製服、15,000件首飾、手繪稿。為了讓文

©YSL

館中以適當的溫度與濕度保護YSL的文物

物歷久彌新，建築物本身也設計成適合收藏的環境，如終年18度的溫度、50%的濕度、防塵設計的壁櫥、防酸化的檔案櫃。定期舉辦與YSL相關的服裝、攝影展覽。

 Data　地址：5, av. Marceau 75116 Paris
電話：01 44 31 64 00
營業時間：週二～日11:00～18:00，週一休息
門票：全票7€，學生及25歲以下5€
前往方式：地鐵站Charles de Gaulle Étoile出口7，沿Av. Marceau往南走10分鐘；或地鐵站Alma-Marceau出口，沿Av. Marceau步行5分鐘即可抵達
網址：www.fondation-pb-ysl.net
MAP：P37

購物名店

Lancel

優雅的巴黎人皮件

　　以皮革聞名的法國包包品牌Lancel，經典款式為紅色的水桶包。品牌創立於1876年，Alphonse Lancel和妻子Angelé是以賣講究的菸斗和香菸配件起家，觀察到吸菸不再是男人專利，Lancel開始生產女性手提包。一直以「優雅的巴黎人」為主調，在經典中追求創新，不停玩弄巴黎的各式符碼，例如以法國女星為靈感的明星包系列──Brigitte Bardot的BB包，Isabelle Adjani的Adjani包。在定位上Lancel很符合上班女性的需求，簡約優雅的手袋很能與套裝搭配，系列旅行皮件也適合出差使用。在香榭大道上的旗艦店由室內設計師Patrick Norguet打造，以品牌經典紅與黑白打造極簡奢華的空間。

Lancel的Adjani包優雅而有巴黎人情調

 Data 地址：127, av. des Champs-Élysées 75008 Paris
電話：01 56 89 15 70
營業時間：週一～六10:30～20:00
前往方式：地鐵站Charles de Gaulle Étoile出口1即可抵達
網址：www.lancel.com
MAP：P37

Publicis Drugstore

半夜也要時髦購物

　　香榭大道上有許多複合式商店，也有不少以Select Shop為主題的商店。Publicis Drugstore便是一間2層樓的綜合購物商場，由世界第二大廣告公司Publicis成立，義大利美籍室內設計師Michel Saee打造全玻璃既現代又時髦的外觀。有著面向香榭大道的露天餐廳，由米其林三星廚師Alain Ducasse掌管；商場內精選品牌包括Comme des Garçons的皮夾、Marc Jacobs的香水、

Publicis商場的時髦玻璃外觀

Kiehl's的藥妝、Burberry的童裝等，逛累了就帶份三明治+優格+飲料的套餐(6～7歐元)，Isa個人則喜愛到這裡看看雜誌，順道買點Pierre Hermé的甜點。

 地址：133, av. des Champs-Élysées 75008 Paris
電話：01 44 43 79 00
營業時間：週一～五08:00～02:00，週六、日10:00～02:00
前往方式：地鐵站Charles de Gaulle Étoile出口1即可抵達
網址：www.publicisdrugstore.com
MAP：P37

©Publicis Drugstore

在Publicis可逛街、購物和用餐

Louis Vuitton

路易威登總店

創立於1854年的Louis Vuitton，其位在香榭大道上的總店，是名牌迷最嚮往的巴黎景點之一！創始人路易威登，原是替王宮貴族打包行李的技師，領悟到當時人們對旅行皮箱的需要，路易威登先從訂製皮箱起家，開始廣受歡迎，連拿破崙三世都愛用。自皮箱延伸到皮件、筆、手表、眼鏡等都一直圍繞在品牌主打的「旅行」概念。

1888年，路易威登創出「Damier棋盤格紋」，在百年後重新推出，現在成為主力花色；而1896年由路易威登兒子喬治所設計出以LV字母、四瓣花形、正負鑽石的「Monogram交織花紋」至今依然是熱銷的經典款式。1998年美國設計師Marc Jacobs入主LV擔任創意總監，更讓品牌躍上高峰，設計出「Vernis漆皮款」和從未生產過的服裝系列，熱愛藝術的Marc Jacobs更邀請藝術家村上隆替LV設計了「Monogram Multicolore多彩村上隆系列」。這間LV的大樓建於20世紀初，占地超過1,200平方米的店面，展示從每個月不斷推陳出新的新品到經典的皮包、皮夾及飾品，還有一間書店。

 地址：101, av. des Champs-Élysées 75008 Paris
電話：01 53 57 52 00
營業時間：週一～六10:00～19:00，週日11:00～18:00
前往方式：地鐵站Charles de Gaulle Étoile出口1，往南步行5分鐘即可抵達
網址：www.louisvuitton.com
MAP：P37

LV香榭大道總店是名牌迷不可錯過的敗家天堂

Ladurée

法式夢幻百年甜點老店

淺橄欖綠底描金花邊的招牌呈現出絕對法式的優雅,即使後起之秀層出不窮,Isa始終認為這是最代表法國風味也最出色的百年甜點老店。開設於1862年,最出名的甜點莫過於有少女酥胸之稱的「馬卡洪」(macaron)杏仁小圓餅,Isa最愛的口味是玫瑰花瓣(Pétal de Rose),芬芳有如一朵玫瑰在喉嚨裡開花!每季也會如時裝週一樣推出新口味。其他老牌甜點也值得嘗試,例如視覺與味覺兼具的「伊斯芭翁」(Ispahan)——玫瑰馬卡洪夾覆盆子與荔枝、香軟可口的「聖多諾黑泡芙」(Saint-Honoré)、僧侶頭造型的「僧侶泡芙」(Religieuse)。此外也提供麵包和正餐喔!

特別推薦香榭大道的這間分店,因為它營業到凌晨,讓你晚餐後可以來這裡享受一頓點心;也為了它由法國當紅室內設計師Jacques Garcia打造的古典、精緻茶沙龍傾心,每當和朋友來此喝咖啡、吃最愛

的Ispahan甜點時,都覺得住在巴黎太幸福了!在這間分店一樓則設有Ladurée時尚酒吧,是香榭大道潮流人士必去之處,值得嘗試的是招牌「馬卡洪雞尾酒」(Cocktails Macarons)。

Ladurée知名的馬卡洪

知名甜點師傅Pierre Hermè在Ladurée工作期間發明了「Ispahan」甜點——由兩層玫瑰馬卡洪包覆著,裡頭鋪滿清爽的覆盆子和讓人驚喜的香甜荔枝,最後綴上一片玫瑰花瓣裝飾,還亮得讓人捨不得吃 /7.1€

和甜點之神同名的Saint-Honorè,是一種泡芙的變形精緻版,抹上充滿香氣的奶油霜與巧克力,讓人難以抗拒 /7.6€

Data 地址:75, av. des Champs-Élysées 75008 Paris
電話:01 40 75 08 75
營業時間:週一~五07:30~23:30,週六08:30~00:30,週日08:30~23:30
前往方式:地鐵站Charles de Gaulle Étoile出口1往南步行約5分鐘即可抵達
網址:www.laduree.com
MAP:P37

©Paris Tourist Office/Marc Bertrand

Ladurée香榭大道店營業到凌晨,讓你半夜也可吃到馬卡洪

BE-Boulangépicier

三星名廚的麵包食材店

位在蒙梭公園附近，打著米其林三星名廚 Alain Ducasse的名號，「BE」——結合了麵包店(Boulangerie)與食材店(Épicerie)的功能，賣新鮮烘焙的各式法式麵包，也賣香料、巧克力、沙拉、三明治等美味食材，顯現出該店對食材和烹調的講究。使用高級材料並現場烘焙的關係，價位比一般麵包店高，不過畢竟是名廚Alain Ducasse的店嘛！

現代而小巧的店內並提供內用座位，可以選用些新鮮麵包坐下來喝杯咖啡，看看街頭的人們。

源自中世紀的
焦糖千層棒Sacristain，
外表有一層糖霜，酥脆誘人

BE的logo是一個小寫的b裡內嵌一個小寫的e

Data 地址：73, bd. de Courcelles 75008 Paris
電話：01 46 22 20 20
營業時間：週一～六07:00～20:00，週日休息
前往方式：地鐵站Charles de Gaulle Étoile出口4，沿Av. de Wagram往北至Av. de Courcelle右轉，步行5分鐘；或地鐵站Courcelle出口沿Bd. de Courcelle往西步行1分鐘即可抵達
MAP：P37

陽光正好的午後，到BE來點一份麵包度過一段愜意時光

對外的高腳椅坐位可讓你讀份報紙，悠閒的享用餐點

Jean-Pierre Cohier

曾獲首獎的棍子麵包

　　這是間曾獲得2006年棍子麵包大賽第一名的麵包店，開幕於1986年，Isa曾品嘗過剛出爐的傳統棍子麵包，外酥內軟，入口即溶，果然不愧是得獎之作！就位在聖多諾黑區街的盡頭，這間小巧的麵包店總是吸引了街區的居民與上班族前來購買麵包，除了棍子麵包以外，鄉村麵包、可頌及各式甜點也都很值得一試，附有些許坐位可在店內享用。

店內其他甜點也值得嘗試

獲得2006年棍子麵包首獎
的傳統棍子麵包/1.2€

Data 地址：270, rue du Fbg St.-Honoré 75008 Paris
電話：01 42 27 45 26
營業時間：週一～五07:30～20:00，週六07:30～19:00，週日休息
前往方式：地鐵站Charles de Gaulle Étoile出口4沿Av. de Wagram往北至Rue du Fbg St.-Honoré右轉，步行1分鐘；或地鐵站Ternes出口沿Rue du Fbg St.-Honoré往東步行1分鐘即可抵達
MAP：P37

Jean-Pierre Cohier的店門寫著2006年棍子麵包首獎得主

巴黎通
什麼是棍子麵包大賽？

巴黎市政府舉行的棍子麵包大賽(Meilleure Baguette de Paris)自1994年開始舉行，在每年3月由烘焙界專業人士、美食記者、上屆冠軍及五位幸運民眾共同投票，從熟度、口感、內餡、氣味和外表，決選出最美味的棍子麵包，得獎者可以獲得4,000歐元獎金之外，總統府愛麗樹宮更會為期一年每日訂購25份棍子麵包作為獎勵。

近期獲獎的麵包店名單：

旅程中，每天都選一家獲獎麵包店，比較它們的傳統棍子麵包，該有多幸福！

2013年：Au Paradis du Gourmand
地址 156, rue Raymond Losserand 75014

2012年：Mauvieux
地址 159 rue Ordener 75018

2011年：Levain d'Antan
地址 6, rue des Abbesses

2010年：Grenier à Pain Abbesses
地址 38, rue des Abbesse 75018

2009年：Grenier de Felix
地址 64 Avenue Felix Faure 75015

2008年：Anis Bouabsa
地址 32-34 rue Tristan Tzara 75018

2007年：Arnaud Delmontel
地址 57 rue Damremont 75018

2006年：Jean-Pierre Cohier
地址 270, rue du Fbg St.-Honore 75008

La Maison du Chocolat

巧克力之家

　　由當代巧克力之神Robert Linxe創立於1977年，號稱「巧克力界中的愛瑪仕」，精緻有如名牌禮盒的包裝，讓人還未品嘗就先感到貴氣！「松露香檳巧克力」(Truffes Fine Champagne)是必吃的人氣選擇，有人說沒吃過La maison du chocolat的巧克力就不算吃過巧克力呢！細緻的口感和在嘴間融化的香氣，讓人回味再三！都到了巧克力之家，自然也該點杯濃稠得化不開的正統「熱巧克力」(Chocolat chaud)，和經典的甜點「巧克力閃電泡芙」(Éclair)，讓你一整天都處在幸福的氣氛之中。

巧克力迷必得到巧克力之家來逛逛

 Data
地址：225, rue du Fbg St.-Honoré 75008 Paris
電話：01 42 27 39 44
營業時間：週一～六10:00～19:30，週日10:00～13:00
價位：巧克力禮盒2個裝3.9€，6個裝8.4€
前往方式：地鐵站Charles de Gaulle Étoile出口4，沿Av. de Wagram往北走到Rue du Fbg St.-Honoré右轉，步行1分鐘；或地鐵站Ternes出口，沿Rue du Fbg St.-Honoré往東步行1分鐘即可抵達
網址：www.lamaisonduchocolat.com
MAP：P37

Spoon

三星名廚的精緻料理

　　這間精緻又經典的餐廳，是由米其林三星名廚Alain Ducasse開立的，若覺得在雅典娜飯店的餐廳太過高檔，這間由廚師旅行多年從世界各地料理得到啟發與靈感的中價位餐廳，會是在香榭大道附近用餐的好選擇。料理以創新聞名，並使用義大利家具名牌Alessi、法國Christofle的餐具、JIA的餐盤等，適合喜愛設計的品味人士前往。

 Data
地址：14, rue de Marignan 75008 Paris
電話：01 40 76 34 44
營業時間：週一～五12:00～14:00，19:00～22:00，週六、日休息
價位：精選2樣前菜+主菜+甜點33€(午餐)
前往方式：地鐵站Charles de Gaulle Étoile出口1，沿香榭大道往下坡走至Rue de Marignan左轉即可抵達
網址：www.spoon.tm.fr
MAP：P37

©Spoon

從裝潢到餐具都相當講究的Spoon

M 1 號線

Charles de Gaulle-Étoile — M ② ⑥ RER Ⓐ
George V — M ⑨
Franklin D. Roosevelt — M ⑨
Champs-Élysées-Clémenceau — M ⑬
Concorde — M ⑧ ⑫
Tuileries
Palais Royal-Musée du Louvre — M ⑦

Champs-Élysées Clémenceau

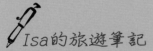

香榭麗舍站

Champs-Élysées Clemenceau
Grand Palais

Isa的旅遊筆記

開幕於1900年，1號、13號地鐵線相交的香榭麗舍站，位於香榭大道東段精華區，綠蔭遮蔽，格外有靜謐而高貴的氣息，是真正迷人的香榭大道。總統府愛麗榭宮就隱身在大道一側，地鐵出口廣場上還有戴高樂總統的雕像；大、小皇宮與亞歷山大三世橋代表1900年的新藝術風格，而不遠的蒙恬大道，Chanel、Dior、Louis Vuitton等名牌雲集，是血拼族真正失血的地方。帶有政治、權力的意味又與時尚、文化沾上邊，這裡是巴黎最奢華的金字塔尖端。

地鐵站大發現

香榭麗舍站站內走道上的牆壁，鋪有圓點及馬賽克圖案的瓷磚，這是巴黎和里斯本兩座城市之間的「地鐵交換藝術」，巴黎將獨有的新藝術風格地鐵入口裝飾送給里斯本Picoas站，而里斯本則將葡萄牙藝術家Manuel Cargaleiro的瓷磚畫鋪設在香榭麗舍站裡。

巴黎達人 3 大推薦地

Isa最愛
小皇宮

新藝術風格的小皇宮，是1900年代的見證，雕樑畫棟的廊柱、階梯、壁畫都值得一看。（見P.51）

遊客必訪
蒙恬大道

名牌迷真正的血拼之處！聚集Chanel、Dior、Louis Vuitton、Hermès等，是精品的兵家必爭之地！（見P.53）

巴黎人推薦
亞歷山大三世橋

Bernard・32歲・建築師

被稱為世界最美的一座橋！鑲金雕像與橋上路燈都帶有新藝術風格。（見P.52）

Boulevard Haussmann

Rue du Faubourg Saint-Honoré

Rue d'Artois

Miromesnil

星辰廣場站
Charles de Gaulle
Étoile

凱旋門
Arc de
Triomphe

Publicis
Drugstore Lancel

George V

Fouquet's
Barrière

香榭麗舍大道
Avenue des
Champs-Élysées

Saint-Philippe
du Roule

愛麗榭宮
Palais de L'Elysée

Louis
Vuitton

Ladurée

Av. des Champs-Élysées

R. de Ponthieu

13號線

Avenue Iéna

Avenue Marceau

Avenue George V

Franklin D.
Roosevelt

Café
Le Nôtre

香榭麗舍站
Champs-Élysées
Clémenceau

Restaurant
Laurent

Av. Pierre 1er de Serbie

Plaza-Athénée

聖羅蘭基金會
Fondation
Pierre Bergé –
Yves Saint-Laurent

Avenue
Montaigne

Avenue
Montaigne

出口

小皇宮
Petit Palais

1號線

9號線

大皇宮
Grand Palais

Iéna

東京宮
Palais de Tokyo

近代美術館
Musée
d'Art Moderne

Alma-Marceau

塞納河 La Seine

亞歷山大三世橋
Pont Alexandre III

傷兵院站
Invalides

香榭麗舍站街道圖

遊賞去處

©Paris Tourist Office/Claire Pignol

總統府愛麗榭宮

愛麗榭宮
Palais de L'Élysée

總統府所在之處

建於1788年的愛麗榭宮,面對香榭大道而背倚名牌雲集的聖多諾黑街,從1873年開始成為總統府。穿過榮譽中庭,可抵達2層樓的愛麗榭宮,1樓為會議廳及宴會廳,經由鋪著紅地毯鍍金把手的華麗樓梯走上2樓,穿越歷任總統的畫像後,則可來到一間「金廳」(Salon Doré)即是總統辦公室,在這間愛麗榭宮最重要的核心房間裡,留有歷屆總統個人喜愛的裝潢與飾品,並有重要的元首會晤在此舉行。內部共有365個房間,均飾有17、18世紀的名畫、掛毯和鍍金家具、水晶吊燈,華麗程度絲毫不遜於凡爾賽宮。每年歐洲古蹟日(9月份第三週的週末)可開放參觀。

 Data 地址:55, rue du Fbg St.-Honoré 75008 Paris
電話:01 42 92 81 00
前往方式:地鐵站Champs-Élysées Clémenceau出口,沿Av. de Marigny往北至rue du Fbg St.-Honoré右轉步行1分鐘即可抵達
MAP:P49

大皇宮 Grand Palais

巴黎最重要的工商展覽館

氣勢宏偉的大皇宮,與小皇宮相對,一樣有著讓陽光能直射的玻璃圓頂,和植物線條式的鋼鐵支架裝飾,屬於典型新藝術風格,總長240米的建築物正面以多根古典精緻的廊柱與雕像組成,由建築師Henri Deglane與Albert Louvet建造。大皇宮是巴黎最重要的工商展覽會場,每年的巴黎國際當代藝術博覽會(FIAC)亦在此舉行。此外不可錯過大皇宮內的餐廳「Mini Palais」,由米其林星級主廚Eric Frechon掌廚,提供新鮮食材所烹調的時節料理(中午套餐28歐元,單點14歐元起),面對亞歷山大三世橋和塞納河的美景更讓人驚艷!

 Data 地址:1, Avenue Géneral Eisenhower 75008 Paris
電話:01 44 13 17 17
營業時間:餐廳週一～日10:00～00:00
前往方式:地鐵站Champs-Élysées Clémenceau出口,沿Av. Winston Churchill步行1分鐘即可抵達
網址:www.grandpalais.fr
MAP:P49

有新藝術風格玻璃帷幕的大皇宮
©Marc Bertrand

小皇宮外觀

小皇宮 Petit Palais

新藝術風格展覽中心

面對面的大、小皇宮及鄰近的亞歷山大三世橋都是為了1900年萬國博覽會所建造的

小皇宮內美輪美奐的階梯與穹頂壁畫

新藝術風格建築，小皇宮在博覽會過後，1902年正式成為博物館。由建築師Charles Girault建造，門口有一道金碧輝煌的柵欄及牆上迷人雕刻，內部更有無數富麗堂皇的壁畫與天花板裝飾，一處典型新藝術風格的樓梯，是Isa覺得小皇宮裡最迷人的地方。目前作為市政府典藏的美術展覽中心，19世紀的豐富收藏包括浪漫主義的德拉克洛瓦、新古典主義的安格爾、寫實主義的庫爾貝，以及巴比松和印象派畫作。

此外，還可以在小皇宮面對花園、雕樑畫柱的中庭享用一杯香醇咖啡(2.5€)也是入時之選。

Data
地址：Av. Winston Churchill 75008 Paris
電話：01 53 43 40 00
營業時間：週二～日10:00~18:00，週一休息
門票：常設展免費，展覽全票5～11€，學生和14～26歲青年半價
前往方式：地鐵站Champs-Élysées Clémenceau出口，沿Av. Winston Churchill步行1分鐘即可抵達
網址：petitpalais.paris.fr
MAP：P49

亞歷山大三世橋
Pont Alexandre III

世界最美的一座橋

連接香榭大道和傷兵院的亞歷山大三世橋，優美的單一橋墩、金碧輝煌的橋上雕像、古典路燈，讓它獲得了「世界最美之橋」的稱號，與大、小皇宮同樣為1900年萬國博覽會而蓋。這座橋是為了紀念法俄友誼而由俄皇尼古拉二世贈予法國，並以其父親的名字亞歷山大三世命名，橋身一面飾有象徵聖彼得堡涅瓦河的徽章，一邊飾有象徵巴黎塞納河的雕像，如果搭乘塞納河河上遊船便能就近仔細觀看喔！

Data 地址：Pont Alexandre III
前往方式：地鐵站Champs-Élysées Clémenceau出口，沿Av. Winston Churchill步行至塞納河畔即可抵達
MAP：P49

世界最美的亞歷山大三世橋

購物名店

Avenue Montaigne（蒙恬大道）

寧靜卻充滿貴氣的大道

　　若你到巴黎旅行的目的之一是購買名牌，Isa會推薦你到蒙恬大道購物而非香榭大道！這條種滿兩排行道樹、寧靜卻充滿貴氣的大道，與香榭大道、喬治五世大道組成黃金三角，遍布高級名牌商店與五星酒店，從Franklin D. Roosevelt的圓環逛起，你會經過Chanel、Dior、Gucci、Louis Vuitton、Armani、Valentino、Prada、Dolce&Gabbana、Versace、Nina Ricci、Chloé、Céline、Fendi等大牌雲集的名店，

Dior是最早在蒙恬大道建立本店的名牌

讓你大呼過癮！別忘了往名人愛住的Hôtel Plaza-Athénée瞧瞧，也許你會看到裘德洛正準備搭上一台計程車。

Data 地址：Av. Montaigne 75008 Paris
前往方式：地鐵站Champs-Élysées Clémenceau出口，沿香榭大道往西至Av. Montaigne左轉即可抵達
MAP：P49

蒙恬大道上另一重點便是時有明星進出和影迷駐守的雅典娜廣場酒店

©Paris Tourist Office/Marc Bertrand

Café Le Nôtre（勒諾特甜點鋪）

香榭大道上的高級甜點鋪

　　品牌創立於1957年，特地為了1900年萬國博覽會所建立的勒諾特甜點香榭大道店，有著與大、小皇宮一樣的玻璃天棚新藝術風格，寧靜、高雅，甚至帶有一點低調，是貴婦們的最愛。這裡除了可品嘗甜點、主餐，也有烹飪學校的課程可以線上報名參加！各種果醬、茶葉、咖啡也是伴手禮好選擇，在蒙恬大道血拚完後，就到這裡來享用甜點和熱茶，再愜意不過了。

有著新藝術風格的Le nôtre香榭大道店

 Data 地址：10, av. des Champs-Élysées 75008 Paris
電話：01 42 65 85 10
營業時間：週一～日07:30～00:30
價位：兩人份巧克力鍋17€起，甜點8€起，餐飲課程40€起
前往方式：地鐵站Champs-Élysées Clémenceau出口，沿香榭大道往東步行1分鐘即可抵達
MAP：P49

Hôtel Plaza-Athénée（雅典娜廣場酒店）

星光閃爍的知名酒店

　　蒙恬大道上除了各精品名牌店家雲集，又以雅典娜廣場這間星光閃爍、曾為《慾望城市》外景場所的明星酒店最為出名。以18世紀為主題的裝潢風格充滿法式情調，這間五星級酒店當中由Patrick Jouin所設計的酒吧，成為巴黎最時髦的去處。Alain Ducasse集團的旗艦餐廳位在雅典娜酒店中，由Christophe Saintagne擔任主廚，擠身全球最佳餐廳前50名，只營業2天午餐、5天晚餐，高檔價位卻仍讓仰慕三星名廚的老饕趨之若騖。

©Hôtel Plaza Athénée

Dior設立在酒店中的高級SPA，讓人心生嚮往

 Data 地址：25, Av. Montaigne 75008 Paris
電話：01 53 67 66 65
營業時間：Alain Ducasse餐廳午餐週四～五12:15～14:15，晚餐週一～五19:45～22:15，酒吧週一～日18:00～02:00；Dior沙龍週一～日08:00～22:00
價位：餐廳單點80～110€，套餐220€；沙龍45分鐘療程150€起
前往方式：地鐵站Champs-Élysées Clémenceau出口，沿香榭大道往西至Av. Montaigne左轉步行5分鐘即可抵達
MAP：P49

雅典娜酒店中的酒吧是潮流人士最愛的地方
©Hôtel Plaza Athénée

Restaurant Laurent

花園中的舊時王宮

位在香榭大道花園中的高檔餐廳 Laurent，是想享受一頓無人打擾的寧靜饗宴的好選擇。這裡是一棟曾是路易十四舊時的狩獵行宮，在此用餐就彷彿是王宮貴族！曾在名廚Christian Constant和Joël Robuchon旗下工作的主廚Alain Pégouret，提供隨時節變化的法式創新料理。無論在充滿陽光的花園或裝潢高雅的室內用餐，氣氛都很好，獲得米其林一星評價。

©Restaurant Laurent

在香榭大道花園中的Restaurant Laurent餐廳

Data

地址：41, av. Gabriel 75008 Paris
電話：01 42 25 00 39
營業時間：午餐週一～五12:15～14:15，晚餐週一～六12:15～14:15
價位：套餐180€
前往方式：地鐵站Champs-Élysées Clémenceau出口
MAP：P49

精緻的美食獲得一星評價

©Restaurant Laurent

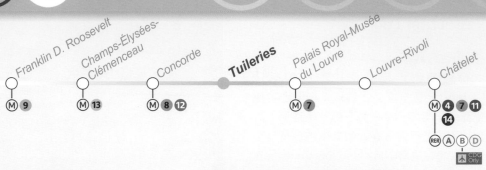

M 1 號線

Franklin D. Roosevelt — M 9

Champs-Élysées-Clémenceau — M 13

Concorde — M 8 12

Tuileries — M 7

Palais Royal-Musée du Louvre

Louvre-Rivoli

Châtelet — M 4 7 11 14 — RER A B D — CDG Orly

Tuileries
杜樂麗站

Isa的旅遊筆記

左鄰香榭大道、右接羅浮宮的杜樂麗地區，是巴黎市中心的精華地段，廣大的杜樂麗花園是從前王室的私家休憩之處，麗池飯店坐鎮、素有「歐洲珠寶箱」之稱的凡登廣場為本區帶來奢華的味道，曾為斷頭台設置之處的協和廣場則是具歷史意義的代表。喜愛血拼的人不能錯過本區最著名的名牌之路——聖多諾黑區街，連香奈兒創意總監凱爾拉格斐(Karl Lagerfeld)都愛逛的挑選概念店Colette、香奈兒也愛的午茶沙龍Angelina、國王首相首選首選的Meurice酒店都在這塊奢華、名流、貴氣的杜樂麗地區。

巴黎達人 3 大推薦地

Isa最愛
Angelina

香奈兒也愛的茶沙龍！來這裡品嘗道地的法國甜點與感受上個世紀的繁華，人氣單品為蒙布朗栗子塔。（見P.64）

遊客必訪
杜樂麗花園

從前是皇室的花園，現在開放成為民眾散步休憩的場所，裡面有橘園和網球場兩座美術館。（見P.58）

巴黎人推薦
Colette

Olivier・16歲・模特兒
Colette是創意和時尚的寶庫，來巴黎若不去Colette就太可惜了！（見P.62）

杜樂麗站街道圖

杜樂麗花園
Jardin des Tuileries

散步在舊時皇室休息之處

公園是都市的肺葉，而一座原本屬於皇室的私家花園，將在提供休憩功能之外更添懷舊的氣氛！介於羅浮宮與協和廣場之間的杜樂麗花園，原是屬於十六世紀凱薩琳梅迪奇(Cathérine de Médicis)的私人財產，這位來自義大利的皇后在丈夫法王亨利二世過世後搬出羅浮宮，在西面250米的地方建造一座今日已不存在的杜樂麗宮，並參考家鄉花園的樣式設計出文藝復興式的杜樂麗花園。到路易十四時代則請勒諾特(André Le Notre)改造成法式的對稱花園。直到今日，在園中散步、遛狗、喝咖啡都是相當有情調的事情，園裡20座雕塑家麥約(Aristide Maillol)的青銅雕像更添氣氛。花園靠近協和廣場端設有橘園美術館和網球場美術館。

巴黎市中心的肺葉——杜樂麗花園

Data 地址：Jardin des Tuileries 75001 Paris
開放時間：9～3月週一～日07:30～19:30，
4～8月週一～日07:00～21:00
前往方式：地鐵站Tuileries出口即可抵達
MAP：P57

花園中眾多生動的雕像

©Paris Tourist Office/Marc Bertrand

《睡蓮》是橘園中最重要的收藏

橘園美術館
Musée de l'Orangerie

印象派迷不可錯過的展廳

　　建於1852年於杜樂麗花園內的橘園美術館，以其印象派及後印象派繪畫收藏聞名。不可錯過的便是莫內於1920年所繪製的睡蓮(Nymphéas)，巨型的繪畫被展示在橢圓形大廳內，有無限的張力。1965年後加入了收藏家紀永姆(Walter Guillaume)捐給政府的私人收藏，形成今日印象派繪畫雲集的模樣。賽尚、雷諾瓦、羅蘭桑、馬諦斯、盧梭的收藏都值得一看。

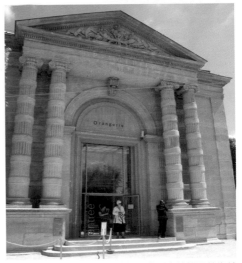
位在杜樂麗花園中的橘園美術館

Data
地址：Jardin des Tuileries 75001 Paris　　電話：01 44 77 80 07
開放時間：週三～一09:00～18:00，週二休息
門票：全票9€，18～25歲6.5€，適用博物館卡，與奧塞美術館聯票13€，每月第一個週日免費
前往方式：地鐵站Tuileries出口，自協和廣場往花園內走即可抵達
網址：www.musee-orangerie.fr　　MAP：P57

協和廣場
Place de la Concorde

雙盤式噴泉優雅高貴

經歷大革命的歷史流轉之處

現在協和廣場上只見不斷的車潮與聳立的方尖碑，彷彿它只是一個再平靜不過的廣場，然而這裡卻是法國大革命時期斷頭台的設置之處，路易十六與瑪麗皇后均在此斷魂。建於1755年，廣場上有8尊代表法國8座城市的雕像，中央則有埃及贈予法國的方尖碑，上頭除了有

矗立協和廣場上由埃及人贈送給法國的方尖碑

象形文字讚揚法老王拉美西斯二世，也有圖解解釋如何從埃及運送方尖碑到法國。方尖碑的兩側是對稱的雙盤噴泉，深綠鑲金的配色優雅而高貴，電影《穿著Prada的惡魔》裡，女主角安海瑟威便是在此把手機丟入池中，決定走回自己的人生。

 地址：Place de la Concorde 75001 Paris
前往方式：地鐵站Tuileries出口即可抵達
MAP：P57

凡登廣場
Place Vendôme

巴黎的珠寶箱

有「巴黎珠寶箱」之稱的凡登廣場一直以來就與王宮貴族的名字相連，由路易十四下令修於1893年，廣場中央以1,200座青銅炮鎔鑄建成的「奧斯特利茲柱」上有一尊拿破崙的雕像。如今廣場四周盡是世界頂級的珠寶品牌，包括Chanel與Dior的珠寶店、打造皇冠出身的Chaumet、

凡登廣場上盡是珠寶名店

Bvlgari、Tiffany、Cartier，如果到巴黎來挑婚戒，必定要到凡登廣場走一趟。香奈兒曾長住37年的麗池飯店，也是廣場上的著名景點。

有著奧斯特利茲柱的凡登廣場

 地址：Place Vendôme 75001 Paris
前往方式：地鐵站Tuileries出口，沿Rue de Rivoli往西至Rue de Castiglione右轉步行5分鐘即可抵達
MAP：P57

購物名店

Rue St.-Honoré & Fbg St.-Honoré

聖多諾黑街24號是愛馬仕總店

4公里名牌之路──聖多諾黑街

總長4公里的聖多諾黑街血拼指數絲毫不輸給香榭大道，1920年代Hermès在此建立總店後，與鄰近的康朋路Chanel總店、「巴黎珠寶箱」凡登廣場連成一氣，於是各大名牌紛紛搶先進駐此街包括Gucci、Robert Cavali、Prada、John Galliano、Roger Vivier等300多個名牌形成血拼之路，五星級酒店Bristol、YSL最愛去的Costes酒店，

百年香水品牌Caron也開設在聖多諾黑街上

加上總統府愛麗樹宮、美國及英國大使館等形成了一個奢華貴氣又充滿權勢的布爾喬亞區。

高跟鞋名牌Roger Vivier的總店也位在聖多諾黑街上

 Data 地址：Rue St.-Honoré & Rue Fbg St.-Honoré 75008 Paris
前往方式：若欲從頭逛起，可由地鐵站Palais Royal-Musée du Louvre出口5步行至Rue St.-Honoré
MAP：P57

Maria Luisa

潮流名牌的挑選名店

自1988年成立以來，以挑選精品品牌出名的Maria Luisa，店名除了在時尚圈代表優雅及高貴，更是設計師都想打入的Select Shop。200平方米的空間，精選入時的品牌設計師時裝與配件，Martin Margiela、John Galliano、Tisci、Kane、Isabel Marant、Véronique Branquinho、Jil Sander、Bruno Pieters都是常見品牌，精選質地良好不超過500歐元的單品，是一間充滿魅力的衣櫃。

 Data 地址：7, rue Rouget de l'Isle 75001 Paris
電話：01 47 03 96 15
開放時間：週一～六10:30～19:00，週日休息
前往方式：地鐵站Tuileries出口，沿Rue de Rivoli往西至Rue Rouget de l'Isle右轉即可達
網址：www.marialuisaparis.com
MAP：P57

巴黎火紅的挑選概念店Maria Luisa ©Maria Luisa

Colette

設計與時尚的創意店鋪

巴黎最潮的時尚名店非Colette莫屬！位在火紅的時尚特區聖多諾黑街上，不僅香奈兒總監拉格斐愛逛、出入的型男靚女們無不花盡心思打扮，Isa在替時裝雜誌街拍時都愛來這裡抓人！1997年成立至今，憑藉著創辦人Sarah的敏銳直覺到世界各地蒐集創意商品，1F精選書籍、玩具、電子產品、相機、唱片等商品；2F則是混搭包括Prada、Marc Jacobs各品牌設計師的服裝，定期更換，更獨特的是邀請品牌來店裡開設

從設計書籍、玩具公仔到流行時裝應有盡有，Colette無論你是喜愛血拼或找尋創意靈感，Isa都衷心推薦你這間Select Shop

「店中店」，包括Cacharel、Uniqlo、Martin Margiela、Comme des Garçons都曾合作來此開店，並推出限量商品；地下室則有一間獨一無二的「水吧」，有來自世界各地200多種礦泉水，讓時裝週期間的模特兒與編輯們都來這裡喝水。此外，Colette時常和設計師推出限量獨家商品，例如與Ladurée推出聯名馬卡洪甜點、與Leica合作推出相機，堪稱是crossover風潮的最佳代言人。

巴黎最酷的潮店Colette

 Data 地址：213, rue St.-Honoré 75001 Paris
電話：01 55 35 33 90
開放時間：週一～六10:00～19:00，週日休息
前往方式：地鐵站Tuileries出口，沿Rue de Rivoli往東至Rue du 29 Juillet左轉，至Rue Saint-Honoré右轉步行1分鐘即可抵達
網址：www.colette.fr
MAP：P57

MAJE

知性又性感的法國美人

時尚又性感、充滿了女人味，這便是Judith Milgrom創立於1995年的法國時裝品牌MAJE給人的印象。風格成熟、浪

漫而優雅，又有一絲神祕的異國情調，材質的運用也相當精緻，Isa認為很適合上班族女性，穿出擁有自我風格，時而知性、時而性感的法國女人味道。經典的款式以蕾絲、皺褶設計來呈現巴黎女人風情。

穿起來知性又性感的品牌MAJE

 Data 地址：269, rue St.-Honoré 75008 Paris
電話：01 42 96 84 93
開放時間：週一～六10:00～19:00，週日休息
前往方式：地鐵站Tuileries出口，沿Rue de Rivoli往西至Rue Cambon右轉，至Rue Saint-Honoré左轉步行1分鐘即可抵達
網址：www.maje-paris.fr
MAP：P57

Marc by Marc Jacobs

復古混搭的年輕路線

　　位在聖多諾黑廣場一角，這間
Marc by Marc Jacobs是美國設計師
Marc Jacobs創立於2007年的副牌，
定位較為年輕，價格也較親
切，以40年代為靈感來源，
混搭、隨意、復古、甜美是
系列商品的調性，分有男、
女裝和飾品，系列包包、T恤、靴子、
墨鏡都很受時下年輕人歡迎。

帶點復古味道的塑膠雨靴，顯
現出Marc by Marc Jacobs
的俏皮

 Data 地址：19, place du Marché St.-
Honoré 75001 Paris
電話：01 40 20 11 30
開放時間：週一～六09：00～
18：00，週日休息
前往方式：地鐵站Tuileries出口，
沿Rue de Rivoli往東至Rue du 29
Juillet左轉，直行5分鐘即可抵達
網址：www.marcjacobs.com
MAP：P57

American Apparel

簡單、流行又好搭的美國品牌

　　Isa認為American Apparel簡單、多彩且舒
適的設計，和巴黎流行的簡約風格很搭，這
也是為何這個由Dov Charney創立於1999年
美國洛杉磯的品牌，能讓每個巴黎年輕人或
多或少都有一件的原因；大小剛好的各色手
提包也很搶手。

Data 地址：31, place du Marché St.-Honoré
75001 Paris
電話：01 42 60 03 72
營業時間：週一～六10：00～20：00，週日
12：00～19：00
前往方式：地鐵站Tuileries出口，沿Rue de
Rivoli往東至Rue du 29 Juillet左轉，直行5分
鐘即可抵達
網址：americanapparel.net
MAP：P57

American Apparel是好搭又實穿的品牌

Angelina

香奈兒也愛的氣質甜點沙龍

位在杜樂麗花園旁希佛里路上，這間甜點老店曾是香奈兒最愛的下午茶店，創立於1905年，挑高大廳、浪漫主義的繪畫與招牌的紅皮橢圓椅背復古椅，呈現出一種老巴黎的魔力，召喚著無數的巴黎人來此懷舊。法式下午茶特別講究美好的氣氛和精緻的裝盤，在Angelina，從盤子、熱巧克力壺、牛奶壺、奶油碟，都是白瓷製成並印上紅色的店名logo，古典雅緻。招牌甜點為栗子泥中間夾蛋白霜的「白朗峰栗子塔」(Mont Blanc)，以及香氣濃郁配上香堤伊鮮奶油的「非洲熱巧克力」(Chocolat Chaud Africain)，主廚Sébastien Bauer向老師Pierre Hermé致敬的作品「歐蘭」(Olympe)也值得嘗試，兩塊大馬卡洪中間夾覆盆子、草莓、紫蘿蘭，頗有PH經典之作伊絲芭翁(Ispahan)

歐蘭是Sébastien Bauer向恩師PH致敬的作品

的影子，Isa推薦給喜歡果香清爽以及甜美的人！

在此享用完下午茶，無論到對面的杜樂麗花園散步，或到鄰近的聖多諾黑街血拼，都會是一個徹底感受巴黎生活的好體驗。

Data

地址：226, rue de Rivoli 75001 Paris
電話：01 42 60 82 00
營業時間：週一～五07:30～18:45，週六、日07:30～19:00
前往方式：地鐵站Tuileries出口，沿Rue de Rivoli往東走1分鐘即可抵達
MAP：P57

Angelina茶沙龍內部高級而優雅

Café Verlet（菲而雷咖啡館）

咖啡飄香的宜人去處

　　這間位於聖多諾黑街上的古老咖啡館，適合逛街逛累的午後到這裡來喝杯咖啡或茶，若你是咖啡迷就更不該錯過，因為這裡的咖啡都是店家自家烘焙。空間不大卻氣氛熱絡，飄滿了咖啡香；木櫃上擺滿了復古的茶葉罐，裝潢懷舊而散發歷史的痕跡。愛喝Espresso的人可點店家特調的混合豆或單品Espresso，也可仔細地按照咖啡產地選擇喜愛的咖啡，若點用茶飲則會用印有著Café Verlet的淡綠瓷壺盛裝，格外有情調。喝完了也可以購買喜愛的茶葉或咖啡豆帶回家作為旅行的紀念品喔！

Data
地址：256, rue St.-Honoré 75001 Paris
電話：01 42 60 67 39
營業時間：週一～六09:00～19:00，週日休息
前往方式：地鐵站Tuileries出口，沿Rue de Rivoli往東至Rue des Pyramides左轉，至Rue Saint-Honoré右轉步行1分鐘即可抵達
網址：www.cafesverlet.com
MAP：P57

♥PARIS 去哪裡喝下午茶？

♥ 講究氣氛型

你嚮往的下午茶是在裝潢精緻的古典沙龍裡，使用講究的餐具，沈浸在你與朋友的世界中？Isa會推薦你以下的下午茶餐廳：

No1. Ladurée
入選原因：Jacques Garcia設計的高級奢華沙龍，讓人目眩神迷(P.44)

No2. Angelina
入選原因：20世紀初的古典大廳，寫上店名的白瓷餐具充滿巴黎人的優雅(P.64)

No3. Dalloyao Bastille
入選原因：粉紅色主調的小客廳感沙龍，像在家中宴客般自在而舒適(P.109)

配上一盆鮮奶油，濃稠的熱巧克力是Angelina的經典

聖多諾街上咖啡飄香的菲而雷咖啡館

Jean-Paul Hévin

優質巧克力甜點鋪

對於巧克力迷來說，這是一間絕對不能錯過的下午茶店，堅持採用優質巧克力豆和低糖配方，趁鮮製作品嘗期不超過三日。人氣名品包括「金字塔」(Pyramide)巧克力蛋糕、週六限定的「巧克力千層派」(Millefeuille Chocolat)、曾入選巴黎最好馬卡洪巧克力類第一名的「巧克力馬卡洪」(Macaron Chocolat)。位在聖多諾黑的茶沙龍，提供下午茶各式甜點及簡單的輕食。

金字塔巧克力
©Jean-Paul Hévin

曾得過巧克力類首獎的巧克力馬卡洪

©Jean-Paul Hévin

週六限定的巧克力千層派
©Jean-Paul Hévin

 地址：231, rue St.-Honoré 75001 Paris
電話：01 55 35 35 96
營業時間：週一～六10:00～19:30，週日休息
前往方式：地鐵站Tuileries出口，沿Rue de Rivoli往西至Rue de Castiglione右轉，至Rue Saint-Honoré右轉步行1分鐘即可抵達
網址：www.jphevin.com　　　　MAP：P57

Bar Vendome du Ritz Paris（麗池飯店的凡登酒吧）

正統的貴婦下午茶

在麗池飯店的露天庭院，在鋼琴樂陪伴下，盡情享受三道式的英式下午茶，這樣的概念源自20世紀初很流行的貴婦午茶，這些手帕交可以暫時拋開自己的丈夫，到這裡來享用高級陶瓷壺具泡出的熱茶、精緻美味的甜點，交換生活中的點滴。不妨就在旅行中和三五好友一起到此享受一個難忘的巴黎下午時光。

 地址：15, place Vendôme 75001 Paris
電話：01 43 16 33 63
營業時間：下午茶16:00～18:30
價位：下午茶55€，熱巧克力10€
前往方式：地鐵站Tuileries出口，沿Rue de Rivoli往西至Rue de Castiglione右轉步行5分鐘即可抵達
網址：www.ritzparis.com　　　　MAP：P57

©Ritz

位在珠光寶氣的凡登廣場上的麗池飯店

Le Meurice（莫里士酒店）

尊貴的國王酒店

由Augustin Meurice創立於1835年，正對杜樂麗花園的莫里士酒店，向來是國家元首或外長來巴黎喜愛住宿的地方，有「國王酒店」的稱號，入住的人士非富即貴，如英國女王、美國總統、西班牙國王等，偏愛莫里士的達利更是每回到此住上1個月，在客房牆壁上任意塗上顏料！酒店中的餐廳「Le Meurice」由三星名廚Yannick Alléno掌廚，華麗的裝潢風格和精緻的美食享受，是留下巴黎美好記憶的好選擇，不妨到這裡品嘗一餐看看！

©Meurice
氣派高貴的Meurice餐廳

 Data
地址：228, rue de Rivoli 75001 Paris
電話：01 44 58 10 10
營業時間：餐廳週一～五12:30～14:00，
19:30～22:00
價位：中午套餐130€，單點250€～350€，
晚餐套餐380€
前往方式：地鐵站Tuileries出口，沿Rue de Rivoli往東步行1分鐘即可抵達
網址：www.meuricehotel.fr
MAP：P57

Les Ambassadeurs（大使餐廳）

金碧輝煌的古典餐廳

在世界馳名的頂級酒店Hotel Crillon裡的米其林二星餐廳Les Ambassadeurs，向來以大理石的氣派裝潢和俯瞰協和廣場的景致聞名。從名廚Christian Constant到Alain Ducasse大弟子Jean-François Piège，2010年由曾待過Lucas-Carton、Le Bristol等星級餐廳的新主廚Christopher Hache接手。以前這裡是Crillon伯爵的舞會廳，現在則成了享用法式精緻料理的餐廳，帶有路易十五式風格的裝潢由Jacque-Ange Gabriel所打造，氣氛良好，值得前往一試。

 Data
地址：10, place Concorde 75008 Paris
電話：01 44 71 16 16
營業時間：餐廳週二～五12:30～14:00，
19:30～22:00，週六～日19:30～22:00，週一及週末中午休息
價位：中午套餐68€，晚間套餐150€
前往方式：地鐵站Tuileries出口即可抵達
網址：www.crillon.com   MAP：P57

©Les Ambassadeurs
Les Ambassadeurs餐廳內部氣派華麗的裝潢

M 1號線

Champs-Élysées-Clémenceau M 13
Concorde M 8 12
Tuileries M 7
Palais Royal-Musée du Louvre M 4 7 11 14 RER A B D
Louvre-Rivoli
Châtelet M 4 7 11 14 RER A B D
Hôtel de Ville M 11

Palais Royal-Musée du Louvre
羅浮宮站

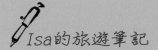
Isa的旅遊筆記

1900年開通第一條地鐵線時，羅浮宮站就已存在，1916年再開通相通的7號線，原本的站名是Palais Royal，但許多欲前往羅浮宮的遊客卻在另一站Louvre-Rivoli下車，於是在站名後方加註了Musée du Louvre表示羅浮宮的意思。本站1號線的月台上有通道可直接通往羅浮宮精品樓與羅浮宮入口，相當便利。羅浮宮是值得花上一天時間參觀的重要歷史博物館，附近的法蘭西劇院與皇宮廊巷吸引了文藝份子與設計師進駐，當紅品牌包括Christian Louboutin、Marc Jacobs、Martin Margiela都在此設店，滿足逛街血拼的心。

地鐵站大發現

羅浮宮站的5號出口有一處為了紀念2000年巴黎地鐵滿100週年，由藝術家Jean-Michel Othoniel創作名為「夜遊亭」(Kiosque des Noctambules)的裝飾藝術，採用慕哈諾島玻璃，紅色調代表白日，裝飾地鐵出入口；藍色調代表黑夜，附有座椅。在法蘭西戲劇院、皇宮廊巷等古典建築環繞下，更顯得新穎現代。

巴黎達人3大推薦地

Isa最愛
Palais Royal

路易十四童年曾住過的皇宮廊巷，現在已成為Marc Jacobs、Martin Margiela等品牌愛入駐的時尚據點！（見P.73）

遊客必訪
羅浮宮

世界二大博物館之一的羅浮宮，是巴黎經典地標，眾多收藏讓人三天三夜也逛不完。（見P.70）

巴黎人推薦
Christian Louboutin

Véronique・
28歲・售貨員
以紅鞋底為著名標記的Louboutin是所有巴黎女人都想要擁有的鞋！（見P.75）

Jean-Paul Hévin
Pyramides
Le Grand Véfour
Maria Louisa
Marc Jacobs
Didier Ludot
Martin Margiela
Galerie du Beaujolais
薇薇安廊巷 Galerie Vivienne
Hôtel Meurice
Angelina
Colette
皇宮廊巷 Palais-Royal
Galerie Montpensier
Rue Etienne Marcel
杜樂麗站 Tuileries
Avenue de l'Opéra
Rue Saint-Honoré
CaféVerlet
Galerie Valois
Pierre Hardy
1 號線
Galerie d'Orléans
出口5 Place Colette
出口4 Rue de Valois
Christian Louboutin
杜樂麗園花 Jardin des Tuileries
羅浮宮站 Palais Royal-Musée du Louvre
出口2 Place du Palais Royal
Rue du Louvre
騎兵凱旋門 L' Arc de Triomphe du Carrousel
裝飾藝術博物館 Musée des Arts Décoratifs
Le Cab
出口1 Musée du Louvre
出口3 Rue de Rivoli
Rue de Rivoli
R.J.J. Rousseau
Café Marly
7 號線
Oh mon cake !
Rue Saint-Honoré
塞納河 La Seine
羅浮宮 Museé du Louvre
Louvre-Rivoli
Artoyz
14 號線
藝術橋 Pont des Arts
Pont Neuf

羅浮宮站街道圖

羅浮宮
Musée du Louvre

廣大宏偉的藝術饗宴

世界三大博物館之一的羅浮宮,是巴黎最出名的景點之一。在1190年建立時原本是一座防禦性的城堡;14世紀時查理五世改建為供王室居住的宮殿;16世紀時法蘭索瓦一世將其整修為文藝復興樣式的建築,專門放置王室收藏品,便是在這個時期他購買包含《蒙娜麗莎》等義大利畫家的繪畫放在羅浮宮中收藏。羅浮宮曾作為王宮之用達400年之久,如今看到的建築是拿破崙時期所擴建,用來收藏戰爭所搜刮而來的寶物,還曾命名為「拿破崙博物館」。而羅浮宮入口的

貝聿銘所設計的大金字塔入口是羅浮宮最著名的外觀

羅浮宮內的展覽廳

透明金字塔，則是貝聿銘(Leoh Ming Pei)所設計，用意在於回應宮中豐富的埃及收藏，作為探索的起點，透明材質反射四周中世紀的建築，並導入光源，更有象徵意義。

古埃及、希臘羅馬時期的珍寶和40萬件以上的繪畫、雕塑收藏，讓羅浮宮成為世界三大博物館之一，三天三夜也逛不完！共可分為三個展廳：黎塞留館(Salle Richelieue)──收藏遠東、近東、伊斯蘭文物及14～17世紀的法國繪畫；德儂館(Salle Denon)──17～19世紀的法國繪畫、義大利、西班牙油畫；敘利館(Salle Sully)──古埃及、古希臘羅馬文物。羅浮宮地下一樓有一處「羅浮宮精品樓」(Carrousel du Louvre)提供購買紀念品、亨用簡餐和購物，包括歐舒丹的巴黎旗艦店和知名的巧克力店La Maison du Chocolat。

倒金字塔是《達文西密碼》中聖杯藏匿的地方

Data 地址：99, rue de Louvre 75001 Paris
電話：01 40 20 53 17
營業時間：週三～一09:00～18:00，週三、五延長至21:45，週二休息
門票：全票12€，週五18:00後26歲以下免費，10～3月第一個週日及7月14日免費，適用博物館卡
前往方式：地鐵站Palais Royal-Musée du Louvre出口1可直接抵達
網址：www.louvre.fr
MAP：P69

必看三寶

蒙娜麗莎La Gioconda

羅浮宮最出名的收藏，由達文西所繪製的義大利佛羅倫斯貴婦，優雅的面容上帶著一抹神祕的微笑，是遊客最喜愛佇足討論欣賞的名畫。

達文西(Leonardo Da Vinci)，1503～1506，77x53cm，木板油畫

米洛島的維納斯Vénus de Milo

被農夫偶然發現於米洛島的史前半裸女性雕像，公認為最美的希臘女神維納斯雕像。現在看到的雕像沒有手臂，有一說原本維納斯手持金蘋果、也有一說原本手提腰布，但似乎都沒有目前斷臂的版本來得渾然天成，呈現人體完美比例。

西元前100年，高202cm

勝利女神La Victoire de Samothrace

在愛琴海附近薩摩德拉斯島上發現時已斷成300多片碎片，修復完畢後，這尊站在船頭的古雕像儘管遺失了頭部與雙臂卻絲毫不減其力道，薄如蟬翼的衣服雕刻鬼斧神工。

PARIS

西元前190年，高328cm

裝飾藝術博物館
Musée des Arts Décoratifs

家具、時裝與廣告

可分為裝飾藝術博物館、服裝與織品博物館、廣告博物館，是Isa最喜愛的巴黎博物館之一。占地9,000平方米，由知名的奢華室內設計師Bruno Moinard打造，裝飾藝術博物館展出歐洲近幾世紀的掛毯、瓷器、彩繪玻璃、工藝品等收藏；服裝與織品博物館則收藏有16,000件時裝、35,000件配件、30,000件自14世紀至今日的布料；廣告博物館則可見到45,000張以上18世紀至1945年的海報設計、以及10萬部以上30年代至今日的廣告影片。

博物館中的紀念品店兼書店「107 Rivoli」是Isa很推薦去逛逛的地方，有許多時尚、藝術、設計相關的書籍、雜誌，也有設計師的小物、禮品、生活用品。附設的餐廳「Le Saut de Loup」也以Philippe Boisselier的極簡設計聞名，露天座位可眺望杜樂麗花園和艾菲爾鐵塔。

1.位在羅浮宮長廊的裝置藝術博物館
2.服裝與織品博物館展出典藏服飾
3.博物館的附設餐廳Saut du loup也相當講究裝潢

Data
地址：107, rue de Rivoli 75001 Paris
電話：01 44 55 57 50
營業時間：週二～日11:00～18:00，週四延長至21:00，週一休息
門票：全票9.5€，12～25歲8€
前往方式：地鐵站Palais Royal-Musée du Louvre出口3，沿Rue de Rivoli步行1分鐘即可抵達
網址：www.lesartsdecoratifs.fr
MAP：P69

皇宮廊巷 Palais Royal

隱密安靜的時尚走廊

　　由4條廊巷圍成方形，中間有一處公園的皇宮廊巷是市中心最有氣質的地點之一，寧靜、高雅充滿貴氣，是讓白衣王子Martin Margiela、LV創意總監Marc Jacobs、古董衣收藏家Didier Ludot、Hermès鞋品總監Pierre Hardy都來此設立店鋪的原因。18世紀時已

是咖啡館、商店林立，是巴黎人喜愛的約會地點。在公園的噴泉池旁看書、聽音樂，或在廊巷下的各種商店逛街，都有一種隱密而高貴的情

皇宮廊巷優美的迴廊

廊巷中藝術家設置的裝置藝術

調，Maison Fabre的手套、Corto Moltedo的晚宴包、Rick Owens的顛覆時裝，皇宮廊巷已經宛如一條時尚走廊。2014年更有潮牌Kitsuné進駐開設咖啡館，是巴黎人氣新址。

 Data　地址：Place du Palais Royal 75001 Paris
　　　　營業時間：公園週一～日08:00~23:00
　　　　前往方式：地鐵站Palais Royal-Musée du Louvre出口5即可抵達
　　　　MAP：P69

藝術橋 Pont des Arts

具有文藝氣息的鐵橋

　　這座塞納河上的鑄鐵木板人行步道橋，建於1803年，共有7座橋墩，連接左岸的法蘭西學院和右岸的羅浮宮。橋上聚集了不少賣畫維生的藝術家，每到傍晚也有不少年輕人攜帶輕食、飲料到此野餐、彈吉他。近來受到傳說的影響，橋上的鐵絲網上被扣上了整排密密麻麻的鎖頭，象徵愛情永不分離，Isa覺得這樣相當有礙市容，建議各位朋友不要有樣學樣喔！

時有街頭畫家賣畫的藝術橋

 Data　地址：Pont des arts
　　　　前往方式：自羅浮宮沿河畔Quai François Mitterrand往東步行5分鐘即可抵達
　　　　MAP：P69

騎兵凱旋門
L'Arc de Triomphe du Carrousel

小版精緻凱旋門

這個小凱旋門位在羅浮宮大金字塔入口西側，杜樂麗花園旁，是拿破崙為了紀念1806年奧茲特利茲之役命Pierre Fontaine、Charles Percier所建。和凱旋門一樣屬於「四柱式」，四邊都有門口的設計，浮雕描繪了戰爭犧牲的士兵，而正面多添了四根粉紅色大理石廊柱讓它比凱旋門更為精緻與不同。頂端有一尊康士坦丁一世率領雙輪四頭馬車的青銅雕像複製品，原是拿破崙攻下威尼斯時從聖馬可教堂奪來。

精緻的騎兵凱旋門位在杜樂麗花園旁

 地址：L'Arc de Triomphe du Carrousel
前往方式：地鐵站Palais Royal-Musée du Louvre出口3，延Rue de Rivoli往西走至杜樂麗花園，騎兵凱旋門即位在花園入口處
MAP：P69

薇薇安廊巷
Galerie Vivienne

最美麗的廊巷

19世紀巴黎興起了一種「廊巷」(Passage couvert)的特殊建築風格，在銜接主要大道的小巷上方加蓋玻璃頂棚，讓沒有水泥馬路與路燈的年代裡，人們也可以在巷裡風雨無阻的安心購物，可說是百貨公司的前身。至今這些優雅的廊巷都被保存下來，舊時光也彷彿凝結在那裡一樣，走入廊巷便像走入時空轉換的隧道。薇薇安廊巷是1823年建立時巴黎最美的一條廊巷，地板鑲有美麗的馬賽克，陽光從玻璃天棚穿透下來，正好在廊巷裡享用下午茶。許多時裝相關商店開設在此，例如時尚頑童Jean-Paul Gaultier便在此設立工作室。

薇薇安廊巷有著美麗的天棚和馬賽克瓷磚地板

 地址：6, rue Vivienne 75002 Paris / 4 rue des Petits Champs 75002 Paris
電話：01 42 21 17 37
營業時間：週一～日08:30~20:30
前往方式：地鐵站Palais Royal-Musée du Louvre出口5穿過皇宮廊巷，至Rue des Petits Champs右轉步行3分鐘即可抵達
MAP：P69

走入薇薇安廊巷彷彿回到19世紀的時光裡

購物名店

Christian Louboutin

鞋底下的一抹豔紅

　　每個巴黎女人都想要一雙Louboutin的高跟鞋！每雙鞋都像藝術品一樣吸引目光，Sarah Jessica Parker、Jennifer Lopez、Victoria Beckham都是力捧Louboutin的女星。對製鞋有著夢想，早年在夜店留連，對舞女們金光閃閃的衣飾情有獨鍾，導致他誇張、高調的鞋品設計，掀起了一股新旋風。設計師先後曾在Chanel、YSL、Roger Vivier工作過，1992年創立個人品牌，以紅色鞋底為其著名標誌，據說是設計師由助

理擦的口紅得到靈感，「鞋子上的紅色就像口紅，讓人忍不住想親吻！」系列中的裸色高跟鞋更是女星最愛，好搭衣服又在無形中增加身高；

Christian Louboutin的紅底細跟高跟鞋讓巴黎女人為之瘋狂

細跟、側邊低、鞋跟高120mm的「Pigalo 120」也是每季推出的經典款。

Data
地址：19, rue Jean-Jacques-Rousseau 75001 Paris
電話：01 42 36 05 31
營業時間：週一～六10:30～19:00，週日休息
前往方式：地鐵站Palais Royal-Musée du Louvre出口2沿Rue St.-Honoré往東至Rue Jean-Jacques-Rousseau左轉步行5分鐘即可到達
網址：www.christianlouboutin.com
MAP：P69

Artoyz

設計公仔玩具店

　　這是一間喜愛設計公仔的朋友會逛到愛不釋手的商店，可以找到各式公仔、設計人偶、玩具、禮品、鑰匙圈，例如Domo-Kun玩偶、豆腐人、Qeebear、各式造型的Be@rbrick公仔、暴力熊、醜娃娃等，還可找到不少適合收藏的限定版，就到此挑選一份禮物吧！

喜愛公仔的玩具迷不可錯過Artoys

Data
地址：45, rue de l'Arbre Sec 75001 Paris
電話：01 47 03 09 90
營業時間：週一～六11:00～20:00，週日休息
前往方式：地鐵站Palais Royal-Musée du Louvre出口2沿Rue St.-Honoré往東至Rue de l'Arbre Sec右轉步行1分鐘即可抵達
MAP：P69

古董衣收藏家Didier Ludot的店鋪

Didier Ludot

在皇宮廊巷內

首席古董二手衣名店

談起巴黎的古董衣名店，建於1975年，在皇宮廊巷的Didier Ludot是最出名的一間，它素有「古董衣之王」的美稱。Isa曾到Ludot的店裡採訪，很幸運的遇到本人親切地展示他的收藏，Dior的禮服、Balenciaga的毛呢衫、Hermès的古董包、Chanel外套、2.55包、YSL的裙子等等，20世紀以來的高級訂製服讓人目不暇給！此外，Ludot對黑色小洋裝的收藏更是舉世聞名，他總是說「女人一定要有一件黑色小洋裝！」認為黑色小洋裝最能展現女人美麗的體態，除了他所收集的各品牌的小洋裝，更有他本人親自設計的款式，在皇宮廊巷更專門開了一間La petite robe noire的分店，展示其黑洋裝收藏。

想找Hermés、Chanel的包包、高跟鞋必定得到Didier走一趟

Data 地址：本店20-24, galerie de Montpensier 75001 Paris；黑色小洋裝分店125, galerie de Valois 75001 Paris

電話：01 42 96 06 56

營業時間：週一～六10:30～19:00

前往方式：地鐵站Palais Royal-Musée du Louvre出口5即可抵達皇宮廊巷，店鋪在廊巷中

MAP：P69

Didier收集許多Chanel的皮件和服飾

Marc Jacobs

來自大蘋果的時尚活力

自從1998年起擔任Louis Vuitton的藝術總監，Marc Jacobs的同名品牌也開始聲勢大漲，位於皇宮廊巷的本店是Jacobs在歐洲開設的第一間分店，由Stéphane Jaklitsch擔任室內設計，在170平方米的寬場購物空間裡可以找到設計師的男、女裝和童裝系列。

Data
地址：34, rue de Montpensier 75001 Paris
電話：01 55 35 02 61
營業時間：週一～六11:00～19:00，週日休息
前往方式：地鐵站Palais Royal-Musée du Louvre出口5即可抵達皇宮廊巷，店鋪在廊巷中
網址：www.marcjacobs.com
MAP：P69

Marc Jacobs位在皇宮廊巷的分店

Marc Jacobs擅長充滿女性浪漫風格時裝

Pierre Hardy

夢幻鞋品名店

曾任Dior鞋品設計，多才多藝的Pierre Hardy替VOGUE繪製插畫、擔任Hyères時裝展的藝術總監、替Hermès設計鞋款和首飾、又與Nicolas Ghesquière合作替Balenciaga設計鞋款。同名品牌創於2000年，在鞋子上看得出他原本對建築的熱愛與研究，線條簡約、用色大膽、發明出椎形鞋跟更是時尚界經典。性感的高跟鞋讓眾多女星如Jessica Parker、Nicole Kidman都為之瘋狂，連Victor & Rolf設計師也穿Pierre Hardy男鞋跑趴！

Data
地址：156, galerie de Valois 75001 Paris
電話：01 42 60 59 75
營業時間：週一～六11:00～19:00，週日休息
前往方式：地鐵站Palais Royal-Musée du Louvre出口5可抵達皇宮廊巷，店鋪在廊巷中
網址：www.pierrehardy.com
MAP：P69

巴黎女人都想要一雙的Pierre Hardy ©Pierre Hardy

Martin Margiela

極簡主義的白色宮殿

　　比利時六君子之中最出名卻也最神祕的
Martin Margiela，是連Marc Jacobs都崇拜的
設計師，以絕佳剪裁與極簡設計吸引來許多
fans，Isa也是Margiela迷之一！在這間150
平方米的巴黎本店裡是一座絕對Margiela式
的白色宮殿，與其說是店鋪不如更像博物
館，店員也都身著白色大衣，十分後現代。
品牌分男裝、女裝與配件，都以號碼編號，
如女裝為4和6號系列。

 地址：25bis, rue de Montpensier 75001
Paris
電話：01 40 15 07 55
營業時間：週一～六11:00～19:00，週日休息
前往方式：地鐵站Palais Royal-Musée du
Louvre出口5，往皇宮廊巷外左側的小巷rue
de Montpensier步行1分鐘即可抵達
網址：www.maisonmartinmargiela.com
MAP：P69

Martin Margiela的服裝以號碼編號，招牌也
與眾不同

連店員也一身白袍的MMM巴黎本店

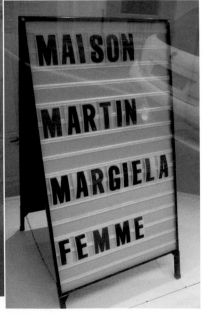

特色美食

Café Marly

眺望大金字塔的馬利咖啡館

不管你有多麼藝術狂熱，逛完廣大的羅浮宮，一定會大喊腳酸！想找個地方休息，馬利咖啡館便是個好選擇。建立在羅浮宮高挑的長廊下，擁有眺望中庭大金字塔的絕佳視野，天氣好時在這裡悠閒地喝杯咖啡，欣賞由貝聿銘設計，為向埃及館藏致敬的透明金字塔，會是個難忘的巴黎時光。由Olivier Gagnère設計的古典沙發椅特別帶有巴黎人的韻味，優雅的古典紅色椅身與黑色椅腳，椅背後的扣環更是畫龍點睛。

Data 地址：93, rue de Rivoli 75001 Paris
電話：01 49 26 06 60
營業時間：週一～日08:00～02:00
價位：黑咖啡3€，茶6€，雞尾酒10€
前往方式：地鐵站Palais Royal-Musée du Louvro出口3即可抵達，咖啡館位在羅浮宮長廊下
MAP：P69

馬利咖啡館位在羅浮宮高挑的長廊下，氣派優雅

天氣好的時候來這裡面向羅浮宮的觀景座位喝杯咖啡，相當宜人

可望見金字塔的良好角度

Le Grand Véfour

皇宮廊巷內的星級餐廳

　　還記得在日劇《交響情人夢》裡，野田妹和千秋學長一下飛機就直奔的餐廳嗎？野田妹在這裡吃了五人份的烤蝸牛！那便是大名鼎鼎的米其林二星餐廳Le Grand Véfour。創立於1784年，有明星主廚Guy Martin坐鎮，他的餐點以華麗著稱，例如鵝肝餃子佐松露醬(Ravioles de foie gras à l'émulsion de crème truffée)、摩納哥親王乳鴿(Pigeon Prince Rainier III)。

　　餐廳位在皇宮廊巷內，18世紀的古典裝潢讓這裡有「巴黎最美麗餐廳」的稱號，這裡也曾是許多名人約會的地點，例如拿破崙和約瑟芬、蕭邦和喬治桑、沙特和西蒙波娃，餐廳聰明的在桌椅下刻上這些名人的名字，讓你可以要求坐在約瑟芬或是蕭邦坐過的位置喔！

想回味《交響情人夢(巴黎篇)》？Le Grand Véfour是其中的場景之一喔

 Data
地址：17, rue de Beaujolais 75001 Paris
電話：01 42 96 56 27
營業時間：週一〜五12:00〜14:00，19:00〜21:00，週末休息，8月和聖誕節期間休息
價位：中午套餐98€，晚餐298€
前往方式：地鐵站Palais Royal-Musée du Louvre出口5即可抵達皇宮廊巷，餐廳就在廊巷中
網址：www.grand-vefour.com
MAP：P69

擺盤華麗、餐點精緻的Grand Véfour午間套餐

Oh mon cake !

小巧現代的下午茶點心鋪

位在羅浮宮附近的這間蛋糕店，樓上的沙龍有面對St-Roch教堂的視野，寧靜而現代，到此吃塊蛋糕和咖啡氣氛相當宜人！無論早餐、下午茶、輕食等，隨時都能讓人感到滿足！各式各樣的手工蛋糕隨時節

點一份手工蛋糕配上咖啡，在這裡度過優閒的下午茶時光

變化，例如草莓覆盆子白巧克力、薰衣草杏桃、罌粟檸檬等口味，還有開心果、玫瑰、巧克力以及香草等口味的杯子蛋糕；想吃點鹹食，還有各種鹹派、熱狗、濃湯和沙拉，最不可錯過的是巴黎人週日早晨最愛的早午餐(Brunch)，在Oh mon cake！一份甜品早午餐可選擇吐司／起士蛋糕／麵包；鹹的早午餐可選擇貝果／三明治／英式培根炒蛋／鹹塔，兩種早午餐都附上一份熱飲、果汁、乳酪或沙拉，非常適合星期日的早晨，讓你充滿活力！

 Data 地址：154, rue Saint-Honoré 75001 Paris
電話：01 42 60 31 84
營業時間：週二～日11:30～20:00，週一休息
價位：蛋糕3.5€、杯子蛋糕2.2€、甜早午餐14€、鹹早午餐17€、甜+鹹早午餐24€
前往方式：地鐵站Palais Royal-Musée du Louvre出口2，沿Rue St.-Honoré往東步行1分鐘即可抵達
網址：www.ohmoncake.fr
MAP：P69

Le Cab

羅浮宮旁的時髦夜店

Le Cab是羅浮宮旁時尚人士喜愛進出的夜店

位在羅浮宮後方皇宮廊巷廣場上的Cab是巴黎最時髦的夜店之一。走時尚路線的前衛裝潢，由室內設計師Ora-ïto打造，造型獨特的座

椅和霓光色系的色調讓整個空間十分有未來感，往來人士也多半以時尚界、年輕人和羅浮宮附近居住的有錢人為主。這裡舞池比起蒙帕拿斯附近的夜店Mix小多了，比較適合想來喝杯酒、聊聊天，輕鬆一下的需求。

Data 地址：2, place du Palais Royal 75001 Paris
電話：01 58 62 56 25
營業時間：舞廳週二～六23:30～05.00，週一、二、日休息；餐廳週二～六19:30～11:30，週一、日休息
價位：舞廳入場費週二～三免費、週四～六20€含一杯飲料
前往方式：地鐵站Palais Royal-Musée du Louvre出口2即可抵達
網址：www.cabaret.fr
MAP：P69

Palais Royal-Musée du Louvre　Ⓜ ⑦

Louvre-Rivoli

Châtelet　Ⓜ ④⑦⑪ ⑭ RER Ⓐ Ⓑ Ⓓ 🛫 CDG Orly

Hôtel de Ville　Ⓜ ⑪

Saint-Paul　Ⓜ ⑤⑧

Bastille

Gare de Lyon　Ⓜ ⑭ RER Ⓐ Ⓓ

Hôtel de Ville

市政廳站

🖊 Isa的旅遊筆記

依偎著塞納河畔，以市政廳為首的本區，是巴黎的活力泉源，時有展覽的市政廳吸引人潮、希佛里路上著名的逛街商圈可以消磨掉一個下午的時光。龐畢度中心附近被巴黎人暱稱為「波布」(Beaubourg)，有許多當代藝術相關的藝廊、咖啡館和法式料理餐廳，中心前廣場上總是有著街頭表演的藝術家，以及許多替你寫生的畫家，氣氛熱絡。

地鐵站大發現

發現了嗎？在市政廳地鐵站上有一枚巴黎市徽，帆船象徵巴黎是自一座小漁村開始擴張的城市，其上則有象徵法蘭西的藍底金紋鳶尾花。

巴黎達人3大推薦地

Isa最愛
Benoît

入門級的米其林餐廳，提供道地美味的法式料理，來這裡收集你的第一顆米其林星星！（見P.87）

遊客必訪
巴黎市政廳

文藝復興式的經典建築，位在塞納河畔，府前廣場時常有展覽，冬季也會變身為浪漫的溜冰場。（見P.85）

巴黎人推薦
BHV

Stéphane・35歲・工程師

BHV是巴黎人很愛逛的百貨公司，位於地下樓的五金百貨最實用！（見P.86）

龐畢度中心
Centre George Pompidou

Rue Rambuteau

Rue Saint-Denis

Boulevard Sébastopol

Rue des Lombards

Rue St.- Martin

Café Beaubourg

Rue Renard

Curieux Spaghetti

Rue du Temple

Clos des Blancs-Manteaux

Rue des Francs Bourgeois

Jamin Puech

Sandro

夏特雷站
Châtelet

聖賈克塔
Tour St.-Jacques

Benoît

11號線

Free'p' Star

Rue Bourg-Thibourg

夏特雷劇場
Théâtre du Châtelet

出口2
R du Renard

市政廳站
Hôtel de Ville

Mariage Frères

Rue des Rosiers

市立劇場
Théâtre de Ville

R. de la Coutellerie

出口3

出口1
R. de Rivoli

BHV

Rue de la Verrerie

Zadig&Voltaire Stock

夏特雷廣場
Place du Châtelet

4號線

Av. Victoria

出口5
Hôtel de Ville

1號線

Cos

L'Eclaireur

出口4
Av. Victoria

巴黎市政廳
Hôtel de Ville

出口6
R. de Lobau

Rue de Rivoli

Rue du Roi de Sicile

聖保羅站
St.-Paul

14號線

Rue de Lobau

7號線

塞納河 La Seine

Quai de l'Hôtel de Ville

西堤島站
Cité

Le Trumilou

市政廳站街道圖

83

遊賞去處

龐畢度中心
Centre George Pompidou

高科技派的現代藝術展覽館

這座風格在當時堪稱前衛的現代藝術中心，建於1977年，修建完成時與艾菲爾鐵塔一樣頗受批評，卻在現在成了非常時髦而有活力的一個區域，巴黎人暱稱為波布(Beaubourg)。整座藝術文化中心共有10層樓，地上5層、地下5層，2至3樓為歐洲最大的公共圖書館，Isa在唸設計學院時便很常到此來翻閱收藏豐富的藝術設計書籍；而位於4、5樓的國立現代藝術美術館(MNAM)則展出20世紀以來最完整的現代藝術收藏，是想了解當代藝術最佳的去處。4種顏色的外露管線是龐畢度中心最大的特色，藍色代表空調、黃色代表電線、綠色代表水管、紅色則為電梯。中心

4色外露水管是龐畢度中心的招牌

旁則有一處史特拉汶斯基噴泉，色彩鮮豔而具有動感，由Jean Tinguely和Niki de Saint Phalle共同完成，以史特拉汶斯基著名的芭蕾劇《火鳥》為靈感，構思出火鳥、骷髏、螺旋、高音符等雕塑。

高科技風格的龐畢度中心外觀

作為一間現代藝術中心的附設餐廳，設計感自然也不能太差，由Dominique Jakob BrendanMacFariane所打造，餐廳內有著銀色外殼、彩色內壁的大型水管，正好裡外呼應，大片落地窗有著眺望巴黎的良好視野。

史特拉汶斯基噴泉，轉動的嘴唇生動有趣

龐畢度中心內附設的書店，販售許多明信片和設計相關書籍

Data 地址：Place George Pompidou 75004 Paris
電話：01 44 78 12 33
營業時間：週三～一11:00～21:00，週四至23:00，週二休息
門票：旺季全票13€，18～25歲10€；淡季全票11€，18～25歲9€；每個月的第一個週日免費
前往方式：地鐵站Hôtel de Ville出口2，沿著Rue du Renard往北走5分鐘後即可見龐畢度中心
網址：www.centrepompidou.fr
MAP：P83

巴黎市政廳
Hôtel de Ville

文藝復興式建築

文藝復興造型的巴黎市政廳，是塞納河畔一棟優美氣派的建築，為歐洲最大的市政廳，由法蘭索瓦一世建於16世紀，在火災後重建於1882年。正面立面有著136尊對法國有貢獻的名人雕刻，如浪漫主義畫家德拉克洛瓦、發明傅柯擺的傅柯、思想家伏爾泰。市政廳內部有市長辦公室、古老的圖書館及各個金碧輝煌的房間，在每年9月歐洲古蹟日開放參觀。廳前廣場會隨著季節變換主題，有時是演唱會，有時是大型展覽，而其中又以冬季變身為一處1,200平方米的溜冰場最受歡迎，Isa會跟朋友一起帶著直排輪來此溜搭(以5歐元租用)，雖然天氣寒冷氣氛卻浪漫無比喔！

Data 地址：29, rue de Rivoli 75004 Paris
電話：01 42 76 40 40
開放時間：廳內展覽週一～六10:00～19:00，週日休息
前往方式：地鐵站Hôtel de Ville出口5，即可抵達
MAP：P83

文藝復興風格的巴黎市政廳

購物名店

BHV(Bazar de L'Hôtel de Ville)

生活五金百貨

　　BHV百貨公司是一間與生活用品息息相關的商場，位在市政廳對面，歷史可追溯到1856年，比其他百貨公司如春天、拉法葉都還古老。以居家用品為主，喜歡法式的廚房用品，如餐盤、茶具、雜貨的話，來這裡帶一整組最適合。而BHV最出名的是地下樓的零件百貨，各式五金工具都很齊全，若臨時需延長線或插座，來這找絕對沒問題。

滿足日常生活所需的BHV百貨公司

Data 地址：52-64, rue de Rivoli 75004 Paris　　電話：01 42 74 90 00
營業時間：週一～五09:30～19:30，週三至21:00，週六至20:00，週日休息
前往方式：地鐵站Hôtel de Ville出口5即可抵達　　網址：www.bhv.fr　　MAP：P83

Jamin Puech

個性晚宴包

　　以手工亮片包出名的法國品牌，受到藝人孫芸芸的喜愛！由Isabelle Puech和Benoit Jamin共同創立於1990年，起初是替Chanel、Chloé、Lagerfeld等名牌設計T台配件，後來自創品牌，運用皮革、串珠、刺繡做出豐富的細節和層次，是

手工縫製的亮片包很受歡迎©Jamin Puech

頗受好萊塢女星喜愛的晚宴包名牌。因為工作的關係，Isa曾經親自訪問到設計師本人，穿著皮衣、騎著機車前來受訪，十分有個性！

©Jamin Puech

雙人組設計師Isabelle和Benoit

Data 地址：68, rue Vieille du Temple 75003 Paris
電話：01 48 87 84 87
營業時間：週一～六10:00～19:00，週日休息
前往方式：地鐵站Hôtel de Ville出口5，沿Rue de Rivoli往東至Rue Vieille du Temple左轉步行5分鐘即可抵達
網址：www.jamin-puech.com
MAP：P83

特色美食

Benoît

星級傳統小餐館

時常有朋友要Isa推薦米其林餐廳，Benoît便是入門級的首選。米黃色系的裝潢，桃花木護欄與金色的衣帽杆顯出古典的韻味，精緻的瓷盤上用花體字寫著B，踏入餐廳便感覺氣氛良好。招待前菜是一盤乳酪球，然後套餐是正統法式料理前菜、主菜、甜點三道菜，餐後還有現烤的瑪德蓮蛋糕與招待的小點心，一餐下來無論在視覺和味覺上都有美好的體驗！除了用心記得每位客人點的餐點，確實遵守先替女士們上菜再替男士上

菜的禮儀，Isa注意到餐具幾乎都是使用精緻的銀器，格外的講究！1912年開業，在2005年加入Alain Ducasse集團後拿下米其林一星榮譽，它秉持著小酒館的韻味，讓你愜意的享用一頓道地又風味絕佳的正統法式美食，留下難忘的回憶。必須預約。

 Data
地址：20, rue Saint-Martin 75004 Paris
電話：01 42 72 25 76
營業時間：週一～日12:00～14:00，19:30～22:00
價位：中午前菜+主菜+甜點套餐38€
前往方式：地鐵站Hôtel de Ville出口2，沿Rue de Rivoli往西至Rue Saint-Martin右轉步行1分鐘即可抵達
網址：www.benoit-paris.com
MAP：P83

用餐前先招待的乳酪球

用餐完招待的小蛋糕與巧克力

前菜番茄冷湯

三種口味的手工冰淇淋

主菜白汁燉小牛肉

Café Beaubourg

前衛現代感的咖啡館

在波布(鄰近龐畢度中心)這樣前衛、藝術的地方，一間時髦的咖啡館是少不了的，位在龐畢度中心斜前方，波布咖啡館隸屬於奢華的Coste集團，由曾設計紐約LV集團大廈的建築師Christian de Porzamparc所設計，地段絕佳加上設計裝潢，讓這裡成為時尚編輯、龐畢度中心工作人員都愛喝杯咖啡的地方，露天座位永遠最搶手。

波布咖啡館外現代的露天咖啡座位

Data 地址：43, rue St.-Merri 75004 Paris　　　電話：01 48 87 63 96
營業時間：週一～日08:00～01:00，週四~六至02:00　　　價位：咖啡2.7€
前往方式：地鐵站Hôtel de Ville出口2，沿Rue du Renard往北至Rue St.-Merri左轉步行3分鐘即可抵達
MAP：P83

Le Trumilou

奶奶家的法式料理

這間為在塞納河畔的家庭餐館，有著眺望聖母院的絕佳視野，軟墊長椅、掛衣架透露出老巴黎的韻味，簡單而道地的料理，

讓Isa很推薦朋友到這裡品嘗：肉凍、梅醬鴨、燉小牛胸腺、及傳統的奧維涅料理如燉菜、乳酪盤等，讓法國人想起週日中午到奶奶家用餐的美味！

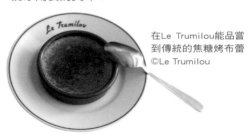
在Le Trumilou能品嘗到傳統的焦糖烤布蕾
©Le Trumilou

以梅子醬燉煮入味的招牌梅醬鴨料理

Data 地址：84, quai de l'Hôtel de Ville 75004 Paris
電話：01 42 77 63 98
營業時間：週一～日12:00～23:00
價位：前菜+主菜套餐16.5€
前往方式：地鐵站Hôtel de Ville出口6，沿Rue Lobau往南至河邊Quai de l'Hôtel de Ville左轉，步行3分鐘即可抵達
MAP：P83

Curieux Spaghetti

義式時尚餐廳

　　法國人雖然很自傲法式料理,但對義大利的麵食及披薩也傾心不已!Isa曾問法國友人覺得法國還是義大利料理美味?他想了想回答:「午餐我選義大利麵、晚餐則吃法國菜!」到龐畢度中心逛完了當代藝術展,不妨就到附近的這間義式餐廳用餐,品嘗一下令法國人也喜愛的味道!裝潢相當時髦的Curieux spagetti,板凳皮椅、透明高腳椅、彩繪壁紙都很有設計感。經典的義大利開胃菜Antipasti(含肉類、海鮮、沙拉的冷盤)、Bruschetta(烤麵包加上沙拉配料),各式披薩、義大利麵也都很美味。夏日午間的自助吃到飽讓你可品嘗披薩、沙拉、乳酪、濃湯、甜品、果汁等多樣的義式料理,Isa相當推薦喔!

 Data　地址:14, rue Saint-Merri 75004 Paris
電話:01 48 87 63 96
營業時間:週日~三12:00~02:00,週四~六12:00~04:00
價位:中午前菜+主菜+飲料套餐11€,夏季自助吃到飽9.5€
前往方式:地鐵站Hôtel de Ville出口2,沿Rue du Renard往北至Rue St.-Merri右轉步行1分鐘即可抵達
MAP:P83

1.Curieux Spaguetti入口的彩色裝飾
2.夏日午間推出義式料理吃到飽的選擇

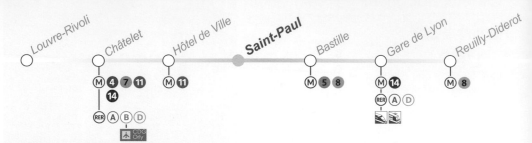

Louvre-Rivoli　Châtelet　Hôtel de Ville　**Saint-Paul**　Bastille　Gare de Lyon　Reuilly-Diderot

(M) 4 7 11
14
(RER) A B D
✈ CDG
Orly

(M) 11

(M) 5 8

(M) 14
(RER) A D

(M) 8

Saint-Paul

聖保羅站
-瑪黑區

Isa的旅遊筆記

為了紀念耶穌使徒之一的Paul de Tarse而命名為聖保羅(St.-Paul)的本站,是通往瑪黑區的主要地鐵站。你可能很難想像13世紀以前這裡 只 是 　塊荒蕪的沼澤地,17世紀貴族與布爾喬亞階級湧入湧入本區修建私宅,此後有俄國、中歐及猶太太太人進駐,使得瑪黑在今日呈現出一種古老又帶有點異國情調的氣氛。大名鼎鼎的精品店L'Eclaireur、設計重鎮Sentou都在此開設店鋪,充滿各式迷人小店的Rue Franc Bourgeois更是必逛之路!可以找到所有當紅的法國牌子包括Sandro、Maje、Bensimon、Americain Retro、Vanessa Bruno、Zadig & Voltaire,讓你跟法國女人一樣混搭出優雅的風格。

巴黎達人 3 大推薦地

Isa最愛
L'Éclaireur

最經典的挑選概念店！致力推出有潛力的新興設計師，也可見到各大名牌混搭搭配。（見P.95）

遊客必訪
孚日廣場

四周被36棟法式建築環繞，雨果曾在此居住長達16年，稱之為「世界最美麗的廣場」！（見P.92）

巴黎人推薦
Bensimon

Hugo‧20歲‧香水店店員

法國能見度超高的色彩帆布鞋，隨便搭都好看！我就擁有5雙！（見P.96）

Rue Rambuteau

畢卡索博物館
Musée National
Picasso Paris

Rue de Thorigny

R. St-Claude

Curleux
Spaghetti

11號線

Rue du Temple

Clos des Blancs-Manteaux

Rue des Francs Bourgeois

Jamin Puech
Paul & Joe
Sandro

Rue du Parc Royal

Rue de Turenne

Rue Saint-Gilles

Café Suédois

Free'p' Star

R. Bourg-Thibourg

Mariage Frères

BHV

Rue de la Verrerie

1號線

Zadig& Voltaire Stock

Rue des Rosiers

Cos

卡納瓦雷
巴黎歷史博物館
Musée Carnavalet

Loft design by…

Rue de Sévigné

L'Eclaireur
(Femme)

Au Tour du Monde

Rue de Rivoli

Rue du Roi de Sicile

Rue Malher

L'Eclaireur
(Homme)

Ma Bourgogn

Dammann Frères

Rue de Lobau

7號線

14號線

聖保羅站
St.-Paul

歐洲攝影之家
Maison Européenne
de la Photographie

聖保羅古董村
Le Village
St.-Paul

Rue St.-Paul

孚日廣場
Place des Vosges

Le Trumilou

聖保羅站街道圖

遊賞去處

達16年，並寫出了名著《悲慘世界》。透過宅邸方窗望向孚日廣場，優雅的拱廊與綠地交織出一片祥和美景，不難想像為何雨果稱為世界最美的廣場。

孚日廣場
Place des Vosges

雨果讚為世界最美的廣場

這裡是瑪黑區裡唯一的廣大綠地，夏天時特別吸引巴黎人來此曬太陽和閱讀。廣場四邊都是17世紀典型紅磚藍頂宅邸，每邊9棟共有36棟。雨果30歲時曾在廣場6號居住長

孚日廣場四周的迴廊高雅而古典

雨果稱孚日廣場為世界最美的廣場

Data 地址：Place des Vosges 75004 Paris
前往方式：地鐵St.-Paul出口沿著Rue St.-Antoine往東至Rue de Turenne左轉，步行約5分鐘至Rue des Francs-Bourgeois右轉1分鐘即可抵達孚日廣場
MAP：P91

卡納瓦雷—巴黎歷史博物館
Musée Carnavalet

一窺巴黎的歷史

這間位在瑪黑區具有相當歷史意義的博物館，對於巴黎歷史有興趣的人可以花上一整天仔細參觀也不膩。原是一間建於1547年的私人宅邸，在賣給卡納瓦雷遺孀後，就被稱為卡納瓦雷宅邸。作家賽維涅夫人

展示巴黎歷史的卡納瓦雷博物館

(Marquise de Sévigné)曾在此住過20幾年，於1866年被巴黎市政府買下改建成巴黎歷史博物館，為增加展覽面積將聖法構宅邸(Hôtel St.-Fargeau)與卡納瓦雷用拱廊連接。攻陷巴士底的畫作、大改造時期的巴黎都值得參觀。

 地址：23, rue de Sévigné 75003 Paris
電話：01 44 59 58 58
開放時間：週二～日10:00～18:00，週一休息
門票：常設展免費
前往方式：地鐵St.-Paul出口沿Rue St.-Antoine往東至Rue de Sévigné左轉步行1分鐘即可抵達
網址：carnavalet.paris.fr
MAP：P91

以其花園聞名的卡納瓦雷博物館

歐洲攝影之家 Maison Européenne de la Photographie

攝影迷不可錯過的當代攝影展覽館

　　位在瑪黑區一棟18世紀古宅的歐洲攝影之家，是巴黎最重要的當代攝影中心，1996年開幕，時常舉辦主題攝影展、大師回顧展，香奈兒總監Karl Lagerfeld便曾在此展出他的攝影作品。此外，每兩年一度在11月的巴黎攝影月(Mois de la Photographie)也是由歐洲攝影之家所主辦，結合巴黎市內的博物館與藝廊有長達兩、三個月的大小攝影展展出。

 地址：5-7, rue de Fourcy 75004 Paris
電話：01 44 78 75 00
開放時間：週三～日11:00～20:00，週一、二休息
門票：全票8€，18～25歲4.5€
前往方式：地鐵St.-Paul出口沿Rue St.-Antoine往西至Rue de Fourcy左轉步行3分鐘即可抵達
網址：www.mep-fr.org
MAP：P91

位於古典大宅內，舉行攝影展氣氛融洽的歐洲攝影之家

聖保羅古董村
Le Village St.-Paul

漫遊在家具與設計之間

在聖保羅站東側有一塊經過規畫，古董、設計商店林立的「聖保羅村」，非常適合喜愛參觀家具、古董收藏、創意商品的人士

穿梭在聖保羅古董村的小巷，找尋喜愛的小店

前往。這裡曾作為14世紀時法王查理五世的居所，充滿寧靜、古典的優雅氣氛，一邊散步，一邊欣賞櫥窗的設計品再愜意不過。「Au passe partout」的古典收藏、「Corner shop」的創意商品、「Ego」位在地窖裡的家具展示廳、「Stua」的世界聞名桌椅設計，你會在此度過一個豐收的下午。

Data 地址：rue St.-Paul, rue Charlemagne, quai des Célestins 75004 Paris
營業時間：週一～六10:00～19:00，週日休息
前往方式：地鐵St.-Paul出口沿Rue St.-Antoine往東至Rue St.Paul右轉即可抵達
MAP：P91

畢卡索博物館
Musée National Picasso Paris

世上最豐富的畢卡索收藏

雖然畢卡索是西班牙畫家，但長年居住巴黎的關係，讓這座國立畢卡索美術館成為世界上收藏最豐富的一座。1985年開幕，位於古老的沙雷宅邸(Hôtel Salé)，261幅繪畫、1716件素描、198件雕刻及180件收藏品，完整的呈現這位20世紀最重要畫家的創作。值得一看的名畫包括；《自畫像》、《亞維儂的少女》、《海灘上奔跑的女人》。

法國的畢卡索博物館是世界上藏量最豐富的地方

Data 地址：5, rue de Thorigny 75003 Paris
電話：01 42 71 25 21
開放時間：10～3月週三～一09:30～17:30，4～9月週三～一09:30～18:00，週二休息
前往方式：地鐵St.-Paul出口沿Rue Pavée直走至Rue du Parc Royal左轉，至Rue de Thorigny右轉步行3分鐘即可抵達
網址：www.musee-picasso.fr
MAP：P91

購物名店

COS

H&M品牌的另一精緻都會路線

COS，全名是Collection of Style，這是瑞典平價服飾品牌H&M旗下開創的另一條走較精緻的時裝路線。一樣提供符合潮流的服飾，由男裝設計師Michael Kristensen和女裝設計師Rebekka Bay領軍，著重質感與細節，剪裁往往大方而優雅，材質選擇也注重羊毛或皮革等較佳的布料，Isa覺得很適合想尋找一點有設計感服飾、價格也不會太高的輕熟上班族。在倫敦、布魯賽爾、柏林等重要城市都有分店，巴黎分店則選在潮人必逛的瑪黑區中人氣最高的薔薇路(Rue des Rosiers)上開張。

COS是H&M旗下的精緻時裝路線

©H&M

Data 地址：4, rue des Rosier 75004 Paris　　電話：01 44 55 37 70
營業時間：週一～六10:30～19:30，週日休息
前往方式：地鐵St.-Paul出口沿Rue Malher直走至Rue des Rosiers左轉步行1分鐘即可抵達
網址：www.cosstores.com　　MAP：P91

L' Éclaireur

前衛的挑選概念店

沒有一位時尚編輯會不曉得L'Éclaireur的名號，成立超過30年，這是巴黎首席的挑選概念店，在比利時六君子中的Martin Margiela、Ann Demeulemeester、義大利CP Company、Stone Island等人尚未成名前，L'Éclaireur的創辦人Martine和Armand Hadida便已將他們的時裝在店內強力推銷，獨特精準的眼光是L'Éclaireur成功的關鍵。在瑪黑區擁有女裝和男裝店的L'Éclaireur，每間分店採取不同主題裝潢的原則，逛街時也像在逛博物館，Isa相當推薦前去瞧瞧！

Data 地址：**女裝店** 40, rue de Sévigné 75003 Paris
　　　男裝店 12, rue Malher 75004 Paris
電話：**女裝店** 01 48 87 10 22，
　　　男裝店 01 44 54 22 11
營業時間：週一～六11:00～19:00
前往方式：地鐵St.-Paul出口沿Rue Malher直走可經男裝店，再至Rue des Francs Bourgeois右轉走到Rue de Sévigné左轉即可抵達女裝店
網址：www.leclaireur.com　　MAP：P91

L'Éclaireur有獨特的空間布置美學，店內都像博物館

Free'p'Star

平價二手衣藏寶庫

這是巴黎人最愛逛的二手衣寶庫,在瑪黑區位於Rue St.-Croix de la Bretonnerie的本店面積不大,一樓和地下室總是擠滿了到此挖寶的人潮,10歐元起跳的碎花洋裝、30歐元的有型皮衣、甚至可找到3歐元的領巾、5歐元的復古皮包,喜愛古著打扮的人

店內五花八門的物品等你淘寶

能在此耗去大半時光。有藉於本店過於擁擠,Free'p'Star在市政廳附近開設了分店,位於Rue de la Verrerie,更寬敞的空間一樣販售平價的二手衣和配件。

喜歡古著、二手衣一定要到Free'p'star來逛逛

 Data
地址:1號店8, rue St.-Croix de la Bretonnerie 75004 Paris;2號店61, rue de la Verrerie 75004 Paris
電話:01 44 55 37 70
營業時間:週一～六12:00～22:00,週日14:00～22:00
前往方式:1號店地鐵St.-Paul出口沿Rue de Rivoli往西至Rue du Vieille du Temple,再至Rue St.-Croix de la Bretonnerie左轉;2號店地鐵站Hôtel de Ville出口5,沿Rue de Rivoli往東至Rue du Temple左轉,再至Rue de la Verrerie右轉步行1分鐘即可抵達
網址:www.freepstar.com
MAP:P91

Au Tour du Monde – Bensimon Collection

全方位的法國時尚品牌

以色彩帆布鞋出名的品牌Bensimon於1986年在瑪黑區開了一間名為「Au tour du monde」的概念店,這是一個涵蓋了時裝、香水、飾品、音樂、書籍、居家用品的全方位品牌,對Isa來說,Bensimon賣的是一種迷人的生活態度,販售它對理想生活的各種組合。鬆垮垮的帆布鞋(基本款30歐元)是Bensimon的招牌,柔軟而舒適、輕便耐洗,怎麼樣都好搭,在法國堪稱國民鞋,有各種顏色可挑選的基本款熱銷到不行,而不時推出的限定版更是馬上一搶而空!

鬆垮垮的Bension帆布鞋是熱賣商品

 Data
地址:12, rue des Francs Bourgeois 75004 Paris
電話:01 42 77 16 18
營業時間:週一11:00～19:00,週二～六10:30～19:00,週日13:00～19:00
前往方式:地鐵St.-Paul出口沿Rue Malher直走至Rue des Franc Bourgeois右轉步行5分鐘即可抵達
網址:www.bensimon.com
MAP:P91

Paul & Joe

巴黎女孩的夢幻衣櫃

這個以優雅、浪漫著稱的法國品牌成立於1995年，名稱來自設計師Sophie Albou的兩個兒子Paul和Joe。品牌分有男、女裝以及走更活潑、年輕路線的副牌Paul & Joe sister，一向以印有花朵的浪漫甜美花裙最為出名，並在2002年成立了Paul & Joe Beauty化妝品路線，其中「糖瓷粉底霜」(Light Cream Foundation SPF15++)輕柔薄透保溼的效果，向來是銷售的Best seller，以菊花為主的包裝，帶有濃濃的公主風，不管是鮮豔的花朵化妝包或菊花浮雕的指甲油瓶身，都精緻得讓人愛不釋手！難怪一路熱銷到亞洲呢！

Paul & Joe的服裝特色便是浪漫而帶柔美的氣息

Data
地址：56/58 rue Vieille du Temple 75003 Paris
電話：01 42 72 42 06
營業時間：週一～六11:00～19:00，週日休息
前往方式：地鐵站Saint-Paul出口，沿Rue de Rivoli往西走至Rue Vieille de Temple右轉5分鐘即可抵達
MAP：P91

Loft design by…

休閒簡單舒適的法式美學

這是一間不只服飾好搭，連店鋪裝潢都讓人欣賞的法國品牌。創意總監Patrick Frèch喜歡在生活中發現靈感，店內總是擺設老舊的家具、腳踏車、電話等，製造出一種LOFT舊工廠的復古氣氛。夏季的棉質衫、冬季的克什米爾毛衣都是明星推薦商品，顏色以巴黎人喜愛的米色、褐色、黑色、白色為主，注重細節以及手工縫製，穿起來舒適而休閒，如果你想找的是一種低調、簡單而且舒適的風格，Loft design by…將會很對你的味。

男女裝、童裝路線均齊全的Loft design by…

Data
地址：20, rue Francs Bourgeois 75003 Paris
電話：01 42 78 62 95
營業時間：週一～日11:00～19:00
前往方式：地鐵St.-Paul出口沿Rue Malher直走至Rue des Franc Bourgeois左轉步行1分鐘即可抵達
網址：www.loftdesignby.com
MAP：P91

Sandro

走進法國風時裝的入門款

品牌設計師Evelyne Chétrite擅長運用40、50年代的復古元素，適時的加入現代感，是

Sandro是想走法國風裝扮的入門品牌

Sandro受到巴黎人歡迎的原因，非常巧妙的運用條紋、花朵製造出低調中不失奢華的氣質，刻意處理過的肩部線條，例如抓皺的公主袖穿起來顯得更有質感，寬鬆的洋裝繫上一條皮帶就可以很時尚，相當受到巴黎人喜愛，是想選擇法國品牌的基本入門款。

 地址：47, rue des Francs Bourgeois 75004 Paris
電話：01 49 96 56 55
營業時間：週一～六11:00～19:00，週日休息
前往方式：地鐵St.-Paul出口沿Rue Malher直走至Rue des Franc Bourgeois左轉步行5分鐘即可抵達
網址：www.sandro-paris.com
MAP：P37

Zadig & Voltaire Stock

波希米亞搖滾風時裝打折出清

Zadig & Voltaire是很受巴黎人歡迎的牌子，由Thierry Gillier創立，品牌名相當有文藝氣息，Zadig來自伏爾泰一本講述自由、智慧及勇氣的小說，Voltaire則是法國作家、哲學家及詩人，於是Zadig&Voltaire便是一個勇於追尋詩意與冒險的代名詞。品牌以低調的奢華為主線，質感良好、細節處理謹慎，有種波希米亞的浪漫感，同時也具有搖滾精神，其中以針織衫最為出名，這點源於創始人Thierry在以前為YSL及Thierry Mugler工作時便展現了對針織的熱愛。

有著波希米亞浪漫感的
Zadig&Voltaire

Zadig & Voltaire在巴黎有許多分店，在這裡Isa要推薦你這間位於瑪黑區的過季打折店，能找到4～7折的折扣，例如毛衣40～100歐元、上衣30歐元起、褲子80歐元起。

 地址：22, rue du Bourg-Tibourg 75004 Paris
電話：01 44 59 39 62
營業時間：週一～日13:00～19:00
前往方式：地鐵St.-Paul出口沿Rue de Rivoli往左走至Rue du Bourg-Tibourg右轉步行5分鐘即可抵達
MAP：P91

坐落在孚日廣場的達曼兄弟茶店

Dammann Frères

古典優雅的達曼兄弟茶葉

許多人曉得Mariage Frères，但對Dammann Frères很陌生，其實兩個品牌開始進口茶葉的時間都差不多在17世紀，Dammann Frères甚至取得了路易十四的皇家授權，允許他享有在法國賣茶的壟斷權，1925年Robert和Pierre Dammann成立了達曼兄弟企業，並在Jean-Jumeau Lafond加入後成功的推銷到法國各地，他並開發出四種經典口味的混合茶，「N°1俄羅斯女孩風味」(Goût Russe Douchka)、「N°3藍色庭園」(Jardin Bleu)、「N°4四類紅色水果」(Quartre Fruits Rouges)及「聖誕茶」(Christmas Tea)都是暢銷茶款。茶罐包裝古典而優雅，很適合選來送禮。

達曼兄弟茶葉罐的包裝高雅迷人

Data 地址：15, place des Vosges 75004 Paris
電話：01 44 54 04 88
營業時間：週一～日11:00～19:00
價位：100g罐裝「俄羅斯女孩風味」9.5€
前往方式：地鐵St.-Paul出口沿Rue St.-Antoine往東至Rue de Turenne左轉，步行5分鐘至Rue des Francs-Bourgeois右轉1分鐘即可抵達孚日廣場，店家位廣場15號
網址：www.dammann.fr
MAP：P91

特色美食

Café Suédois

平價瑞典咖啡館

瑪黑區裡Isa最常去的便是這間位於瑞典文化中心裡的瑞典咖啡館。提供各式平價美味的手工蛋糕、三明治，配上熱茶、咖啡或果汁。夏天的時候，不妨坐在廣大的中庭露天座位享受難得的陽光；冬天則在全以Ikea家具布置的室內找個好位置，享受你的下午茶，以及可能和瑞典金髮帥哥的偶遇！

可口的杏仁水果塔

露天的庭院座位在夏天相當舒適迷人

美味的杏桃蛋糕

 Data 地址：11, rue Payenne 75003 Paris
電話：01 44 78 80 11
營業時間：週二～日12:00～18:00，週一休息
價位：果汁2€，蛋糕4€，三明治6€
前往方式：地鐵St.-Paul出口沿Rue Malher直走，接到Rue Payenne步行5分鐘即可抵達
MAP：P91

親切平價的瑞典咖啡館

Mariage Frères（瑪利兄弟茶葉）

百年經典茶葉品牌

馬可波羅綠茶是賣得最好的一款茶葉

MF家的茶葉是Isa最喜歡的茶葉品牌，走入店內，超過500種口味的黑色茶葉罐讓人眼花撩亂，不知如何挑起？Isa會推薦你最經典的「馬可波羅」（Marco Polo），或是Isa最愛的甜美香氣「歌劇院綠茶」（Thé à l'Opéra）！

1660年代便開始經營茶葉的買賣生意，MF是法國最早的茶葉進口商，品牌創立於1854年，變化多端、口味推陳出新是

瑪利兄弟是法國最出名的茶葉品牌©Mariage Frères

它的特色！茶葉以外的商品，其中以保溫茶壺、茶杯和茶匙也很受歡迎。這裡的茶沙龍提供你一個安靜而舒適的下午，點一壺熱茶和一塊添入了茶葉的蛋糕，茶葉的沖泡嚴謹的遵守所需時間，並用保溫茶壺來隔熱確保茶葉不致變涼，加上精緻的服務，你一定會愛上這個法國最好的茶葉品牌。

 Data
地址：30, rue du Bourg-Tibourg 75004 Paris
電話：01 42 72 28 11
營業時間：週一～日10:30～19:30，餐廳12:00～15:00，下午茶15:00～19:00
前往方式：地鐵St.-Paul出口沿Rue de Rivoli往左走至Rue du Bourg-Tibourg右轉步行5分鐘即可抵達
MAP：P91

Ma Bourgogne

孚日廣場上享受勃根地美食

勃根地是法國中部地方一塊出產葡萄酒、農產品的美食天堂，最出名的料理就是將醃了一天的牛肉，加入紅酒、培根與胡蘿蔔燉煮的「勃根地紅酒燉牛肉」（Bœuf Bourguignon），以及混合大蒜、巴西利碎末奶油焗烤的「勃根地烤蝸牛」（Escargot Bourguignon）。這些料理在Ma bourgogne都能吃到，這間位於孚日廣場上的老牌餐廳，向來受到巴黎人的喜愛，愜意的坐在可眺望廣場的露天位置，享受美食與美酒，Agnès b.表示是她巴黎最愛的地方之一喔！

設計師Agnes b.也喜歡到Ma Bougogne來吃飯喔

Data
地址：19, place des Vosges 75004 Paris
電話：01 42 78 44 64
營業時間：週一～日12:00～01:00
價位：勃根地紅酒燉牛肉15.8€
前往方式：地鐵St.-Paul出口沿Rue St.-Antoine往東至Rue de Turenne左轉，步行5分鐘至Rue des Francs-Bourgeois右轉1分鐘即可抵達孚日廣場
MAP：P91

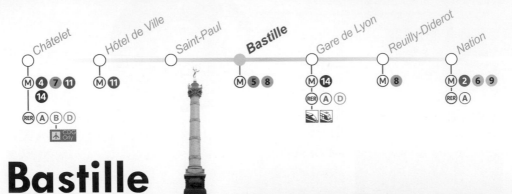

Châtelet　　Hôtel de Ville　　Saint-Paul　　**Bastille**　　Gare de Lyon　　Reuilly-Diderot　　Nation

(M) 4 7 11　(M) 11　　(M) 5 8　(M) 14　(M) 8　(M) 2 6 9
14
(RER) A B D　　　　　　　　(RER) A D　　　　　　(RER) A
CDG Orly

Bastille

巴士底站

Isa的旅遊筆記

巴士底區由於酒吧、舞廳、咖啡館的興起重新帶動了本區的繁華，成為了一個新的夜生活中心與狂放自由的舞台，矗立在廣場上的巴士底歌劇院帶來藝文氣息、Rue de Lappe、Rue de la Roquette上眾多酒館是到此嘗試Happy Hour飲酒特價時段的好去處，聽聽現場的搖滾樂團表演，深夜再到迪斯可跳舞，你會發現巴黎的夜生活充滿魅力。

地鐵站大發現

巴士底站1號線的月台上有幅長達180米的陶瓷畫，紀念1789年的法國大革命。而5號線往Bobigny-Pablo Picasso方向的月台上則有「巴士底碉堡東牆外側壕溝之遺跡」，是僅存的巴士底監獄遺跡。

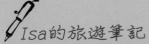
BASTILLE

巴黎達人3大推薦地

Isa最愛
Indiana Café

到巴士底便要和朋友喝一杯，這間美式啤酒屋提供美味的料理和新鮮的現榨啤酒，值得前往。(見P.107)

遊客必訪
巴士底廣場

從前巴士底監獄所在之地，現在象徵自由、革命，廣場上有一尊七月柱以及巴士底歌劇院。

(見P.104)

巴黎人推薦
Rue de Lappe

Lionel・28歲・廚師

巴士底附近的啤酒一條街，我最喜愛和朋友到此小酌一番！(見P.108)

巴士底站街道圖

Rue des Tournelles
Odetta
Bréguet Sabin
Rue Amelot
8號線
Boulevard Richard Lenoir
Rue Saint-Sabin
孚日廣場
Place des Vosges
Rue de la Roquette
Come On Eileen
R. des Taillandiers
Rue Keller
Dalloyau
Bd. Beaumarchais
5號線
Bofinger
Indiana Café
Rue de Lappe
1號線
出口
R. de la Roquette
Rue de Lappe
La Scène Bastille
巴士底站
Bastille
出口
Bd. Henri IV
R. du Fbg St.-Antoine
巴士底歌劇院
Opéra Bastille
巴士底廣場
Place de Bastille
Bd. Henri IV
出口
R. de Lyon
Rue du Fbg St.-Antoine
Bd. Bourdon
阿森那爾港口
Port de Plaisance
Paris Arsenal
R. de Lyon
Rue de Charenton
Ledru-Rollin

巴士底廣場
Place de la Bastille

象徵自由的歷史意義之地

廣場所在之處原是一座由查理五世建於14世紀的堡壘，到路易十一世時改建成監獄，在1789年7月14日法國大革命時，這座擁有8座塔樓、代表王權的監獄徹底被攻陷，成了法國國慶日的由來，雖然巴士底監獄不復存在，但監獄拆下來的石塊用於修建靠近協和廣場的「協和橋」(Pont de la Concorde)，倒還能前去憑弔一番。大革命後巴士底廣場經歷過一段荒蕪時期，直到拿破崙時代才重建，在廣場上設置一尊七月柱(Colonne de Juillet)，由阿拉萬(Jean-Antoine Alavoine)所設計。其上有杜蒙(Augustin Alexandre Dumont)所雕塑的金色自由之神，紀念法國1830年的七月革命。

巴士底廣場四周有現代的巴士底歌劇院，

巴士底廣場上的七月柱和巴士底歌劇院

小巷內更是酒吧、舞廳、設計小店林立，年輕人最喜愛相約在此。

 Data 地址：Place de la Bastille 75012 Paris
前往方式：地鐵站Bastille出口Opéra Bastille 即可抵達
MAP：P103

巴士底歌劇院
Opéra Bastille

新穎現代的國民歌劇院

巴黎歌劇院一共有兩座地址，一是在Opéra區的迦尼葉歌劇院，另一便是在巴士底廣場上這座由密特朗總統提議興建的新穎、現代歌劇院，為建築師歐特(Carlos Ott)的代表作。玻璃帷幕的弧形上是有節奏感的幾何造型，下方由細柱所支撐，與在歌劇院區的傳統迦尼葉歌劇院形成強烈的對比，被稱為「國民歌劇院」。位在具有特殊意義的巴士底廣場，巴士底歌劇院特地選在法國大革命200週年——1979年開幕，第一齣上演的劇碼為白遼士的《特洛伊人》歌劇。表演廳內廣闊寬敞、設備新穎，總共有9座活動換幕舞台，可以容納2,700名觀眾，目前大部分的芭蕾及歌劇都在此上演。看表演的

話，Isa比較喜歡到迦尼葉感受19世紀的懷舊氣氛，不過在巴士底的座位的確比較舒適，觀賞視野也較好。

Data 地址：120, rue de Lyon 75012 Paris
電話：01 41 10 08 10
營業時間：週一～日10:00～17:00
前往方式：地鐵站Bastille出口Opéra Bastille即可抵達
網址：www.opera-de-paris.fr
MAP：P103

內部新穎現代的巴士底歌劇院

阿森那爾港口
Port de Plaisance Paris Arsenal

Data 地址：Port de Plaisance Paris Arsenal
前往方式：地鐵站Bastille出口Jardin du Basin de l'Arsenal即可抵達
MAP：P103

數百餘船舶停靠的河岸風情

或許是因為巴黎不靠海的關係，有著百餘船舶停靠的阿森那爾港口，對於在海洋城市長大的Isa來說特別有一種懷念的風情，沿著岸邊長形的阿森那爾花園散步，眺望巴士底廣場的七月柱，天氣好時特別地舒適。每年3、4月這裡會舉行嘉年華，帶上面具、身著華服的表演者在此散步，讓你不需到威尼斯就能感受嘉年華的氣氛！

具有海港風情的
阿森那爾港口

購物名店

Odetta

時尚名牌二手店

這間小巧的二手精品店由曾是時裝編輯的Valerie Nizan挑選各式名牌，品味果然不一樣，店內各種時下流行的名牌二手貨，例如Chanel的2.55包、Louis Vuitton的棋盤格包、Balenciaga的高跟鞋、YSL的復古風衣、Celine、Martin Margiela的長靴、Bottega Veneta的編織包，也不乏Vanessa Bruno、Isabel Marrant、APC等法國流行品牌的服飾配件，都是時尚人士拿來拍賣，款

式入時而品質良好。除了時裝也有由Charles Estevez挑選的復古設計家具，包括從50～70年代的經典大師作品。

 Data 地址：76, rue des Tournelles 75003 Paris
電話：01 48 87 08 61
營業時間：週二～六13:30～19:30，週日15:00～19:00
前往方式：地鐵站Bastille出口Rue de la Roquette，往西找到Bd. Beaumarchais往北走10分鐘至Rue St.-Gilles左轉，步行至Rue des Tournelles右轉3分鐘即可抵達
網址：odettavintage.com
MAP：P103

Come On Eileen

精品二手衣店

店名來自70年代的團體Dexys Midnight Runners的歌曲，這間位在巴士底附近的名牌二手店相當值得一逛！外觀看起來似乎店面面積不大，但廣大的地下室會給你帶來驚喜！30～90年代的復古二手衣、Dior襯衫、Hermès領帶、Burberry風衣、Chanel套裝、Lacoste毛衣等，可以找到30～400歐元之間的商品。

 Data 地址：16, rue des Taillandiers 75011 Paris
電話：01 43 38 12 11
營業時間：週一～五11:00～20:30，週六14:00～20:00
前往方式：地鐵站Bastille出口Rue de la Roquette，沿該路至Rue de Lappe右轉，步行至Rue Charonne左轉，再到Rue de Taillandiers左轉即可抵達
MAP：P103

喜愛逛復古二手衣店的人不可錯過Come on Eileen

特色美食

La Scène Bastille

巴士底夜幕

　　每日都有現場表演、音響效果絕佳La Scène Bastille，是巴士底地區去喝一杯、聽現場演奏的好地方，由舊型倉庫改建，有

聽現場演奏或喝一杯都很不錯的La Scène Bastille

一間可容納350人的大廳提供熱舞和表演、一間Lounge bar供喝酒、聊天，已經接待超過1,000個法國和國際團體演出，包括Avril Lavigne、Yannick Noah等，就連盧廣仲、范曉萱到巴黎表演也是在此演出喔！

在Lounge bar區適合聊天談心

Data 地址：2bis, rue de Taillandiers 75011 Paris
電話：01 48 06 50 70
營業時間：週一～日09:00～02:00
前往方式：地鐵站Bastille出口Rue de la Roquette，沿該路至Rue de Lappe右轉，步行至Rue Charonne左轉，再到Rue de Taillandiers左轉即可抵達
網址：www.la-scene.com
MAP：P103

Indiana Café

印第安那美式啤酒屋

　　這是一間Isa常去喝一杯的酒吧，由Jean-Claude Asse和Richard Alexandre所創立，很有美式風情，Happy Hour時段前去的話，含酒精雞尾酒只要5歐元、啤酒只要2.3歐元，相當划算。也提供漢堡、牛排、法士達、雞翅等美式食物，氣氛輕鬆愉快，很適合和朋友到此聊天、用餐或喝酒，感受一下夜生活。

Happy Hour時到Indiana Café喝杯雞尾酒只要3.5歐元起

Data 地址：14, place de la Bastille 750011 Paris
電話：01 42 72 87 82
營業時間：週一～日08:30～02:00
前往方式：地鐵站Bastille出口Rue de la Roquette即可抵達
網址：www.restaurant-indiana.com
MAP：P103

Rue de Lappe

超過350年的拉普啤酒街

　　拉普街是巴士底附近一條著名的酒吧街，開闢於1652年，在20世紀初期便有十幾間舞廳進駐，現今窄小的石子路兩旁都是啤酒屋、酒吧、餐廳，十分適合晚上到這裡來隨興的選一家酒吧坐下來喝一杯，有重要足球賽事時這邊可是一位難求！酒吧大約都是從18點以後開始營業到凌晨左右，Happy Hour時段(約在18:00～20:00左右依店家不同)，常有啤酒、雞尾酒半價或買一送一的優惠。

巴士底的酒吧一條街——拉普街

Data 地址：Rue de Lappe 75012 Paris
前往方式：地鐵站Bastille出口Rue de la Roquette，沿該路至Rue de Lappe右轉即可抵達
MAP：P103

Bofinger

懷舊風格的海鮮餐廳

　　在巴士底附近想找一間古典而有懷舊氣氛的用餐地點，老巴黎絕對會推薦你Bofinger

　　這間開幕於1864年的餐廳，店內亞爾薩斯畫家Hansi的壁畫、大面鏡牆、20世紀初的圓頂彩繪玻璃、棕櫚樹、金色掛衣杆、皮製長椅，勾勒出19世紀的情調，著名的復古旋轉樓梯讓你回味上個世紀的風華。這裡以阿爾薩斯地方料理及海鮮料理出名，例如分量頗大的德式酸菜肉腸(Choucroute)、有著安康魚、鮭魚、小龍蝦、鱈魚的燴海鮮(Choucroute de la Fruit de Mer)、南法著名的料理馬賽魚湯(Bouillabaisse)，時節性的生蠔(Huîtres)等。在巴士底歌劇院欣賞完歌劇，不妨就步行到這裡用餐吧！

 Data 地址：5-7, rue de la Bastille 75004 Paris
電話：01 42 72 87 82
營業時間：週一～日12:00～15:00，18:30～01:00
前往方式：地鐵站Bastille出口Rue de la Roquette，往西找到Bd. Beaumarchais往北至Rue de la Bastille左轉
網址：www.bofingerparis.com
MAP：P103

Bofinger餐廳內美麗的圓頂彩繪玻璃
©Paris Tourist Office/Amélie Dupont

Dalloyau最出名的歌劇院巧克力蛋糕

Dalloyau

兩百年老牌甜點店

　　這間由Jean-Baptiste Dalloyau於1802年成立的甜點店，以其方塊形狀的「歌劇院」(Opéra)巧克力蛋糕最出名。在巴黎有許多店面，Isa推薦你這間新開的位在巴士底和瑪黑區之間的分店，因為它的茶沙龍採粉色色調的古典裝潢，超級浪漫迷人！附設全天開放的Loung bar更是很符合這一帶夜貓族的調調，除了甜點以外也可以喝杯香檳或雞尾酒喔！Isa第一次前往是在一個冬天的午後，在店內挑選好想吃的甜點後，便到位在樓上的茶沙龍慢慢品嘗。坐在柔軟的沙發椅

具有浪漫氣息的粉紅色沙龍，好像來到法國人家中

上，品嘗著馬卡洪和熱茶，多麼幸福！整個茶沙龍的布置感覺就像是法國人家裡一樣溫馨而迷人，茶具也優雅宜人，甜點更是沒話說的好吃！

點壺茶配上幾個馬卡洪慢慢品嘗

就安排一個午後到這裡來享用傳承了兩百年的獨家祕方吧！

Data
地址：5, bd. Baumarchais 75004 Paris
電話：01 48 87 89 88
營業時間：週一～日09:00～21:00
前往方式：地鐵站Bastille出口Rue de la Roquette，往西找到Bd. Beaumarchais往北走1分鐘即可抵達
網址：www.dalloyau.fr
MAP：P103

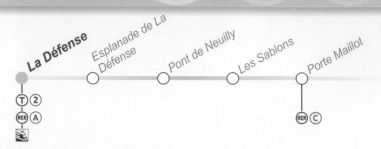

La Défense · Esplanade de La Défense · Pont de Neuilly · Les Sablons · Porte Maillot

La Défense
拉德芳斯站

Isa的旅遊筆記

1992年開幕的拉德芳斯站，共有1號線、RER-A線、
Tramway2號線在此交會，這裡是巴黎西郊開發得相當
成功的商業區，來往的主要是金融相關的上
班族，廣場上高樓林立，
被稱為巴黎的小
紐約。到拉德芳
斯參觀新凱旋門
可安排半天左右的
時間。

遊賞去處

新凱旋門
Grande Arche de La Défense

巴黎天際線的延伸地標

　　一出拉德芳斯地鐵站便可看到這座大型的地標：新凱旋門，是繼羅浮宮、杜樂麗花園、凱旋門這條「巴黎天際線」的延伸，1989年由丹麥設計師Otto Von Spreckelsen

©La Défense

所打造，高110米的大型拱門，中間中空的部分甚至可以放入一座聖母院！設計師以纜繩將一朵「雲」造型的布幕固定在拱門中央，很有想像力。可搭乘電梯至頂樓欣賞大巴黎景色。

新凱旋門是拉德芳斯地區的地標

Data　地址：Place de la Défense 92800 Puteaux
電話：01 49 07 27 27
營業時間：週一～日10:00～20:00，9～3月至19:00
門票：全票10€，學生8.5€
前往方式：地鐵站La Défense出口A即可抵達

購物名店

Marché Noël de la Défense
(拉德芳斯聖誕市集)

巴黎最大的聖誕市集

　　每年在聖誕節前一個月大約11月25日開始，巴黎的大小廣場上，便開始舉行有著一棟棟小木屋組成的聖誕市集，人群聚集好不熱鬧！而拉德芳斯的聖誕市集更是巴黎最大的一座，共有350個小攤，可以找到應景

聖誕市集上都會賣的薑餅娃娃

的鵝肝醬、火腿、巧克力、薑餅娃娃等，也有現做的火雞三明治、熱紅酒(Vin Chaud)供你品嘗，找不到聖誕禮物的主意？這裡的手工首飾、皮手套，都很適合買來送人。

Data　地址：Place de la Défense 92800 Puteaux
營業時間：約每年11月24日～12月27日11:00～20:30，12月25日休息
前往方式：地鐵站La Défense出口A即可抵達

Ⓜ️ 1 號線

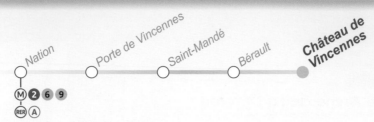

Nation — Porte de Vincennes — Saint-Mandé — Bérault — Château de Vincennes

Ⓜ 2 6 9 / RER Ⓐ

Château de Vincennes
凡仙城堡站

✒️ *Isa的旅遊筆記*

凡仙森林是巴黎東邊的肺葉，而凡仙城堡則是一座中世紀的古堡，不若凡爾賽宮華麗闊氣，這邊獨有一份寧靜祥和，離開了市區的喧囂又不遠離，很適合到此慢慢散步、放鬆心情，享受度假的感覺，帶塊野餐布鋪在草地上，簡單的三明治、火腿與水果，和煦的陽光下你也會跟法國人一樣慵懶自在地消耗一個下午的時光。

遊賞去處

凡仙城堡
Château de Vincennes

浪漫唯美的中世紀古堡

　　許多朋友對法國的印象之一便是浪漫古典的法式古堡，Isa也十分嚮往到古堡裡住上一晚呢！想看古堡的話，法國中部地方杜爾(Tours)是最多古堡的地方，然而時間不夠的話，巴黎東郊也有一座搭地鐵便可到達的中

在走廊下散步或拍照非常古典而有特色

世紀古堡：凡仙城堡。原是路易七世建於12世紀的狩獵房屋，比羅浮宮的歷史還早一些，經過歷代國王修建擴張成為小城堡，路易九世便是從此出發前往十字軍東征。15世紀後成為監獄，法王亨利四世、富凱、薩德都曾被囚禁在此。

　　城堡的組成包括了高52米的主塔，是歐洲最高的塔樓；由勒渥(Le Veau)替路易十四所蓋的走廊，當時國王與貴族在此進行會議或活動，直到凡爾賽宮修建，才搬離凡仙城堡；14世紀修建的禮拜堂，路易九世所購買的耶穌聖物荊冠碎片在移到聖禮拜堂前一直保存在此。古堡浪漫優美，在其長廊下拍照留念，相當有質感喔！

 Data 地址：Avenue de Paris 94300 Vincennes
電話：01 48 08 31 20
營業時間：5～8月10:00～18:00，9～4月10:00～17:00
前往方式：地鐵站Château de Vincennes出口即可抵達

凡仙城堡的聖禮拜堂

Strasbourg Saint-Denis — Réaumur-Sébastopol — Étienne Marcel — **Les Halles** — Châtelet — Cité — Saint-Michel

M 8 9　M 3　RER A B D　CDG Orly　M 1 7　11 14　RER C

Les Halles

磊阿勒站

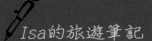

Isa的旅遊筆記

開站於1908年，串連了1、4、7、11號地鐵線及A、B、D等RER線，並與Châtelet站有走道相連，磊阿勒站無疑是4號線上最繁忙的一個車站，而它本身也涵蓋一個廣達地下4層的大型商場，結合年輕人喜愛的流行服飾品牌Zara、H&M、Celio、Etam、Mango、Naf Naf、New look、Promod；藥妝店Sephora、L'Occitane、Yves Rocher；還有一間Fnac旗艦店、市區最大的UGC電影院及游泳池。車站附近也是各類街頭品牌、潮T、潮鞋的集散地，有如巴黎的西門町，無論何時總是人潮擁擠，是巴黎年輕人最愛去的地方！

巴黎達人 3 大推薦地

Isa最愛
Boulangerie Julien

曾得到棍子大賽第一名的街坊麵包店，美味的棍子麵包和可頌讓你開始活力的一天！(見P.119)

遊客必訪
磊阿勒商場

面積廣達四層的大型Shopping Mall，聚集了法國時下年輕人流行的各大服裝品牌。(見P.116)

巴黎人推薦
Agnès b.

Catherine · 27歲 · 粉領上班族

日街(Rue du Jour)是讓我一次買齊Agnès b.服裝的大本營！(見P.118)

磊阿勒站街道圖

Kiliwatch
Kokon Tozai
Café Étienne Marcel
Rue Étienne Marcel
Rue Tiquetonne
Allison & Sasha
Rue JJ. Rousseau
Kabuki
Rue de Turbigo
4號線
Rue Mauconseil
Et Vous Stock
Au Pied de Cochon
Rue du Jour
SPA Nuxe
Paris-Moscou
艾汀馬歇爾站
Étienne Marcel
Rue Coquillière
Agnès b.
聖奧斯塔許教堂
Église St.-Eustache de Paris
出口2
R. Turbigo
出口3
R. Rambuteau
Rue du Louvre
磊阿勒站
Les Halles
Rue Rambuteau
出口4
Pl. Carée
磊阿勒商場
Forum des Halles
Rue Saint-Denis
Boulevard Sébastopol
Rue Quincampoix
Rue Saint-Honoré
Boulangerie Julien
Rue Berger
1號線
Rue de Rivoli
Rue du Roule
Rue des Halles
無邪噴泉
Fontaine des Innocents
龐畢度中心
Centre Georges Pompidou
Café Beaubourg

遊賞去處

磊阿勒商場
Forum des Halles

年輕人愛去的Shopping Mall

「磊阿勒」(Les Halles)原指巴黎中央一處大型的魚肉水果批發市場，最早的記載可追溯至12世紀，電影《香水》主角葛奴乙的出生地，小販聚集、人聲吵雜的菜市場便是這裡。後來市場因為過於擁擠阻礙交通而在1969年搬遷至巴黎南方，磊阿勒則改建為一座地面有著公園、地下有著4層樓的大型商場，加上鄰近龐畢度中心的落成，讓這一帶頓時成為城裡最年輕、嬉皮的地方，有如台北西門町。Isa時常到磊阿勒商場裡的UGC電影院看電影、到FNAC看書和DVD、逛H&M和Zara、Promod等時裝店、到Sephora、L'Occitane、Yves Rocher等化妝品保養品店試新商品、到Quick、Paul、Flunch吃點東西。磊阿勒地鐵站附近的聖德

磊阿勒從前為一座大型菜市場，現在改建為玻璃外觀的現代化商場

尼路(Rue St.-Denis)充斥著年輕人愛去的潮店，可買到最新流行款式的T-Shirt、板鞋、手袋和靴子。目前市政府正在進行一系列的翻新工程，預計讓地面的公園更加沒有屏障，地底的商場更新更寬闊，未來的磊阿勒商圈會更加引人注目！

 Data 地址：Forum des Halles 75001 Paris
電話：01 41 10 08 10
營業時間：週一～日10:00～20:00，週日商店關閉但商場開放
前往方式：地鐵站Les Halles出口4即可抵達
網址：www.forumdeshalles.com
MAP：P115

磊阿勒商場地面為一座大型的公園，供遊人乘涼、休憩

廣場上的雕像《聆聽》，由Henri Miller所雕刻

聖奧斯塔許教堂
Église St.-Eustache de Paris

巴黎第二大教堂

位在磊阿勒公園旁，僅次於聖母院的聖奧斯塔許教堂修建於16～17世紀，它雖然不是觀光客特別愛去的教堂，卻是路易十四第一次領聖餐、劇作家莫里哀受洗與結婚、音樂家李斯特發表《大彌撒曲》的地方。教堂氣勢相當宏偉，外觀為哥德式風格，內部則混合了古典與文藝復興主義，這裡擁有法國最大的管風琴，夏季音樂節時常有音樂會舉行。教堂前的卡桑廣場時有年輕人聚集聊天、看書或玩滑板，廣場上的大頭雕像《聆聽》向來是遊客喜愛照相留念的地點。

佇立在磊阿勒商場旁，壯觀的聖奧斯塔許教堂

 Data
地址：2, impasse St.-Eustache 75002 Paris
營業時間：週一～五09:30～19:00，週六～日10:00～19:00
前往方式：地鐵站Les Halles出口3右轉，沿著公園步行1分鐘即可抵達
MAP：P115

無邪噴泉
Fontaine des Innocents

 Data
地址：Place Joachim du Bellay 75001 Paris
前往方式：地鐵站Les Halles出口4，從磊阿勒商場的Porte Lescot出口出去，沿Rue Lescot步行1分鐘即可抵達
MAP：P115

僅存的文藝復興式噴泉

這座美麗的文藝復興式噴泉，位在總是聚滿年輕人的杜百雷廣場(Place Joachim du Bellay)上，四周盡是餐廳、書店、服飾店環繞，是磊阿勒地區熱鬧中又帶點懷舊氣息的地方。由法王亨利二世命建築師Pierre Lescot建造於1549年，其上的浮雕則是雕刻家Jean Goujon所製作。

在廣場上靜靜流洩的無邪噴泉，是巴黎人喜愛相約的地點

117

購物名店

日街上的Agnès b.旅行概念店

Agnès b.

第一間分店開於日街上

　　在磊阿勒商場旁的一條小路「日街」(Rue du Jour)可說是法國設計師Agnès b.起家的地方，1975年她在此開設第一家分店，如今這裡有設計師的女裝、男裝、童裝和旅行概念店，藝廊和書店也不遠，可說是Agnès b.的巴黎大本營！Isa因工作的關係曾訪問過

Agnès b.本人，她曾說到在日街的倉庫裡偶然發現了一張古老的畫畫，畫著一個人坐在懸崖邊看著大太陽，讓她覺得和她自己與這條街的意義非常吻合，便拿來作為公司刊物的封面！向來以簡約設計、質料舒適聞名的Agnès b.，最出名也不斷推出復刻版本的Must Have便是號稱法國人兩人就有一件的「Snap Cardigan」(開襟衫)，多達149種顏色可挑選，款式簡約而可穿出個人風格。

 Data
地址：rue du jour 75001 Paris 男裝店No.3，女裝店No.6，童裝店No.2，旅行概念店No.4
電話：01 45 08 56 56
營業時間：週一～六10:00～19:00，週日休息
前往方式：地鐵站Les Halles出口4，從磊阿勒商場沿UGC電影院方向的Porte du Jour出口出去即可抵達
MAP：P115

Agnès b.日街上的女裝店

特色美食

入口即化的豬腳是這裡必點的招牌菜

Au Pied de Cochon

24小時豬腳餐廳

原本磊阿勒是舊時中央市場時，這間1946年開幕、24小時經營的豬腳餐廳便是附近工人喜愛用餐的地方，大口吸吮「生蠔」(Huîtres)、喝口加入起士的「洋蔥湯」(Soup à l'Oignon)暖胃、再來盤外酥內軟的「豬腳」(Pied de Cochon)邊吃邊數骨頭。至今這三道招牌菜色依然沒有改變，據說一年可賣出85,500份豬腳！這裡的菜色分量頗大，Isa都和朋友點盤前菜加主菜一起share便足夠，裝潢以華麗古典風格為主，飾有很多以豬為主題的裝飾物，4層樓的廣大空間，很適合和朋友來此度過一個愉快的晚餐時光。

Data
地址：6, rue Coquillère 75001 Paris
電話：01 40 13 77 00
營業時間：週一～日24小時
價格：洋蔥湯8.5€，招牌豬腳21.3€
網址：www.pieddecochon.com
前往方式：地鐵站Les Halles出口4，從磊阿勒商場沿UGC電影院方向的Porte du Jour出口出去即可抵達
MAP：P115

Boulangerie Julien

棍子麵包大賽得獎麵包店

Isa第一次到巴黎自助旅行時便住在Rue St.-Honoré附近的巷子裡，而這間Julien麵包店便是每天購買麵包的地方，窄小的店門外總是大排長龍，買過一次便知道為什麼了！得過最佳棍子麵包大獎第一名的「傳統棍子麵包」(Baguette

Julien是這樣一間街坊不起眼的麵包店，但買過一次絕對回味無窮

de Tradition)外脆內軟，完全打破了棍子麵包給人很硬的印象，輕咬一口竟感覺入口即溶！這裡的「可頌」(Croissant)和「巧克力麵包」(Pain au Chocolat)也曾被《費加洛》評為巴黎最佳！此外各式甜點和三明治、沙拉也都是每日手工現作，每到用餐時間便供不應求呢！

Data
地址：75, rue St.-Honoré 75001 Paris
電話：01 42 36 24 83
營業時間：週一～六06:30～20:00，週日休息
網址：www.boulangerie-patisserie-artisanale-paris.com
前往方式：地鐵站Les Halles出口4，從磊阿勒商場Porte Berger出口出去，沿Rue du Roule直行至Rue St.-Honoré左轉即可抵達
MAP：P115

Château d'Eau   Strasbourg Saint-Denis   Réaumur-Sébastopol   **Étienne Marcel**   Les Halles   Châtelet   Cité

Ⓜ 8 9   Ⓜ 3   RER Ⓐ Ⓑ Ⓓ   Ⓜ 1 7 11 14

✈ CDG Orly

Étienne Marcel
艾汀馬歇爾站

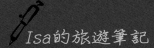
Isa的旅遊筆記

Isa認為這裡是巴黎最具魅力的時尚區域之一，如果你追求的時毫是與眾不同而不在乎品牌知名與否，那麼Étienne Marcel將會很對你的味。Rue Tiquetonne是必去的時尚小路，二手衣店Kiliwatch、設計師小店Kokon Tozai、Le Coq Sportif、Allison & Sasha讓你花上時間慢慢閒晃，然後走到蒙特格尤大街，在琳瑯滿目的餐廳、咖啡館與海鮮、乳酪、花店、食材店感受一份只屬於巴黎的風情。

巴黎達人3大推薦地

Isa最愛
大鹿廊巷

被紐約時報稱為最嬉皮的一條十九世紀廊巷，聚集眾多設計小店，想找份特別禮物的人不能錯過！(見P.123)

遊客必訪
蒙特格尤大街

充滿了水果攤、海鮮、乳酪鋪與餐廳、甜點店、咖啡館的食品大街，感受庶民的氣氛！(見P.122)

巴黎人推薦
Stohrer

Loïc・18歲・廚藝學校學生
美味的宮廷外燴甜點店，充滿酒香的蘭姆芭芭向來是best seller！(見P.127)

艾汀馬歇爾站街道圖

Rue Montmartre
Claudie Pierlot
Rue Hérold
Rue du Louvre
Rue Coquillière
Stohrer
Kiliwatch Kokon To Zai
Rue Montorgueil
Café Étienne Marcel
Rue Étienne Marcel
Allison & Sasha
Rue Tiquetonne
Kabuki
R. Mauconseil
出口
Au Pied de Cochon
Rue du Jour
SPA Nuxe
Paris-Moscou
艾汀馬歇爾站
Étienne Marcel
Et Vous Stock
Réaumur-Sébastopol
3號線
4號線
Rue de Turbigo
Boulevard Sébastopol
Rue aux Ours
L'Ambassade d'Auvergne
聖奧斯塔許教堂
Église Saint-Eustache de Paris
磊阿勒站
Les Halles
Rue Saint-Denis
磊阿勒商場
Forum des Halles
Rue Berger
Boulangerie Julien
Rue Saint-Honoré
Louvre Rivoli
1號線
Rue du Roule
Sephora
Rue de Rivoli
無邪噴泉
Fontaine des Innocents
Café Beaubourg
Rue Quincampoix
Rue Saint-Martin
Rue Beaubourg
Rambuteau
Berko
Rue Rambuteau
龐畢度中心
Centre Georges Pompidou

遊賞去處

蒙特格尤大街
Rue Montorgueil

香氣四溢的食品大街

對於時間不夠、只想與觀光景點合照的人來說，這不是一條值得去的道路，但若你想花一些時間體驗巴黎日常，水果、乳酪與海鮮攤販的叫賣聲、烤爐裡旋轉的烤雞香氣撲鼻……那麼你會特別記得這段被莫內畫入畫中、被左拉稱為「巴黎肚腹」(Ventre de Paris)的石子路。15世紀王妃御廚「Stohrer」的招牌甜點蘭姆巴巴蛋糕依然美味、達利每回到巴黎必去的「Escargot Montorgueil」金色蝸牛招牌依舊閃亮，蒙特格尤大街便是這樣充滿了香氣的地方，可到這裡的乳酪鋪、海鮮鋪、餐廳、麵包店找到你想要的食材。

Data 地址：rue Montorgueil 75002 Paris
前往方式：地鐵站Étienne Marcel出口，沿Rue Étienne Marcel往西步行至Rue Montorgueil右轉即可抵達
MAP：P121

聚集許多餐廳、店鋪、香料、蔬果店的蒙特格尤大街是老饕的最愛

122

購物名店

Espace Kiliwatch

經典二手衣天堂

Kiliwatch是巴黎最知名的二手衣店，喜歡復古衣的人不可錯過

Kiliwatch是巴黎最大也最出名的二手衣店，廣大的空間和隨時更新的貨源讓人享受挖寶的樂趣，連法國第一夫人Carla Bruni、明星張曼玉也很愛逛！Isa曾訪問過Kiliwatch的店長如何選擇店名，酷酷的店長說，「Johnny Holiday不是有一首歌這麼唱的嗎，Kili kili kili kili watch watch watch watch……」如此隨興，就像這裡的服飾路線一樣，有50～80年代自歐洲各地收集而來的復古二手衣，也有自有品牌Kiliwatch或Cheap Monday等熱銷款，想走復古風的人，就到這裡來找件帥氣的皮衣、華麗感的皮草帽、格紋風的短裙、復古款的皮包或一雙好搭的舊皮靴！

 Data
地址：64, rue Tiquetonne 75002 Paris
電話：01 42 21 17 37
營業時間：週一～六11:00～19:00，週日休息
前往方式：地鐵站Étienne Marcel出口，沿Rue Étienne Marcel往西步行至與Rue Tiquetonne交叉點即可抵達
網址：espacekiliwatch.fr
MAP：P121

Passage du Grand Cerf

大鹿廊巷

透明的玻璃天棚，撒下自然的光線照亮了這條建於1825年的大鹿廊巷，它曾被《New York Times》指為是巴黎廊巷中最嬉皮的一條，117公尺的長度，聚集了許多設計首飾店、復古傢俱、非洲手工藝品，是眾多廊巷中最時尚又最有設計感的一條，想找份特殊禮物來這裡就對了。

 Data
地址：145, rue Saint-Denis 75002 Paris / 8, rue du Dussoubs, 75002 Paris
電話：01 47 03 12 50
開放時間：週一～六08:30～20:30
前往方式：地鐵站Etienne Marcel出口步行至Rue Saint Denis再左轉大鹿廊巷即可抵達
MAP：P121

Claudie Pielot

法國女人的自信優雅

以「打扮嬌小的巴黎女人」著稱的品牌Claudie Pielot，創於1983年並在90年代開始走紅，優越的質料、極簡設計與合身剪裁，很快得到了巴黎人的芳心。Claudie Pielot與其他兩個法國中價位品牌Sandro、Maje為共同母公司SMCP，部份股權被LVMH集團所收購後，使得這三個頓時身價水漲船高。身材較為嬌小又喜愛走法式優雅路線的女生們，別錯過這個牌子！

Claudie Pielot的服裝特色是優雅極簡的剪裁

 地址：49, rue Étienne Marcel 75002 Paris
電話：01 42 33 65 88
營業時間：週一～六11:00～19:00，週日休息
前往方式：地鐵站Étienne Marcel出口，沿Rue Étienne Marcel往西走5分鐘即可抵達
網址：www.claudiepierlot.com
MAP：P121

Et Vous Stock

法系都會品牌低價出清

Et vous是1983年創於法國的時裝品牌，線條簡約，用料舒適，很適合上班族的都會女性，在巴黎到處都有分店，Isa推薦你的是這間位於地鐵站Étienne Marcel不遠的Stock換季折扣店，提供品牌過季的外套、褲子、毛衣、裙子及配件，以超低優惠的價格出售，例如喀什米爾毛衣50歐元、短褲20歐元左右，很適合喜歡這個牌子的人來這邊挖寶喔！

 地址：15-17, rue de Turbigo 75002 Paris
電話：01 40 13 04 12
營業時間：週一～六10:30～19:30，週日休息
前往方式：地鐵站Étienne Marcel出口，沿Rue Turbigo步行1分鐘即可抵達
MAP：P121

Kabuki

名牌名鞋挑選概念店

　　時髦流行的Étienne Marcel區自然少不了一間入時的Select Shop，Kabuki便是其中最出名的，在本區甚至開立了女裝、男裝、鞋子三間分店。位在rue Étienne Marcel 25號的女裝店，精挑細選各大品牌如Balenciaga、Givenchy、Pierre Hardy、YSL的時裝與配件，優雅又有品味的混搭；21號的男裝店則提供McQueen、Balenciaga、Dior Homme、Martin Margiela、Rick Owens、YSL等男裝品牌的時髦之選，從白領階級到運動選手都能在此變身為時尚型男。Rue de Turbigo

Select shop的好處是不需要到處瞎晃，在Kabuki就有名家挑選的最好品味

13號的分店則以鞋款選擇為主，精選包括Miu Miu、Marc by Marc Jacobs、Repetto等時尚品牌的鞋子。

地址：**女裝店**25, rue Étienne Marcel 75001 Paris，**男裝店**21, rue Étienne Marcel 75001 Paris，**鞋店**13, rue de Turbigo 75002 Paris
電話：**女裝店**01 42 33 55 65，**男裝店**01 42 33 13 44，**鞋店**01 42 36 44 34
營業時間：週一～六11:00～19:30，週日休息
前往方式：地鐵站Étienne Marcel出口沿rue Étienne Marcel步行1分鐘即可抵達
MAP：P121

Kokon To Zai

古今東西的前衛時裝

　　Rue Tiquetonne是一條寧靜卻藏有許多潮店的石子路，其中Kokon To Zai便是一間店面面積不大，裝潢新潮前衛的個性概念商店。來自日本與英國的設計師大膽挑戰與法國經典風潮截然不同的款式，顏色鮮明、剪裁突出、造型奇特，挑選前衛的設計師品牌如KTZ、Marjan Pejoski，也有流行品牌如Vivienne Westwood。

地址：48, rue Tiquetonne 75002 Paris
電話：01 42 36 92 41
營業時間：週一～六11:30～19:30，週日休息
前往方式：地鐵站Étienne Marcel出口，沿Rue Étienne Marcel往西步行至Rue Française右轉，至Rue Tiquetonne右轉即可抵達
網址：www.kokontozai.co.uk
MAP：P121

Spa Nuxe

旅行中的放鬆體驗

NUXE黎可詩是喜愛法國藥妝的人必知的品牌，它的明星商品如「全效晶亮護理油」(Huile Prodigieuse)，可在巴黎最便宜的藥妝店Citypharma入手(P.165)。這邊Isa要介紹的是蒙特格尤大街上NUXE的SPA中心。450平方米寬敞的空間，裝潢上刻意保留著中世紀的石牆和拱廊，充滿了復古的情調。共有6間SPA房，提供體驗45分鐘到75分鐘的身體、臉部、腳部按摩療程以及水療。房內均以自然帶有禪意的裝潢來布置，伴隨著燭光搖曳，讓人能完美的放鬆心情，旅行中疲憊的你，不妨在最後預約一個SPA當作送給自己的禮物吧！

到法國知名保養品牌Nuxe的SPA放鬆一下吧

Data 地址：32, rue Montorgueil 75001 Paris
營業時間：週一～五09:30～21:00，週六09:30～19:30，週日休息
前往方式：地鐵站Étienne Marcel出口，沿Rue Étienne Marcel往西步行至Rue Montorgueil左轉即可抵達
網址：www.nuxe.com

電話：01 42 36 65 65
價格：45分鐘按摩80€起

MAP：P121

特色美食

Café Étienne Marcel (艾汀馬歇爾咖啡館)

©Paris Tourist Office/David Le Franc

復古白塑膠椅是艾汀馬歇爾咖啡館的招牌

時尚圈的最愛

在時髦又重設計感的本區，一間風格雅痞的咖啡館是少不了的，Isa便很愛這間有著復古造型白塑膠座椅的咖啡館，在附近工作的午休便常到這邊喝杯咖啡。屬於向來以華麗設計風格聞名的Costes集團，充滿色彩的現代裝潢、隨興慵懶的音樂，加上Douglas Deeds於70年代所設計的白塑膠椅、不規則形狀的吧台、垂吊黑色電線的吊燈，完全迎合了附近時尚人士追求時髦的需要，坐在這裡一下午畫時裝草圖，也不會有人趕你。一向為時尚圈寵兒的艾汀馬歇爾咖啡館，在電影《Sex & City 2》上映時便曾將整座咖啡館改裝，可品嚐雞尾酒外，還教你如何穿高跟鞋走路和作杯子蛋糕呢！

Data 地址：34, rue Étienne Marcel 75002 Paris
電話：01 45 08 01 03
營業時間：週一～日09:00～02:00
價位：咖啡3€
前往方式：地鐵站Étienne Marcel出口，沿Rue Étienne Marcel往西走5分鐘即可抵達
MAP：P121

Stohrer

王室御廚甜點鋪

路易十五的王妃自家鄉波蘭帶來御廚 Nicolas Stohrer，他在1730年離開皇宮後，在蒙特格尤大街開立此店鋪，現今已成為出名的外燴甜點店，連英國女王都曾光臨。最出名的甜點是添加了蘭姆酒的蛋糕「蘭姆芭芭」(Baba au Rhum)、吸收了馬拉加甜酒和番紅花香氣的「阿里巴巴」(Alibaba)蛋糕，讓人吃完有微醺的感覺！不喜歡酒味的話，也有香草焦糖千層派「愛之泉」(Puits d'Amour)，或以開心果馬卡洪中夾奶油及覆盆子的「安納塔爾」(Anathares)甜點可選擇。想吃點熟食的話，擅長王室料理的Stohrer最拿手各式冷盤如鮭魚派，龍蝦沙拉、干貝塔、鵝肝醬，看起來都非常的誘

Stohrer招牌
的藍姆芭芭

人！可以外帶食用。Isa覺得Stohrer不像其他名氣大的甜點鋪樹大招搖，這裡始終保留著一份老店的親切感，食物也真的好吃沒話說，每年正月要吃的國王蛋糕(Galette des Rois)Isa都會來這裡買呢！

Data 地址：51, rue Montorgueil 75002 Paris
電話：01 40 39 07 36
營業時間：週一～日07:30～20:30
前往方式：地鐵站Étienne Marcel出口，沿Rue Étienne Marcel往西步行至Rue Montorgueil右轉步行1分鐘即可抵達
MAP：P121

Stohrer的外燴餐點也相當可口

Paris-Moscou

巴黎莫斯科零距離

　　這是一間小而精緻的俄羅斯風味餐廳，不到20個座位總是很快就被佔滿了，餐廳內保留了古老的石牆裝潢，用餐氣氛熱絡，老闆很有耐心的跟你解釋每道用心而道地的俄國菜，Isa第一次到這裡用餐時，便感到份外貼心，是讓人想再度光臨的地方。這裡的基輔式雞排(Escalope à la Kiev)就跟在莫斯科吃到的一樣好吃！史托戈諾夫燴牛肉(Bœuf Strogonoff)也相當有家庭風味而美味。中午提供前菜、主菜、甜點任意的平價組合。

基輔式雞排配上蔬菜與米飯

作為前菜的豌豆冷湯

Data 地址：37, rue Mauconseil 75001 Paris
電話：01 42 36 91 18
營業時間：週一～六12:00～22:00，週日休息
價位：中午前菜+主菜套餐10.8€
前往方式：地鐵站Étienne Marcel出口，沿Rue Étienne Marcel往西步行至Rue Française左轉，至Rue Mauconseil右轉步行1分鐘即可抵達
MAP：P121

L'Ambassade d'Auvergne

奧弗涅鄉村料理

　　這間位於龐畢度中心附近的「奧弗涅大使館」法式料理餐廳是Isa心中的Top list前幾名，不管是生日Party、歡送會或值得慶祝的大小事情，到這裡來和朋友享受法國中部高地奧弗涅料理和美酒每次都讓人難忘。這裡的名菜「阿里勾」(Aligot)，是一種加入乳酪和蒜味調味的馬鈴薯泥，配上鴨胸或香腸都美味極了，小酌順口的紅酒，古老石壁的氛圍、燭光搖曳下，就像來到鄉村裡熱情且好客的老太太家一樣。記得預約。

香煎鴨胸配上阿里勾，一等一的美味

Data 地址：22, rue du Grenier Saint-Lazare 75003 Paris
電話：01 42 72 31 32
營業時間：週一～日12:00～14:00，19:30～22:00
價位：鴨胸配阿里勾16€
前往方式：地鐵站Étienne Marcel出口，沿Rue aux Ours往東走5分鐘即可抵達
MAP：P121

侍者示範將加入起士的馬鈴薯泥拉得又細又長

Berko

可愛又美味的杯子蛋糕

　　自從影集《Sex and City》帶動紐約的杯子蛋糕熱潮，巴黎也跟上了這股風氣，並利用法式美學塑造出更精緻、誘人的可口杯子蛋糕！1988年創立，位在龐畢度中心旁的糕點店Berko，便在幾年前開發出各式各樣精緻漂亮的杯子蛋糕，小巧的店鋪內共有香蕉、開心果、焦糖、玫瑰、軟糖、巧克力、紫蘿蘭、餅乾等多達36種以上的口味讓人眼花撩亂難以選擇！除此之外，各式各樣的起士蛋糕也很美味。就來這裡品嘗各式各樣美味又好看的杯子蛋糕吧！

Berko小巧迷人
的杯子蛋糕

Data
地址：23, rue Rambuteau 75004 Paris
電話：01 40 29 02 44
營業時間：週二～日11:30～20:00
價位：杯子蛋糕2€
前往方式：地鐵站Étienne Marcel出口，沿Rue aux Ours往東至Rue Beaubourg右轉，直行至Rue Rambuteau左轉；或地鐵站Rambuteau出口R. Rambuteau，沿Rue Rambuteau往東走1分鐘即可抵達
MAP：P121

Berko的店內有各式各樣的蛋糕外帶和內用

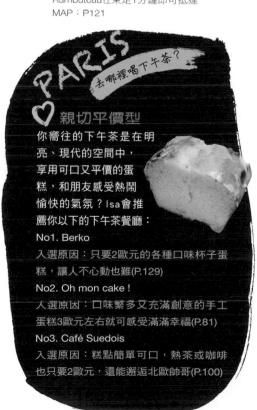

♥ PARIS 去哪裡喝下午茶？

♥ 親切平價型

你嚮往的下午茶是在明亮、現代的空間中，享用可口又平價的蛋糕，和朋友感受熱鬧愉快的氣氛？Isa會推薦你以下的下午茶餐廳：

No1. Berko
入選原因：只要2歐元的各種口味杯子蛋糕，讓人不心動也難(P.129)

No2. Oh mon cake！
入選原因：口味繁多又充滿創意的手工蛋糕3歐元左右就可感受滿滿幸福(P.81)

No3. Café Suedois
入選原因：糕點簡單可口，熱茶或咖啡也只要2歐元，還能邂逅北歐帥哥(P.100)

Réaumur-Sébastopol　Étienne Marcel　Les Halles　**Châtelet**　Cité　Saint-Michel　Odéon

M ③ 　 RER A B D 　 ✈ CDG Orly 　 M ① ⑦ ⑪ ⑭ 　 RER C 　 M ⑩

Châtelet

夏特雷站

🖋 Isa的旅遊筆記

位於羅浮宮與市政廳之間，緊臨塞納河和西堤島，夏特雷
站無疑是市中心最熱鬧的區域，夏特雷與市立劇院分別
矗立在夏特雷廣場兩旁，為本區帶來濃厚的藝文氣息。
Châtelet的法語原意為小城堡，因12世紀時這裡曾有座小
城堡，掌管南北進出的交通。希佛里路(Rue de Rivoli)是本
區最好逛的血拼之路，聚集了絕大多數法國年輕人喜愛的
流行品牌如Zara、H&M、Mango、
Etam、Célio、Pimkie……可一路
逛到市政府、瑪黑區呢！

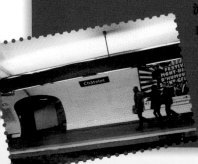

巴黎達人 3 大推薦地

Isa最愛
夏特雷劇院

以選播古典音樂擅長的劇院時有表演演出,就買張音樂會的票來度過一個文藝的巴黎夜晚!

(見P.133)

遊客必訪
Kong

位在Kenzo總部頂樓,Philippe Starck所設計的景觀餐廳,讓你遠眺塞納河、享受創意料理!

(見P.136)

巴黎人推薦
Yves Rocher

Céline・22歲・商學院學生

以天然植物萃取的法國保養品品牌,舒適而自然!瓶身設計也很環保!

(見P.135)

夏特雷站街道圖

遊賞去處

聖賈克塔
Tour St.-Jacques

中世紀的哥德高塔

　　希佛里路上這座高58米的哥德式塔樓，從遠處看經常被誤認為聖母院的一角呢！建於1509至1523年，這座塔樓為當時一座名為聖賈克教堂(St.-Jacques de la Boucherie)的塔樓。塔頂有4尊聖獸的雕像：獅、虎、鷹和牛，以及聖賈克的雕像。

 地址：39, rue de Rivoli 75004 Paris
前往方式：地鐵站Châtelet出口R. Rivoli，往東步行3分鐘
MAP：P131

歌德式的聖賈克塔，聳立在希佛里路上，500年來一直都是右岸地標，塔頂為聖賈克的雕像

夏特雷廣場上的帕爾米耶噴泉

夏特雷廣場
Place du Châtelet

充滿藝文氣息的廣場

　　夏特雷在法語裡指的是小城堡，原本這裡在12世紀時曾有座小城堡，管理由附近的交易橋(Pont au Change)往來南北的道路，廣場中央有一尊慶祝拿破崙戰爭勝利的立柱與噴泉，廣場的兩旁便是夏特雷劇院和市立劇院。這裡氣氛寧靜、舒適，就位在塞納河旁，往來都是附近的居民或趕去劇院看戲的人們。

 地址：Place du Châtelet 75001 Paris
前往方式：地鐵站Châtelet出口Pl. Châtelet即可抵達
MAP：P131

夏特雷劇院
Théâtre du Châtelet

古典音樂殿堂

1862年開幕的夏特雷劇院，和它對面的市立劇場以當代劇碼為主不同，這裡選擇上演古典音樂與歌劇為主，劇院內部以紅金色為主軸，華麗而高雅，觀眾席擁有2,500名座位。每年法國奧斯卡—凱薩獎亦在此舉行。訂票可上網預定。

 Data
地址：1, place du Châtelel 75001 Paris
電話：01 40 28 28 40
前往方式：地鐵站Châtelet出口Pl. Châtelet即可抵達
網址：www.chatelet-theatre.com
MAP：P131

劇院內部古典而優美

市立劇院
Théâtre de la Ville

當代戲劇演出園地

與夏特雷劇院分別處於夏特雷廣場的兩端，市立劇院隸屬於巴黎市政府，向來以選擇新生代、當代的戲劇、舞蹈、音樂和世界音樂節目出名，尤以世界音樂類時常邀請知名團體演出。可容納1,000名觀眾。訂票可上網預定。

市立劇場矗立在夏特雷廣場的一側

 Data
地址：2, place du Châtelet 75004 Paris
電話：01 42 74 22 77
前往方式：地鐵站Châtelet出口Pl. Châtelet即可抵達
網址：www.theatredelaville-paris.com
MAP：P131

可容納1,000名觀眾的表演場地

©Théâtre De La Ville

購物名店

Habitat

時尚又實用的生活家具

在巴黎有許多分店的Habitat是英國人Terence Conran創立於1964年，黑底白字的商標設計就帶出了品牌極簡又不失設計感的風格。以實用的生活家具、用品為主，從沙發、桌椅、地毯、枕具、到燈具、刀叉、餐盤、杯碗都讓人想帶回家！現任產品設計師為擔任日本Comme Ça Store雜貨百貨創意總監的英國知名設計師Theo Williams。

Data 地址：8, rue du Pont Neuf 75001 Paris
電話：01 53 00 99 88
營業時間：週一～六10:00～19:00，週日休息
前往方式：地鐵站Châtelet出口R. Rivoli沿Rue de Rivoli往西步行5分鐘至Rue Pont Neuf左轉；或地鐵站Pont Neuf出口沿Rue Pont Neuf步行1分鐘即可抵達
MAP：P131

到Habitat添購一些讓生活增添設計感的用品

Sephora

化妝品香水專門店

在巴黎想買化妝品或香水自用送人，Isa會推薦你到這間開架式的大型香水、化妝品店選購，

位在Rivoli路上前撒瑪麗丹百貨中的開架式化妝品、香水店Sephora

屬於全球第一大奢侈品集團LVMH，在這邊可找到法國的專櫃化妝品如Chanel、Dior、Guerlain、Givenchy、Lancome、YSL等，也可找到各式各樣的品牌香水，Sephora自有品牌商品也相當受到歡迎，眼影、口紅、粉餅甚至化妝工具都一應俱全，都可以自由試用後再購買。

Data 地址：75, rue de Rivoli 75001 Paris
電話：01 40 13 16 50
營業時間：週一～六10:00～20:00，週四至21:00
前往方式：地鐵站Châtelet出口R. Rivoli，往西步行5分鐘即可抵達
MAP：P131

Yves Rocher（伊夫黎雪植物美肌）

提倡有機的人氣品牌

在法國到處都可以看到這個以綠色為商標的保養品品牌，1959年由來自法國小鎮 La Gacilly的Yves Rocher所創立，以有機天然的植物提煉萃取，堅持不對動物實驗，連包裝也採取能分解的成份，很受到崇尚自然的法國人歡迎。分有臉部、身體護理的保

養品，以及化妝品、香水，明星商品為溫和香氣迷人的「洋甘菊潔面乳」（Pure Calmille-Gel

提倡自然有機的 Yves Rocher保養品品牌

Nettoyant）、保溼效果不錯的「保溼水嫩系列」(Hydra-Specific)和四種不同效果的水果「SOS急救面膜」。

Data 地址：104, rue de Rivoli 75001 Paris
電話：01 42 21 45 41
營業時間：週一～六10:00～20:00
前往方式：地鐵站Châtelet出口R. Rivoli，往西步行1分鐘即可抵達
MAP：P131

Kong

景觀絕佳的前衛餐廳

　　Philippe Starck的室內設計、俯瞰塞納河的美景、日式創新料理,三大要素讓時尚餐廳Kong想不紅也難!位在Kenzo總部頂樓,自2003年開幕以來一直是巴黎的時尚熱點,每季時裝週時總被編輯與模特兒塞滿,影集《Sex and the City》也曾到此出外景。廣角的玻璃天棚擁有可眺望巴黎及新橋的美景,巴洛克風格的露天陽台、吊燈、壁爐與掛畫和室內仿路易十五式的壓克力椅子、皮沙發形成現代與古典交錯的強烈風格。Isa覺得和朋友到這裡來喝杯Happy Hour的雞尾酒,氣氛挺好,若是Starck迷更要到此來過過癮。

1.由Philippe Starck設計的Kong餐廳
2.Kong餐廳以招牌有東洋風格的人臉為代表

地址:1, rue du Pont Neuf 75001 Paris
電話:01 40 39 09 00
營業時間:週一〜日12:00〜23:00,Happy Hour18:00〜20:00
價位:無酒精雞尾酒9€起
前往方式:地鐵站Châtelet出口R. Rivoli沿Rue de Rivoli,往西步行5分鐘至Rue Pont Neuf左轉;
或地鐵站Pont Neuf出口沿Rue Pont Neuf,步行1分鐘即可抵達
MAP:P131

Flam's是薄披薩吃到飽的超值餐廳

Flam's

法式薄披薩餐廳

　　Flam是一種法國史特拉斯堡地方的名產，全名為Flammekueches，是一種放在長木板上送進火爐裡現烤的披薩，餅皮非常的薄，口感酥脆，經典口味例如「道地傳統」(Authentique Traditionnelle)——豬肉丁、鮮奶油配洋蔥，也有素食選擇「百分之百素食」(100% Légumes)——馬鈴薯、蘑菇、番茄，配上啤酒相當可口。Flam's連鎖餐廳適合一大群朋友聚會，因為在這邊只要點一份套餐，各種口味的薄披薩可任意吃到飽！中午的前菜配上薄餅套餐也相當划算。

道地傳統口味薄披薩

Data
地址：62, rue des Lombards 75001 Paris
電話：01 42 21 10 30
營業時間：週日～四11:45～00:00，週五～六11:45～23:30
價位：前菜+薄披薩吃到飽11.2€，中午前菜或甜點+薄披薩套餐8.7€
前往方式：地鐵站Châtelet出口R. Rivoli沿Rue de Rivoli往東至Rue St.-Denis左轉，直行至Rue des Lombards左轉即可抵達
網址：www.flams.fr
MAP：P131

Étienne Marcel　Les Halles　Châtelet　**Cité**　Saint-Michel　Odéon　Saint-Germain-des-Prés

Les Halles: RER Ⓐ Ⓑ Ⓓ ✈ CDG Orly
Châtelet: Ⓜ ① ⑦ ⑪ ⑭
Saint-Michel: RER Ⓒ
Odéon: Ⓜ ⑩

Cité
西堤島站

✎ Isa的旅遊筆記

1910年開站，西堤島站是島上唯一的地鐵站。為使列車通過塞納河河底的隧道，地鐵站建築在深入地下20公尺的地方，這也是為何車站出入口都設有電梯，方便行人出入。

迷人的西堤島是巴黎最引人入勝的地方之一，宏偉的聖母院坐鎮島上，是必定參觀的重點；司法大廈、古監獄與聖禮拜堂則帶你回味歷史痕跡；綠林盜公園、太子廣場則是河岸旁最美麗的綠地；沿著西堤島走到另一座河心島聖路易島，到島上享用美味的冰淇淋，是夏天絕對不可錯過的事情喔！

巴黎達人 **3** 大推薦地

Isa最愛
太子廣場
靠近司法大廈，一處寧靜無人的三角形廣場，四周均是古典建築，非常適合散步與休憩。（見P.144）

遊客必訪
聖母院
中世紀的建築傑作、西堤島上的永恆人氣地標！爬上北塔眺望風景是來巴黎的Must do！（見P.140）

巴黎人推薦
Berthillon
Isabelle・鋼琴教師

夏天就要到聖路易島吃法國的天然冰淇淋，各式水果口味都很誘人！（見P.145）

西堤島站街道圖

Pont Neuf

夏特雷站
Châtelet

11號線

夏特雷劇院
Théâtre du
Châtelet

聖賈克塔
Tour
St.-Jacques

市政廳站
Hôtel de Ville

綠林盜公園
Square du
Vert-Galant

新橋
Pont Neuf

市立劇院
Théâtre de
Ville

Rue de Rivoli　1號線

聖保羅站
St.-Paul

夏特雷廣場
Place du
Châtelet

巴黎市政廳
Hôtel de Ville

Rue de Lobau

太子廣場
Place
Dauphine

古監獄
Conciergerie

西堤島站
Cité

7號線

Rue de Fourcy

聖禮拜堂
Sainte-Chapelle

司法大廈
Palais justice

出口

Rue d'Arcole

塞納河 La Seine

Le Trumilou Rue de l'Hôtel de Ville

14號線

Ze Kitchen
Galerie

Rue des Grands Augustins

Rue Séguier

聖米歇爾站
St.-Michel

4號線

Rue de la Cité

西堤島
Île de Cité

Rue du Cloître Notre Dame

Pont Marie

聖米歇爾廣場
Place
Saint-Michel

Shakespeare
&Co.

Café
Le Petit Pont

聖母院
Cathédrale
Notre Dame de Paris

Quai de Bourbon

Rue St.-Louis en l'Île

Quai d'Anjou

10號線

Boulevard St.-Germain

La Fourmi Ailée

Amorino

Berthillon

聖路易島
Île St.-Louis

Rue Poulletier

Cluny-
La Sorbonne

Rue St.-Jacques

Boulevard Saint-Michel

Maubert-
Mutualité

Quai de la Tournelle

Le Tour
d'Argent

聖母院
Cathédrale Notre Dame de Paris

西堤島上的精神指標

　　矗立在西堤島上的聖母院，是巴黎的代表名勝之一，也是巴黎最優美的地方，到這裡走走，再煩心的事情好像都能平靜下來！建造近千年的聖母院，由巴黎主教蘇里

爬上塔樓可就近觀看造型奇特的吐水獸

聖母院的入口

東側是觀賞飛扶壁最佳的角度

(Maurice de Sully)奠基於1160年，陸續花了180幾年才將這座哥德式教堂建成，歷代君王的加冕儀式或名人的婚禮、葬禮都在此舉行，最出名的包括1804年拿破崙在此自行加冕為王，替約瑟芬加冕為后、戴高樂將軍在此進行國葬。

聖母院的門口共有三道門，左為聖母瑪麗亞門，中央則是有著「最後的審判」雕刻的耶穌門、右為聖母之母聖安娜門，三道門上方有28座以色列及猶太國王的雕像。進入高挑的內部，可參觀達10米寬13世紀彩繪玻璃的玫瑰窗，北面的描繪了聖母及舊約聖經的人物，南面的則是耶穌為聖女、聖徒環繞的景象。沿著387階階梯，可抵達聖母院北塔頂端著名的眺望台，就近觀看造型奇特的吐水獸(Gargouille)，以及小說《鐘樓怪人》的那口大鐘，雖然時常要排好長的隊伍，但Isa相當推薦有空的話上去看看喔！

耶穌門上的精采浮雕

Data
地址：Place du Parvis-Notre-Dame 75004 Paris
電話：01 42 34 56 10
營業時間：教堂週一～五08:00～18:45，週六～日08:00~19:15，塔樓4～9月週一～日10:00～18:30，6月、8月週末至23:00
門票：教堂免費，塔樓全票8€，12～25歲5€，適用博物館卡
前往方式：地鐵站Cité出口廣場Place Louis-Lépine，往後方沿Rue de la Cité步行1分鐘即可抵達
MAP：P139

聖禮拜堂
Ste.-Chapelle

聖巧靈潔的中世紀瑰寶

　　法王路易九世建於1248年的聖禮拜堂，位於司法大廈的圍牆內，這裡舊時曾為王宮，聖禮拜堂便是當時王宮貴族作禮拜的地方。路易九世建造聖禮拜堂的目的是為了保存向君士坦丁大帝買來的聖物——耶穌荊冠及十字架碎片，據說其價值比建造聖禮拜堂的費用還高出3倍！現已轉存於聖母院的寶物室中。虔誠的路易九世是法國歷代君王少數被冊封為聖人的國王，他建造了偉大的聖禮拜堂，自己卻甘願長眠在聖路易島上的小教堂內。

　　聖禮拜堂可分為上禮拜堂和下禮拜堂，上禮拜堂給國王和貴族使用，下禮拜堂則給其僕人使用。上禮拜堂中15道世界最大、巴黎最古老的彩繪玻璃，隨光線變化閃爍，描繪聖經中1,100多篇故事，是聖禮拜堂最吸引人的地方，能在陽光下欣賞最出色。

Data 地址：6, bd. du Palais 75001 Paris
電話：01 53 40 60 80
營業時間：3～10月週一～日09:30～18:00，11～2月週一～日09:00～17:00
門票：全票8€，12～25歲5€，與聖禮拜堂聯票全票10€，12～25歲8€，適用博物館卡
前往方式：地鐵站Cité出口廣場Place Louis-Lépine即可抵達
MAP：P139

上禮拜堂精彩的彩繪玻璃

給僕人使用的下禮拜堂

古監獄
La Conciergerie

舊時革命的見證

位在西堤島的中心，與司法大廈相連，這座建築曾是10～14世紀時法國王宮所在地，底層大廳有哥德式的穹頂，十分壯觀。

自塞納河眺望，可見三座中世紀的古塔，分別是凱薩塔(Tour César)、銀塔(Tour d'Argent)和龐貝塔(Tour Bombec)。在14世紀法國王室遷移到羅浮宮後，這座宮殿便改建為監獄羈押囚犯。法國大革命時期在此設立革命法庭審判犯人，並成了「斷頭台前廳」，要被送上斷頭台前的囚犯都被監禁在此，例如路易十六的皇后瑪麗‧安東奈特就在這裡度過了她生平最後的3個月。20世紀初期作為歷史古蹟開放以後，在監獄牢房裡設置了蠟像，讓訪客能更真實地感受當時的情況。

 Data
地址：2, bd. du Palais 75001 Paris
電話：01 53 40 60 80
營業時間：週一～日09:30~18:00
門票：全票7€，12~25歲4.5€，與聖禮拜堂聯票全票11€，12～25歲7.5€，適用博物館卡
前往方式：地鐵站Cité出口廣場Place Louis-Lépine即可抵達
MAP：P139

綠林盜公園
Square du Vert-Galant

坐擁塞納河美景的三角綠地

在西堤島的西邊尖端有一處三角形的公園，不時有人在此休憩、野餐，便是綠林盜公園，它是法王亨利四世的暱稱，這位受到人民愛戴的國王，在1610年於右岸被狂熱份子刺殺，在新橋上便有一尊亨利四世的雕像，俯瞰著下方綠意盎然的公園。

 Data
地址：Square du Vert-Galant 75001 Paris
前往方式：地鐵站Cité出口廣場Place Louis-Lépine，沿河岸Quai de l'Horloge往西走至西堤島尖端的新橋Pont Neuf，循橋上的樓梯往下走至公園；或地鐵站Pont Neuf沿新橋Pont Neuf下樓梯即可抵達
MAP：P139

太子廣場
Place Dauphine

與世無爭的寧靜之處

　　這一處美得讓人屏息的廣場，是Isa最喜歡的巴黎之一。這一塊三角形廣場上沒有甚麼氣派或有名的雕像，只是一棟棟奧斯曼式的古典建築，黃昏後點上燈，可以窺見居民的日常，中央是一處公園，偶爾有人在此閱讀，或小孩堆著沙堡，一切是如此自然愜意，不為了吸引誰的到來而存在，如此的風格獨具，便是Isa鍾愛的原因。這塊廣場是亨利四世送給兒子路易八世的禮物，廣場與許多建築都列入歷史遺跡。

寧靜而無人喧擾的太子廣場

 地址：Place Dauphine 75004 Paris
前往方式：地鐵站Cité出口廣場Place Louis-Lépine，沿河岸Quai de l'Horloge往西走至Rue de Harlay左轉，步行1分鐘即可抵達
MAP：P139

新橋
Pont Neuf

巴黎最古老的橋

　　由亨利三世於1578年下令建造的新橋，卻是巴黎最古老的一座橋，稱為新橋是因為原先巴黎的橋上都蓋有房屋，而新橋是第一座沒有房子蓋在上面的路橋。共有12個半圓「橋墩」，而橋身上外凸的半圓形石椅，

巴黎最古老的「新橋」

是時尚攝影師喜愛外拍的地點之一，配上古典路燈在這裡拍照的確相當有巴黎風情，講述半盲富家女與流浪漢相戀的電影《新橋戀人》，故事便發生在這座橋上。

 地址：Pont Neuf 75001 Paris
前往方式：地鐵站Cité出口廣場Place Louis-Lépine，沿河岸Quai de l'Horloge往西走至西堤島尖端的新橋Pont Neuf；或地鐵站Pont Neuf沿新橋Pont Neuf下樓梯即可抵達
MAP：P139

特色美食

Berthillon

總統也愛的貝提雍冰淇淋總店

法國原產的冰淇淋品牌Berthillon由Raymond Berthillon創立於1954年，在巴黎各地的小攤或餐廳、可麗餅店都可見到這種品牌的冰淇淋，然而若想感受古老的原味，還是得到聖路易島上的總店裡

在Berthillon西堤島本店坐下來享用雙色冰淇淋最過癮

坐下來享用。據説愛好美食的戴高樂總統每週都到這裡報到，享用美味的法式冰淇淋！貝提雍以各種季節性的水果入味製成天然的冰淇淋(Glace)，經典口味如巧克力、香草或開心果，以及清爽的冰砂(Sorbet)，草莓是創業以來未曾變過的老口味。它們家的冰淇淋口感清爽，配上咖啡、茶及麵包、點心便能度過一個愉快的巴黎下午！

Data
地址：29-31, rue St.-Louis en l'Île 75004 Paris
電話：01 43 54 31 61
營業時間：週三～日10:00～20:00，週一、二休息
價位：冰淇淋2球5€
前往方式：地鐵站Cité出口廣場Place Louis-Lépine，自西堤島經聖路易橋步行至聖路易島，沿Rue St.-Louis en l'Île步行5分鐘；或地鐵站Pont Marie出口沿Pont Marie橋直走到Rue Sl. Louis en l'île左轉即可抵達
網址：www.berthillon.fr
MAP：P139

Amorino

義大利冰淇淋

商標為一個小天使的Amorino冰淇淋是Isa最推薦的巴黎冰淇淋店，除了本身比較偏好加入牛奶的義式冰淇淋作法，這邊不管多少口味任選都一樣價錢，店員還會替你作成一朵花瓣形狀更是讓人賞心悦目！這裡多達30種的冰淇淋採用上乘原料每日現作，Isa喜歡

Amorino的冰淇淋可任選口味外，還可作成花朵形狀外觀

甜口味，因此每次必點開心果(Pistacchio)、餅乾(Speculoos)、焦糖(Crem Caramel)，喜歡酸口味的人不妨試試檸檬(Lirnone)、覆盆子(Lampone)。除了冰淇淋，Amorino也販售許多義式雜貨，例如各式巧克力、糖果，還有，Isa也會到這裡買每年新年時節義大利人都要吃的Panettone蛋糕喔！

Data
地址：47, rue St.-Louis en l'Île75004 Paris
電話：01 44 07 48 08
營業時間：週一～日12:00～00:00
價位：冰淇淋小杯3.5€
前往方式：地鐵站Cité出口廣場Place Louis-Lépine，自西堤島經聖路易橋步行至聖路易島，沿Rue St.-Louis en l'Île步行5分鐘；或地鐵站Pont Marie出口沿Pont Marie橋直走到Rue St.-Louis en l'Île右轉即可抵達
網址：www.amorino.com
MAP：P139

Les Halles　Châtelet　Cité　**Saint-Michel**　Odéon　Saint-Germain-des-Prés　Saint-Sulpice

(RER) (A) (B) (D)　(M) **1** **7**　(RER) (C)　(M) **10**

CDG Orly　**11** **14**

Saint-Michel

聖米歇爾站

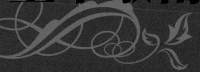
Isa的旅遊筆記

聖米歇爾站是前往巴黎「拉丁區」的主要地鐵站,附近索邦大學、法蘭西學院、巴黎美院、礦業學院、高等師範學院等名校群聚,學生與教授出沒於附近的咖啡館與餐廳,以拉丁語為語言讓商家也得說起拉丁文,因此有了拉丁區的稱號。1968年法國爆發最大的學運,學生佔領索邦大學,使這裡成為遊行的指標地點,2006年反對首次雇用契約(CPE)的重大遊行,學生也再度封鎖了索邦大學。位在校區附近的聖米歇爾站,類似台北師大商圈,能找到許多平價而美味的餐廳以及值得一逛的商店。

巴黎達人 ③ 大推薦地

Isa最愛
La Fourmi Ailée

復古而充滿書香的人氣茶沙龍！到此享用手工蛋糕或道地法式料理絕對讓你度過一個難忘的時光！

（見P.150）

遊客必訪
聖米歇爾廣場

位塞納河畔、有座聖米歇爾天使雕像噴泉的廣場，四周盡是書店、商店，始終是本區人氣最旺的約會地點。

（見P.148）

巴黎人推薦
Café le Petit Pont

Jean-Paul·
30歲·設計師
下班後和朋友到小橋咖啡館喝一杯，欣賞聖母院夜景相當動人！（見P.151）

聖米歇爾站街道圖

遊賞去處

聖米歇爾廣場
Place St.-Michel

遊客如織的交會點

　　這裡是巴黎最熱鬧的地點之一，廣場上一座聖米歇爾天使獵殺惡魔的雕像噴泉，是相約碰頭的好地點。沿著河岸走，有許多存在了4個世紀以上的綠色頂棚舊書商，販售古老的書籍、雜誌、畫作，你可以跟他們購買些老舊明信片與小紀念品作為伴手禮；散步時也別忘了跟塞納河上的遊船旅客揮揮手，這裡也是與聖母院合照的良好角度。

廣場上的聖米歇爾雕像噴泉是約會見面的地點

 地址：Place St.-Michel 75005 Paris
前往方式：地鐵站Saint Michel出口2即可抵達
MAP：P147

購物名店

Shakespeare & Company (莎士比亞書店)

譜出自己的浪漫情節

　　推開老舊的木門，在整排書櫃上歪斜不整的各色書本中挑出一個喜愛的封面，輕輕地翻頁，一邊在昏黃的燈光下嗅著1921年以來不斷的書香。會到莎士比亞書店來的人，多半都想像且喜愛著這種不為人知的偶遇。初到巴黎的海明威，在此接受創辦人Sylvia Beach的救濟，後來寫出了《流動的饗宴》；電影《愛在日落巴黎時》(Before Sunset)，伊森霍克與茱莉蝶兒在邂逅10年後重逢，故事便從這裡開始。或許你也會在

這間富有歷史痕跡的書店裡找到，屬於你的，獨一無二的情節。

 地址：37, rue de la Bûcherie 75005 Paris
電話：01 43 25 40 93
營業時間：週一～五10:00～23:00，週六～日11:00～23:00
前往方式：地鐵站Saint Michel出口1，沿河岸Quai St.-Michel往東走至小橋Petit Pont右轉，直行至 rue de la Bûcherie即可抵達
網址：www.shakespeareandcompany.com
MAP：P147

特色美食

店內裝潢藝文氣息濃厚

©Ze Kitchen Galerie

Ze Kitchen Galerie & Ze Kitchen Galerie Bis

新潮創意星級料理

　　Ze Kitchen Galerie是美食指南《Gault Millaut》票選為年度廚師的William Ledeuil所開設的餐廳，設立在以往畢卡索有過工作室的路上，餐廳也以Loft和現代藝術風格來裝潢，並搭配Starck所設計的餐桌，拿下米其林一星的創意料理，讓不少時尚饕客趨之若鶩。Ledeuil在亞洲旅行帶回了混合泰國、日本風味的創意料理，如炒菜(Plat à la Plancha)泰式小牛頰、芥末鴨、烤比目魚，配上精緻出色的擺盤，讓法國人十分欣賞。在4號的本店生意太好之後，2009年在同一條路上25號開了第二間分店Ze Kitchen Galerie Bis(KGB)，同樣提供帶有亞洲風味的新鮮料理，有空的話不妨提早訂位前去品嘗。

Data

地址：**本店**4, rue Grands Augustins 75006 Paris；**KGB分店**25, rue Grands Augustins 75006 Paris

電話：**本店**01 44 32 00 32；**KGB分店**01 46 33 00 85

營業時間：週一～五12:00～14:30，19:00～23:00，週六19:00～23:00，週六中午及週日休息

價位：中午炒菜26.5€，前菜+炒菜+甜點39€，晚上套餐80€

前往方式：地鐵站Saint Michel出口1，沿河岸Quai Grands Augustins往西走至Rue Grands Augustins左轉即可抵達

網址：www.zekitchengalerie.fr

MAP：P147

Ze Kitchen Galerie獲得米其林一星的榮譽

創新料理十分受到法國人歡迎

©Ze Kitchen Galerie

©Ze Kitchen Galerie

La Fourmi Ailée（長翅螞蟻茶沙龍）

品嘗法式傳統料理

　　離聖母院不遠的拉丁區小巷內，這間充滿書香的茶沙龍，是Isa去過便難忘的祕密約會地點！由一間舊書店改造，保留了原本天花板上的雲彩壁畫、挑高的室內牆上堆滿了古典書籍，光看著就覺得優雅。來這裡喝下午茶，點壺大吉嶺配上手工的蘋果塔(Tarte aux Pomme)或火山巧克力(Fondant au Chocolat)；道地的法式餐點也令人讚嘆，簡單的鹹派(Quiche)、沙拉適合小胃口，白汁燉小牛肉(Blanquette de Veau)、燉羊膝(Souris d'Agneau)則推薦給想體驗傳統料理的人。

傳統料理中相當有名的烤羊膝

 地址：8, rue du Fouarre 75005 Paris
電話：01 43 29 40 99
營業時間：週一～日12:00～00:00
價位：每日主餐9.5€，茶3.6€
前往方式：地鐵站Saint Michel出口1，沿河岸Quai St.-Michel往東走至Rue Lagrange右轉，直行至Rue du Fouarre右轉即可抵達
MAP：P147

La Tour d'Argent（銀塔餐廳）

以血鴨聞名的老字號

　　1582年開業的銀塔，是超過400年的出名餐廳，以香檳區白石材、雲母貼牆的塔樓，在陽光下閃閃發光仿若銀漆，便稱為銀塔。歷史輝煌的銀塔，曾是國王愛去的餐廳，亨利四世便經常在狩獵後到此享用燉雞和鷺肉醬，拿破崙三世也愛到此與情婦幽會。20世紀轉手Fédéric Delair，他創出知名的菜色「銀塔血鴨」(Caneton Tour d' Argent)，以羅亞爾河17世紀起便聞名的鴨子作為食材，沾上以特殊方式榨出骨髓、烈酒調配的醬汁，香濃味美，每隻鴨子都會打上編號，至今已賣出超過一百萬隻。儘管曾經風光一時，目前米其林評比已從三星降為一星，卻絲毫不減遊客的興致，在六樓的高樓飽覽塞納河美景和享用血鴨料理，仍是Isa認為在巴黎難得的體驗。

©Tour d'Argent

銀塔最出名的血鴨料理

在銀塔餐廳的對面設有一間銀塔商店，販售各式各樣的銀塔自製商品，例如鵝肝鴨肉醬(9.5€)、松露橄欖油(12€)、果醬(6€)等，用餐完帶點伴手禮回家懷念也是不錯的選擇喔！

銀塔對面的商店販售自家各式各樣的伴手禮

Data
地址：15-17, Quai de la Tournelle 75005 Paris
電話：01 44 58 10 28
營業時間：週二晚上～日12:00～14:15，19:30～22:30，週一、二中午休息
價位：中午套餐80€，可以套餐價加價98€將主菜換成招牌血鴨；晚間套餐180～200€，血鴨單點140€
前往方式：地鐵站Saint Michel出口1，沿河岸Quai St.-Michel往東走10分鐘至Quai de la Tournelle；或地鐵站Pont Marie出口沿橋Pont Marie直行過橋後即可抵達
網址：www.latourdargent.com
MAP：P147

Café le Petit Pont (小橋咖啡館)

在露天座位賞美景

　　面對聖母院、緊鄰莎士比亞書店，小橋咖啡館是巴黎最熱門的露天咖啡座地點之一，全年無休的露天座位(冬天裝設暖氣)，就為了滿足巴黎人喜愛坐在街頭看人群喝咖啡的習慣！超長的營業時間，讓你從早餐、午餐、下班後、晚餐與夜晚party都能在此度過！比起左岸打著知識份子名號的花神咖啡館，Isa比較喜歡這裡依偎著塞納河畔的氣氛與眺望聖母院的美景，參觀聖母院以後不妨就沿著河上最古老的小橋，到此來休息一下，喝杯啤酒，逗趣的服務生肯定會跟你開個無厘頭的玩笑。

小橋咖啡館全年無休的露天座位深得巴黎人喜愛

Data
地址：1, rue Petit Pont 75005 Paris
電話：01 43 54 23 81
營業時間：週一～日06:00～04:00，週四、六晚間DJ進駐播放House音樂
價位：咖啡2€，啤酒6€，雞尾酒9€，Happy Hour16:00～20:00大杯啤酒5€，小杯3.1€
前往方式：地鐵站Saint Michel出口1，沿河岸Quai St.-Michel往東走全小橋Petit Pont右轉即可抵達
MAP：P147

PARIS 去哪裡過Happy Hour？

♡ 啤酒屋

到巴黎自然要感受一下在啤酒屋或露天咖啡館喝點小酒的氣氛，Isa會推薦你以下的酒吧街或啤酒屋：

No1. Rue de Lappe
入選原因：巴士底是著名的夜生活區，拉普街則是巴士底的中心(P.108)

No2. Indiana Café
入選原因：Happy Hour時段小杯啤酒只要2.3歐元(P.107)

No3. Café le Petit Pont
入選原因：面對聖母院的美景和全年無休的露天座位(P.151)

Châtelet — Cité — Saint-Michel — **Odéon** — Saint-Germain-des-Prés — Saint-Sulpice — Saint-Placide

(M) 1 7 11 14

RER C

(M) 10

Odéon

歐德翁站

Isa的旅遊筆記

歐德翁站因鄰近歐德翁劇院而得名，附近大學、咖啡館、電影院林立充滿了文藝氣息，介於聖米歇爾和聖傑曼德佩之間，離盧森堡公園不遠，這裡有巴黎第一間咖啡館——波寇柏咖啡館，巷子裡也有不少值得拜訪的甜點鋪與正統法式料理餐廳，熙來攘往的布西街上更充滿了熟食鋪和食材店，等你來發掘美味。

巴黎達人 3 大推薦地

Isa最愛
Pâtisserie Viennoise

拉丁區小巷內溫馨的糕點店，提供各式中歐蛋糕，坐下來喝杯熱茶與吃塊點心是人生享受！
(見P.159)

遊客必訪
Café Procope

巴黎第一間咖啡館，拿破崙、伏爾泰都是常客。裝潢精緻而華麗，到此喝杯咖啡感受一下氣氛！
(見P.157)

巴黎人推薦
Vanessa Bruno

Angélina・23歲・上班族

很受到巴黎人喜愛的法國品牌，簡單而有質感，好想要一個亮片包喔！(見P.156)

歐德翁站街道圖

Café la Palette
Isabel Marant
Le Wagg
Ze Kitchen Galerie
Rue des Grands Augustins
Sonia Rykiel
聖傑曼德佩教堂
Eglise Saint Germain des Prés
Café Germain
Taschen Store
Rue de l'Anc'en Comédie
聖米歇爾站
Saint-Michel
Boulevard Saint-Germain
聖傑曼德佩站
Saint-Germain des Prés
Rue de Buci
Da Rosa
Rue Saint-André des Arts
聖米樹爾廣場
Place Saint-Michel
Rue du Dragon
Cococook
Eric Kayser
Café Procope
City Pharma
Mabillon
Rue de Seine
歐德翁站
Odéon
4號線
Rue de Rennes
Rue du Four
Les 3 Marchés de Catherine B.
出口1
R. de l'école Médecine
10號線
Rue du Four
聖許畢斯站
Saint-Sulpice
Gérard Mulot
出口2
Carrfour de l'Odéon
Rue des Écoles de Médecine
Boulevard Saint-Michel
Cluny-La Sorbonne
Pierre Hermé
Rue Guisarde
Vanessa Bruno
Rue Saint-Sulpice
Pâtisserie Viennoise
American Retro
Café de la Mairie
Hervé Chapellier
聖許畢斯教堂
Église St.-Sulpice
Rue de l'Odéon
Rue de Condé
Crèmerie Restaurant Polidor
Le Bouillon Racine
Rue Racine
盧森堡公園
Jardin du Luxembourg
歐德翁歐洲劇院
Théâtre de L'Odéon
Rue de Vaugirard

遊賞去處

紀念皇后的梅迪奇噴泉

盧森堡公園
Jardin du Luxembourg

第一座開放給市民的貴族公園

　　Isa有好長一段時間住在盧森堡公園旁，時常到這裡來散步，或穿過公園到rue St.-Jacques上的餐廳吃飯，又或來回台灣時從盧森堡RER車站拖著行李箱慢慢的走回公寓。這個公園對我來說充滿了意義，日復一日，看過它冬天群樹凋零，積雪覆蓋的模樣，也看過它夏日繁花盛開、遊人如織的盛況，建於1615年的盧森堡公園，四百年以來就是這樣靜靜地穿過一個又一個世紀。

　　占地25公頃的盧森堡公園由瑪麗梅迪奇

夏日到盧森堡公園休憩是巴黎人的最愛

(Marie de Médicis)皇后所建，在丈夫法王亨利四世遭刺殺後，她想離開羅浮宮這塊傷心地，便參考故鄉佛羅倫斯波波里花園打造了盧森堡宮(Palais Luxembourg)和公園，公園

的中央有一處廣大的噴水池，巴黎人愛在有陽光的日子到此閱讀、休息，四周裝飾著以希臘神話故事人物、動物、或著名音樂家、文學家為主題的雕像。現盧森堡宮作為參議院(Sénat)使用，並有一座盧森堡博物館(Musée Luxembourg)。園中梅迪奇噴泉(Fontaine Marie de Médicis)古老而寧靜，是最漂亮的景點之一。

近天文台附近的噴泉

 地址：Jardin du Luxembourg 75006 Paris
營業時間；週一～日夏季08:15～21:45，冬季07:30～16:45
前往方式：地鐵站Odéon出口2沿Rue de Condé往南步行6分鐘；或RER Luxembourg站出口Jardin du Luxembourg即可抵達
MAP：P153

歐德翁歐洲劇院
Théâtre de l'Odéon

新古典主義劇院

　　由建築師Charles de Wailly、Marie-Joseph Peyre所打造，新古典主義的代表便是它正面壯觀的8根廊柱，瑪德蓮教堂也屬於此一風格。歐德翁歌劇院在1782年經由瑪麗皇后親手揭幕，比巴黎歌劇院還早了一百多年，是巴黎最古老的劇院之一，也是法國六座國立劇院之一，為專門接納法國喜劇演員表演的場地，在這裡演出過的名劇以1784年《費加洛的婚禮》首演最出名。走入劇院，內部更讓人感覺富麗堂皇，兩道階梯分別自左右帶領客人往上走進表演廳，紅底鑲金並有許多天使雕像，相當華麗貴氣。圖頂有著畫家André Masson替劇院所繪製的壁畫，以阿波羅為主題，加入戲劇中的知名主角。擁有可容納800名觀眾的座位席。

 地址：25 rue Corneille 75006 Paris
電話：01 43 54 41 04
營業時間：週一～六10:30～19:30，週日休息
前往方式：地鐵站Odéon出口2沿Rue de l'Odéon往南步行1分鐘
網址：www.theatre-odeon.fr
MAP：P153

購物名店

極簡又奢華是巴黎人喜愛Vanessa Bruno的原因

Vanessa Bruno

廣受歡迎的亮片包,是巴黎女孩都想擁有的一個包

以亮片包熱銷全球的法國設計師

創立於1992年,極簡又奢華的風格是法國設計師Vanessa Bruno受到歡迎的原因。鑲上各色亮片的「亮片包」(Sac Cabat Pailleté) (黑色M號75€)是全球熱賣的暢銷包款,在巴黎街頭可發現許多亮片包的蹤跡!這種肩揹或手提都行的手提包原本就很受歡迎,設計師將邊條飾上亮片後,既簡單又不失華麗的風格,很對巴黎人的味,有帆布、皮革款以及裝上卯釘的搖滾版,與任何款式衣服都好搭。品牌廣受喜愛後,Vanessa Bruno並在1995年成立了副牌Athé,一樣是走簡約風格而更適合年輕女孩。

Data 地址:25, rue Saint-Sulpice 75006 Paris
電話:01 43 54 41 04
營業時間:週一~六10:30~19:30,週日休息
前往方式:地鐵站Odéon出口2沿Rue de Condé至Rue St.-Sulpice右轉步行1分鐘即可抵達
網址:www.vanessabruno.com
MAP:P153

Taschen Store

以設計書店聞名

這間德國出版社出版了許多與設計、時尚、建築、攝影、藝術、電影相關的書籍,主題時常是值得收藏的如兩百位當代服裝設計師、當今的設計或藝術家或各大城市的室內裝潢。在Buci街的巴黎分店請來Philippe Starck設計,以深色作為主色,並用燈光及帶有異國情調的裝飾物件,帶出極簡而低調的風格,讓人可以不被打擾、安心挑選一本喜愛的書。書店附近四處是熱鬧的酒吧、商店與熟食鋪、餐廳,Isa喜愛週末到這裡和朋友小酌,然後到營業至深夜的Taschen Store找尋一點靈感。

Taschen Store出版一系列和設計、時尚有關的書籍

 Data 地址:2, rue de Buci 75006 Paris
電話:01 40 51 79 22
營業時間:週一~四11:00~20:00,週五~六11:00~00:00,週日休息
前往方式:地鐵站Odéon出口2沿Rue de l'Ancienne-Comédie直走至Rue de Buci左轉即可抵達
MAP:P153

特色美食

Café Procope（波寇柏咖啡館）

巴黎最古老咖啡館

　　波寇伯咖啡館由義大利人Francesco Procopio dei Coltelli創立於1686年，是巴黎第一間咖啡館，和巴黎其他幾間名氣過於響亮的咖啡館比如花神、雙叟、丁香園相比，

門口左側有一頂拿破崙留下抵咖啡錢的軍帽

Isa認為這裡的氣氛、裝潢與用餐品質都屬上乘，水晶吊燈、棗紅沙發與鑲金衣帽杆、大理石桌鋪陳出的巴黎情調特別迷人。門口左手邊展示著一頂將軍帽，是當年拿破崙年輕時沒有咖啡錢留下來抵押的，18世紀時作家伏爾泰、思想家丹頓、羅伯斯比爾、富蘭克林都是常客，大革命時期也是活躍的知識分子聚集場所。

 Data　地址：13, rue de l'Ancienne-Comédie 75006 Paris
　　　　　電話：01 40 46 79 00
　　　　　營業時間：週一～日10:30~~01:00
　　　　　價位：咖啡3€
　　　　　前往方式：地鐵站Odéon出口2沿Rue de l'Ancienne-Comédie步行1分鐘即可抵達
　　　　　MAP：P153

Da Rosa

地中海風情食材店

　　在這裡你可以找到西班牙Ibérico火腿、米其林名廚Olivier Roellinger香料、Luberon產的松露、魚子醬等上等食材，都有現切

外帶的服務，連五星級酒店Le Meurice、Costes、Hélène Darroze、L'Atelier Joël Robuchon餐廳都跟Da Rosa進貨。Isa會到這裡帶一些熟食和朋友去公園野餐，旅行中的你不妨也對自己好點，品嘗一些新鮮的美味！除了外帶也可坐下來享用帶有地中海風味的特餐。

 Data　地址：62, rue de Seine 75006 Paris
　　　　　電話：01 45 21 41 30
　　　　　營業時間：週一～日10:00～23:00
　　　　　價位：伊比利火腿燉飯18€
　　　　　前往方式：地鐵站Odéon出口2沿Bd St.-Germain往西走至Rue de Seine右轉步行1分鐘即可抵達
　　　　　網址：www.restaurant-da-rosa.com
　　　　　MAP：P153

Cococook

簡單、美味的法式輕食

　　歐德翁地區出入的文藝青年和知識份子對美味很是挑剔，於是Cococook這樣一間美味、快速又健康的餐廳便很快受到歡迎！這間外燴店提供了沙拉、濃湯、三明治、主菜、甜點和現榨果汁，例如時蔬沙拉(3.8€)、菠菜山羊乳酪千層派(8.5€)、雞柳配紅藜麥(9€)、冷蕎麥麵(7€)、小豆杏仁濃湯(4€)、香草蛋糕(3€)等，隨季節選用新鮮食材、用心烹調，讓你吃得有機又均衡，吃素的朋友在這裡一定可以找到喜愛的選擇。店裡有幾個小座位提供用餐，大部分巴黎人都來此外帶，或是選擇外送服務，愛護地球的Cococook還非常環保的採用腳踏車送餐的服務！

享受健康美味的輕食就到Cococook

橙花蛋糕/2€

Data 地址：64, rue de Seine 75006 Paris
電話：01 56 81 00 70
營業時間：週一～日11:00～22:30
前往方式：地鐵站Odéon出口2沿Bd St.-Germain往西走至Rue de Seine右轉步行1分鐘即可抵達
MAP：P153

Cococook外送專用的腳踏車

Pâtisserie Viennoise

中歐糕點鋪

開業於1929年位在拉丁區巷弄內的不起眼小店，卻是Isa在巴黎的幾間愛店之一。

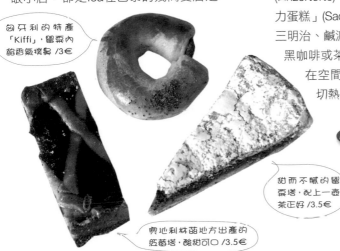

匈牙利的特產「Kiffi」，罌粟內餡香氣撲鼻 /3€

甜而不膩的罌粟塔，配上一壺茶正好 /3.5€

奧地利林茨地方出產的林茨塔，酸甜可口 /3.5€

最初和友人偶然邂逅了這間中歐糕點鋪，櫥窗上各種蛋糕吸引了我們的目光：香氣撲鼻的「匈牙利罌粟內餡甜甜圈」(Kiffi)、交叉塔皮裏紅莓醬的「奧地利林茨塔」(Linzertorte)、甜而不膩的「維也納薩赫巧克力蛋糕」(Sachertorte)都美味極了；也有手工三明治、鹹派、麵包等選擇。冬天來此喝杯黑咖啡或茶，挑幾塊可口糕點，與朋友擠在空間不大的室內聊天，氣氛頗為親切熱鬧。

Data 地址：8, rue de l'École de Médecine 75006 Paris
電話：01 43 26 60 48
營業時間：週一～五12:00～18:00，週六、日休息
前往方式：地鐵站Odéon出口1，沿Rue de l'École de Médecine步行3分鐘即可抵達
MAP：P153

Crèmerie Restaurant Polidor（波麗多餐廳）

具鄉村氣息的老餐廳

「波麗多」的外觀看來就是一間富有歷史的古老餐廳，木頭裝潢、黑底鑲金的店名招牌、手寫的花體字、溫暖的鵝黃色調裝潢配上紅白格紋的桌巾紙，富有鄉村的小調。原始店名上的Crèmerie法文指的是原本是一間賣乳製品的小店鋪，後來1890年由Froissard接手後才轉為餐廳。它的價位中等，提供典型道地的法國料理，例如蝸牛(Escargot)、紅酒燉牛肉(Bœuf Bourguignon)、功夫鴨腿(Confit de Canard)等，從1845年開始就是拉丁區教授與學生們的最愛。隔街同名的酒窖儲藏了2萬瓶法國各地葡萄酒，適合飯後到此小酌一杯。如果你想找間入門級的法式餐廳，波麗多會在Isa給你的推薦名單裡。

Data 地址：41, rue Monsieur le Prince 75006 Paris　　　電話：01 43 26 95 34
營業時間：週一～日12:00～14:45，19:00～23:30
價位：蝸牛12個16.99€，紅酒燉牛肉11€，前菜+主菜+甜點套餐22€
前往方式：地鐵站Odéon出口2沿Rue de l'Odéon左轉至Rue Monsieur de Prince步行5分鐘即可抵達
網址：www.polidor.com　　　　　　　　　　　　　MAP：P153

地鐵4號線分站導覽

磊阿勒站・艾汀馬歇爾站・夏特雷站・西堤島站・聖米歇爾站・**歐德翁站**・聖傑曼德佩站・聖許畢斯站・蒙帕拿斯站・克里雍庫爾門站

Gérard Mulot

小街坊裡的熟食天王

　　和Da Rosa位在同條路上，原是指揮家的Gérard Mulot因熱愛美食而在1975年開了這間甜點外燴店，深受巴黎人喜愛，向來有「熟食天王」的稱號，在巴黎有2間分店，日本更多達7間！這間店從櫥窗看進去就已經讓人垂涎欲滴！各式各樣精緻又誘人的蛋糕、水果派讓人好想嘗試，高高聳立的馬卡洪塔更讓你不能不注目！除了甜點以外，這

讓人食指大動的外燴店Gérard Mulot

除了熟食，這裡的甜點也相當可口

裡也有沙拉、開胃菜、三明治、鹹派、番茄凍、肉醬、鱈魚子醬等，Isa每次到店裡轉轉，看著看著肚子都餓了起來！不妨就外帶一些回旅館食用吧！

 Data　地址：76, rue de Seine 75006 Paris
電話：01 43 26 85 77
營業時間：週四～二07:00～20:00，週三休息
前往方式：地鐵站Odéon出口2沿Bd St.-Germain往西走至Rue de Seine左轉步行3分鐘即可抵達
MAP：P153

Le Wagg

新舊混合的時髦夜店

　　位在左岸精華區的WAGG，是時尚人士最愛去的夜店之一。保留著古老石牆與圓拱的原味建築，配上新潮現代的舞池、座椅，新舊混合相當時髦前衛。音

樂以House、Hip Hop、Funk為主，週日下午還有莎莎舞跳舞教學。

 Data　地址：62, rue Mazarine 75006 Paris
電話：01 55 42 22 01
營業時間：週五～六23:30～06:00，週日17:00～00:00
價位：週五～六入場費12€，週日12€含一杯飲料
前往方式：地鐵站Odéon出口2沿Rue de l'Ancienne-Comédie直行，此路與Rue Mazarine相接，3分鐘即可抵達
網址 www.wagg.fr
MAP：P153

果醬也是Eric Kayser特色之一

Eric Kayser（凱瑟麵包店）

棍子麵包招牌店

在巴黎有16處分店的Eric Kayser是Isa極為推薦的必去麵包店。曾是環法單車賽的指定麵包供應商，也曾被選為法國最佳麵包師傅，在1996年Eric建立了巴黎第一間分店，遵循著傳統製法與天然材料每日現作，讓這裡的麵包新鮮可口，就到這裡點個可頌

美味可口的Eric Kayser麵包

和咖啡開始在巴黎美好的一大吧！或是傍晚帶根剛出爐的棍子麵包回家配著紅酒燉牛肉食用。店內的招牌為「蒙莒棍子麵包」(La Baguette Monge)，以位在Rue du Monge的總店命名。

Data 地址：10, rue de l'Ancienne Comédie 75006 Paris
電話：01 43 25 71 60
營業時間：週一~六07:00～23:00，週日休息
前往方式：地鐵站Odéon出口2沿Rue de l'Ancienne-Comédie步行1分鐘即可抵達
網址：www.maison-kayser.com
MAP：P153

Café Germain（日耳曼咖啡館）

以設計感取勝

處在傳統市場、攤販、熟食鋪與餐廳人群熙來攘往的布西街(Rue de Buci)上，這間貌似古典的咖啡館，走入裡面一尊黃色被切成半身的大型雕像會讓你覺得超級現代，這是

Costes集團2009年的另一傑作：日耳曼咖啡館。一開幕便蔚為

時尚雜誌爭相報導的寵兒，室內設計師India Mahdavi所主導充滿色彩的裝潢與家具為咖啡館帶來新鮮的調性，其中一尊半身在地上，另一半身垂吊天花板的雕像「蘇菲」，則是設計師Xavier Veilhan的idea，也是咖啡館最大的特色。餐點方面除了各式沙拉和烤雞，也有在巴黎不常見的英國風炸魚薯條。

Data 地址：25-27, rue de Buci 75006 Paris
電話：01 43 26 02 93
營業時間：週一～日12:00～15:00，19:00～23:30
價位：咖啡3€
前往方式：地鐵站Odéon出口2沿Rue de l'Ancienne-Comédie直走至Rue de Buci左轉即可抵達
MAP：P153

4 號線

Cité Saint-Michel Odéon **Saint-Germain-des-Prés** Saint-Sulpice Saint-Placide Montparnasse Bienvenüe

Ⓜ RER Ⓒ Ⓜ 10 ● Ⓜ 6 12 13

Saint-Germain-des-Prés

聖傑曼德佩站

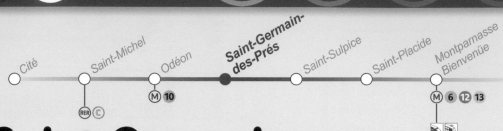

Isa的旅遊筆記

咖啡館林立的聖傑曼德佩站附近向來是知識份子喜愛討論時事的場所，比如花神、雙叟咖啡館都因沙特、西蒙波娃在此討論存在主義而聞名，附近又有法蘭西學院、巴黎美院等歷史悠久的學校，並有Sonia Rykiel、Dries Van Norten等著名設計師進駐，連Karl Lagerfeld也選擇居住此區，是左岸地區最著名的人文薈萃之處。在法國人心目中聖傑曼德佩區是永遠不退潮的指標，Pierre Hermé的甜點店與巴黎訂價最低的藥妝店City Pharma則是本區不可錯過的地點。

巴黎達人 3 大推薦地

Isa最愛
Pierre Hermé

法國當代的甜點大師左岸本店，由PH發明，含玫瑰、覆盆子、荔枝組成的Ispahan點心是必嘗推薦！（見P.168）

遊客必訪
Café la Palette

拍攝「左岸咖啡館」經典廣告的調色盤咖啡館，帶有舊時光的裝潢相當值得前去喝上杯咖啡！（見P.169）

巴黎人推薦
City Pharma

Mathieu・18歲・高中生
定價是巴黎最低、人氣超高的藥妝店，常常有特價組合！（見P.165）

Quai Malaquais

Dries Van Noten

塞納河 La Seine

綠林盜公園
Square du
Vert-Galant

新橋
Pont Neuf

Pont Neuf

Quai de Conti

太子廣場
Place
Dauphine

Rue Mazarine

Rue des Saints-Pères

Rue Jacob

Rue Bonaparte

Rue Dauphine

Debauve
& Gallais

Café la Palette

Le Wagg

Ze Kitchen
Galerie

Sonia Rykiel

聖傑曼德佩教堂
Eglise Saint
Germain des Prés

Isabel Marant

Rue de l'Ancien Comédie

Rue des Grands Augustins

Boulevard Saint-Germain

Café
Germain

Taschen
Store

Da Rosa

Rue Saint-André des Arts

聖傑曼德佩站
Saint-Germain
des Prés

Rue de Buci

Café Procope

4號線

出口2
Eglise St.-Germain

Cocoshook

Eric
Kayser

出口1
Bd. St.-Germain

Rue de Seine

Rue de Rennes

Rue du Four

Mabillon

City Pharma

Les 3 Marchés
de Catherine B.

10號線

Poilâne

聖許畢斯站
Saint-Sulpice

Rue Guisarde

Gérard
Mulot

歐德翁站
Odéon

Pierre Hermé

Vanessa Bruno

Rue Saint-Sulpice

聖傑曼德佩站街道圖

163

遊賞去處

聖傑曼德佩教堂
Église St.-Germain des Prés

巴黎最古老的教堂

這間教堂在《交響情人夢》裡作為千秋

學長跑步的背景出現後，不少Isa的朋友來巴黎都指名要來參觀！佇立在人文薈萃的聖傑曼德佩區，這座教堂也是巴黎最古老的一座，建於542年。歷經各個朝代不斷重建，以至於現在有著6世紀的大理石廊柱、哥德式穹頂、羅馬式拱門。教堂對面便是人文薈萃的花神、雙叟咖啡館，也有Louis Vuitton、Dior等時裝名店，廣場上不時有街頭藝人表演，這裡便是許多遊客心目中的左岸——充滿咖啡香、時尚而有著藝文氣息。

 Data 地址：3, pl. St.-Germain des Prés 75006 Paris
電話：01 55 42 81 33
營業時間：週一～六08:00～19:45，週日09:00～20:00
前往方式：地鐵站St.-Germain des Prés出口即可抵達
MAP：P163

巴黎最古老的聖傑曼德佩教堂

購物名店

Les 3 Marchés de Cathérine B.

二手香奈兒、愛馬仕包

想要一個香奈兒包也不介意二手貨？來這間歐德翁附近的小巷就對了，創立於1994年，由Cathérine所經營的小店裡有著數量驚人的香奈兒包、愛馬仕凱莉包、甚至柏金包！無數的名人、演員曾來此尋找他們珍愛的手袋或香水、方巾。愛馬仕著名的方形絲

Cathérine B.店內香奈兒的絲巾數量繁多

多款香奈兒包與首飾

巾這裡有多達1,500條，二手價格約在140歐元，新品在190歐元左右。

Data 地址：1, rue Guisarde 75006 Paris
電話：01 43 54 74 18
營業時間：週一～六08:00～20:30，週日休息
前往方式：地鐵站St.-Germain des Prés出口1沿Bd St.-Germain往東走5分鐘，至Rue du Four右轉，在Rue Mabillon左轉，至Rue Guisarde右轉；或地鐵站Mabillon出口沿Rue Mabillon直行至Rue Guisarde右轉即可抵達
網址：www.catherine-b.com
MAP：P163

City Pharma

巴黎最便宜藥妝店

無論何時前往都人潮擁擠的巴黎高人氣藥妝店，價格號稱為全巴黎最低，店內每人幾乎都是手提滿滿一籃像在市場買菜！2層樓的店內可找到眾多法國知名的保養品品牌，如薇姿Vichy、雅漾Avène、碧兒泉Biotherm、貝德瑪Bioderma、泰奧菲Caudalie、黎可詩Nuxe、理膚寶水La Roche Posay；以及一些巴黎人也頗愛用的品牌如Liérac。購物超過175歐元可以辦理退稅。

幾款知名度高頗受推崇的明星商品：Nuxe的全效晶亮護理油(Huile Prodigieuse)、貝德瑪被稱為「神仙水」的高效潔膚水(Créaline H20)、雅漾的活泉水噴霧(Eau Thermale)、泰奧菲的匈牙利皇后水(Eau de Beauté)，就Isa的比價經驗來看都比法國其他藥妝店便宜許多，有時甚至可到5歐元以上呢！在這裡買完再順道走到相隔不遠的Pierre Hermé甜點鋪帶一塊伊斯芭翁甜點(Ispahan)，荷包失血卻絕對滿足！

超有人氣的藥妝店City Pharma

Data 地址：26, rue du Four 75006 Paris
電話：01 55 42 10 07
營業時間：週一～六08:00～20:00，週日休息
前往方式：地鐵站St.-Germain des Prés出口2，沿Rue Bonaparte往南步行至Rue du Four左轉即可抵達
MAP：P163

Sonia Rykiel

針織女王

在左岸的名店裡，Sonia Rykiel是最早進駐本區的法國設計師。有「針織女王」(Queen of Knits)之稱的Sonia，品牌創立於1968年，當時便在聖傑曼大道開立了首間分店，至今未變。條紋是Sonia最著名的標誌；黑色也是設計師認為最美的顏色，她將黑色造就為性感與幹練的顏色，讓巴黎人陷入瘋狂。除了成衣，香水和眼鏡也都頗受好評，此外，巴黎的Hôtel de Crillon和Hôtel Lutetia旅館裝潢也都出自其手。旗下並有Sonia by Sonia Rykiel的年輕女裝副牌，近年來女兒Natalie Rykiel

Sonia Rykiel代表了巴黎女人的風情

也擔任品牌的創意總監，成為法國少數能家族化的時尚企業。

 Data
地址：175, bd. St.-Germain 75006 Paris
電話：01 49 54 60 60
營業時間：週一～六10:30～19:00，週日休息
前往方式：地鐵站St.-Germain des Prés出口1沿Bd St.-Germain往西走3分鐘
MAP：P163

Isabel Marant

 Data
地址：1, rue Jacob 75006 Paris
電話：01 43 26 04 12
營業時間：週一～六10:30～19:30，週日休息
前往方式：地鐵站St.-Germain des Prés出口1，沿Rue Bonaparte往北至Rue Jacob右轉步行3分鐘即可抵達
網址：www.isabelmarant.tm.fr
MAP：P163

多彩兼具質感的法式時裝

受到國際矚目的Isabel Marant是法國新生代設計師裡最被看好的一位，品牌創立於1995年，染色、刺繡和布料的運用都很講究，時常選用一些大膽的顏色，或許和設計師多元種族的家庭背景有關，呈現出多國風貌的異國情調，穿起來自然又灑脫，也不失性感風情，非常法國女人味、可穿出自我風格的時裝。

Isabel Marant多元的家庭背景讓她設計出有異國風情的時裝

Dries Van Noten

民族風花紋聞名的比利時六君子

Dries Van Noten是安特衛普六君子中發展得最好的一位,堅持製作實穿的服裝,不追求讓人眼花撩亂的訂製服,被稱為「時尚界最理性的設計師」。在巴黎左岸開了女裝分店,離巴黎人晚上愛聚集的藝術橋(Pont des Arts)不遠,原是一棟17世紀的古老建築。離女裝店不遠則是男裝店,設計師刻意保留了前身畫廊70年代的裝潢,尤其是紅色的樑柱讓整座店面都奢華了

比利時設計師Dries Van Norten

精緻裝潢風格的 Dries Van Noten 左岸本店

©Dries Van Noten

起來。毫無疑問,Dries Van Noten在塞納河畔的兩座店址為本區添入了幾筆時尚氣氛。

 地址:**女裝店**7, quai Malaquais 75006 Paris;**男裝店**9, quai Malaquais 75006 Paris
電話:01 44 27 00 40
營業時間:週一~六10:00~19:00,週日休息
前往方式:地鐵站St.-Germain des Prés出口1,沿Rue Bonaparte往北至河岸Quai Malaquais即可抵達
MAP:P163

特色美食

Debauve & Gallais

法國王室御用巧克力

得到法國王室授與的百合徽章,足見這間1818年由路易十六的藥師Sulpice Debauve所創立的巧克力店來頭不小!專門服侍路易

十六和瑪麗皇后的藥師,以醫學的手法製作香而不甜的健康巧克力,店中最有名的商品都和法國王室息息相關!例如「瑪麗金幣」(Pistole de Marie Antoinette),相傳因瑪麗皇后不喜歡吃藥,藥師便發明出這片薄薄的99%巧克力讓她和藥一起服下。命名為「拿破崙」(Napoléon)的巧克力杏仁豆則是店內另一項人氣商品,是為了獻給拿破崙紀念戰爭勝利而發明。

 地址:31, rue des Saints-Pères 75007 Paris
電話:01 45 48 54 67
營業時間:週一~六09:00~19:00,週日休息
前往方式:地鐵站St.-Germain des Prés出口1,沿Bd. St.-Germain往西至Rue des Saints-Pères右轉步行3分鐘即可抵達
網址:www.debauve-et-gallais.com
MAP:P163

Pierre Hermé

甜點天才師傅

　　這間甜點界天才Pierre Hermé的本店，Isa沒有一次經過不是大排長龍的！身為家族第四代掌門人，Pierre Hermé年輕時便經歷Lenôtre、Fauchon歷練、並出任Ladurée主廚大任，自創品牌以後，除了法國更是跨國到東京開立分店。這裡最出名的甜點莫過於PH所發明的「伊絲芭翁」(Ispharan)，兩片粉嫩的玫瑰馬卡洪中間夾覆盆子與荔枝，視覺和味覺上都是享受！各種隨季節推陳出新的馬卡洪也都讓人好想嘗試！店內也有PH的果醬和茶葉可選購，和Isa一樣喜愛Ispahan的話，不妨就將果醬女王Christine Ferber替PH獨家調配的Ispahan果醬帶回家吧！各式各樣的迷人巧克力也都很適合買來試試看或帶回家當伴手禮。

由Pierre Hermé所發明的Ispahan，甜美誘人，在推出後各家甜點店都爭相模仿 /6.6€

Isa強力推薦的伊絲芭翁可頌(Croissant Ispahan)！原本就香酥誘人的可頌加入了伊絲芭翁的覆盆子荔枝內餡，上面鋪上一層玫瑰糖霜，讓你開始一個甜蜜蜜的早晨 /1.8€

可口的各色口味馬卡洪

Data　地址：72, rue Bonaparte 75006 Paris
電話：01 43 54 47 77
營業時間：週一～日10:00～19:00
前往方式：地鐵站St.-Germain des Prés出口2，沿Rue Bonaparte往南步行3分鐘即可抵達
MAP：P163

Café la Palette (調色盤咖啡館)

藝術家的最愛

　　許多人都對咖啡品牌「左岸咖啡館」當年拍攝的廣告印象深刻，這間調色盤咖啡館便是影片中范瑋琪拿著咖啡、眺望窗外雨景的地方。鄰近巴黎美術學院，這間1902年開幕的咖啡館以30～40年代復古的天花板壁畫裝潢出名，櫃台上方也掛滿了畫家留下來的調色盤，出沒人士也以藝術家或美院學生居多，畢卡索、賽尚、布拉克都是常客。被票選為巴黎第一的露天咖啡座位經常一位難求呢！不過Isa倒是比較推薦店裡的座位，可以充分感受左岸咖啡館的文青氣息。

Data
地址：43, rue de Seine 75006 Paris
電話：01 43 26 68 15
營業時間：週一～六08:00～02:00，週日休息
價位：咖啡3€
前往方式：地鐵站St. Germain des Prés出口2，沿Rue Bonaparte往北至Rue Visconti右轉，在Rue de Seine右轉步行1分鐘即可抵達
MAP：P163

記得嗎？廣告中女主角拿著咖啡望向窗外的地方便在這個隱密的角落

牆壁上很多畫家留下來的調色盤

服務生忙進忙出，氣氛熱絡

Saint-Michel　Odéon　Saint-Germain-des-Prés　**Saint-Sulpice**　Saint-Placide　Montparnasse Bienvenüe　Vavin

Saint-Sulpice

聖許畢斯站

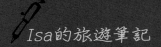
Isa的旅遊筆記

介於聖傑曼德佩和蒙帕拿斯之間，聖許畢斯是巴黎左岸著名的逛街商圈，長長的Rue de Rennes路上聚集所有法國流行的服飾和鞋子品牌，足夠讓你逛上一整天；因電影《達文西密碼》而大大走紅的聖許畢斯教堂也成了本區熱鬧的觀光景點，遊客爭相前往教堂參觀那條玫瑰線和日晷儀；教堂所在的廣場附近，商店、咖啡館與餐廳林立，再不遠處則有高級精緻的左岸平價百貨，附設的食品超市可找到所有你想要的食材。

巴黎達人 3 大推薦地

Isa最愛
Sadaharu Aoki

充滿東洋風味的法式甜點，抹茶、芝麻口味的馬卡洪，配上日式玄米茶再美味不過！（見P.175）

遊客必訪
聖許畢斯教堂

因《達文西密碼》大為出名的教堂，其實原本就是建築巨作，附近咖啡館、商店林立，是左岸精華商圈。（見P.172）

巴黎人推薦
La Grande Épicerie de Paris

Paul・32歲・汽車公司職員
我最愛逛的食品超市！可找到各式各樣的食材！（見P.173）

聖傑曼德佩站 Ⓜ Cococook 🍴 Eric Kayser 🍴
Saint-Germain des Prés   Mabillon   Café Procope 🍴
Rue de Seine
10號線   City Pharma 🍴   歐德翁站
Rue du Four   Les 3 Marchés   Odéon Ⓜ
出口1   de Catherine B. 🍴
聖許畢斯站   Rue de Rennes côté   Gérard
Saint-Sulpice   Rue du Four   Mulot
Poilâne 🍴   Rue Guisarde
Sèvres-Babylone Ⓜ   Pierre Hermé   Vanessa Bruno
Hermès 🍴   American   R. du Vieux Colombier   Rue Saint-Sulpice
Le Bon   Retro   Hervé   Café de la   聖許畢斯教堂
Marché 🍴   出口2   Chapellier   Mairie   Église St.-Sulpice
Rue de Sèvres   Rue de Rennes côté   Rue de Condé
Rue de Mézières   Rue de Mézières   Rue de Toumon
4號線   Rue Bonaparte
12號線   歐德翁歐洲劇院 📷
Rennes Ⓜ   Théâtre de L'Odéon
Boulevard Raspail   Sadaharu Aoki
Rue d'Asas   盧森堡公園 📷
Rue de Vaugirard   Jardin du
聖許畢斯站街道圖   Christian   Luxembourg
Constant

聖許畢斯教堂
Église St.-Sulpice

因《達文西密碼》而爆紅的景點

許多遊客前來聖許畢斯教堂尋找電影《達文西密碼》中出現的「玫瑰線」與「日晷儀」，讓教堂一時成了熱門的觀光景點！向來被視為建築傑作的聖許畢斯教堂，建於1646年，花了135年才完工。詩人波特萊爾、作家薩特都曾在此受洗、雨果在此舉行

聖許畢斯教堂中的日晷儀因《達文西密碼》而大紅

婚禮，禮拜堂的壁畫《雅各與天使的搏鬥》則是浪漫主義畫家德拉克洛瓦生前的最後傑作。

位在教堂中的日晷儀，是用來計算地球轉動和春分日期的科學儀器，由於在《達文西密碼》中提到「古老玫瑰線下聖杯靜待」，因此電影裡才會有狂徒西拉追尋地板上玫瑰線而試圖敲開石板的情節，也讓無數影迷到此追尋電影場景。廣場上Joachim Visconti設計的四主教雕像噴泉，靜靜的流洩著，是約會碰面的好地點。四周有著YSL、Hervé Chapellier等設計師名店，是左岸著名的逛街商圈。

Data
地址：2, rue Palatine 75006 Paris
電話：01 42 34 59 60
營業時間：週一～日07:30～19:30
前往方式：地鐵站St.-Sulpice出口，沿Rue du Vieux-Colombier往東走3分鐘即可抵達教堂所在的廣場Pl. St.-Sulpice
MAP：P171

被視為建築傑作的聖許畢斯教堂

教堂前的四主教噴泉

購物名店

Le Bon Marché Rive Gauche
(左岸平價百貨公司)

一點也不平價的平價百貨公司

　　名為平價，卻是巴黎最高級最高級的百貨公司，由Aristide Boucicaut創立於1852年，比拉法葉、春天百貨都還古老，1984年加入LVMH集團後，形象更為奢華貴氣，分為5層樓的商場，有著世界著名的名牌，地下樓

老巴黎最愛逛的平價百貨公司

則精選時髦的文具用品。

　　本館旁的平價百貨食品超市(La Grande Épiceric de Paris)，是全巴黎最大的超市，可找到各式法國著名品牌的食物，如Mariage Frères的茶葉、Fauchon的巧克力、Hediard的糖果、銀塔的鵝肝醬、聖米歇爾山的奶油餅乾都能在此一次買齊。新鮮的食材包括各式現做甜點、醬料、火腿、熟食盤與乳酪、美酒都一應俱全，是挑選伴手禮的好地方。

Data 地址：24, rue de Sèvres 75007 Paris
電話：01 44 39 80 00
營業時間：週一～三10:00～19:30，週四10:00～21:00，週五10:00～20:00，週六09:30～20:00，週日休息
前往方式：地鐵站St.-Sulpice出口，沿Rue du Vieux-Colombier往西至Rue de Sèvres步行10分鐘；或地鐵站Sèvres-Babylone出口Bon Marché沿Rue de Sèvres往西步行1分鐘
MAP：P171

並不特別大的平價百貨公司，精選入時的品牌

Hervé Chapelier

低調極簡的水餃包

如果你尋找一款低調而實用的水餃包,你會愛上這個法國品牌Hervé Chapelier。1976年創立的這個法國品牌,最出名的「尼龍水餃包」(Les Cabas) (S號72€),素面或花紋的看起來都相當極簡而有質感,是水餃包的始祖,從法國一路紅到歐美。如果你覺得Longchamp包已經到處都有人揹不想撞包,那麼Hervé Chapelier會是你的另一個新寵!單色或雙色的多樣選擇,絕對讓你能找到一組喜愛的顏色帶回家!

Hervé Chapelier
是法國經典的水
餃包始祖

 Data

地址:1bis, rue du Vieux-Colombier 75006 Paris
電話:01 44 07 06 50
營業時間:週一〜六10:15〜19:00,週日休息
前往方式:地鐵站St.-Sulpice出口,沿Rue du Vieux-Colombier步行1分鐘即可抵達
網址:www.herve-chapelier.com
MAP:P171

American Retro

復古和流行的混搭哲學

由NAF NAF總裁兒子David、Gregory Pariente創立,乍看之下以為是美國牌子,其實卻是道地的法國品牌,品牌設計師Laure Pariente以復古和流行元素來混搭的功力十分厲害,是帶有時尚感的波希米亞風格,運用色彩、材質搭出法國女人美豔又帶點距離的感覺,穿起來馬上就能感受到法式風情。

復古和流行成功混搭
的American Retro

Data

地址:10, rue du Vieux-Colombier 75006 Paris
電話:01 45 49 10 91
營業時間:週一〜六10:30〜19:30
前往方式:地鐵站St.-Sulpice出口,沿Rue du Vieux-Colombier步行1分鐘即可抵達
MAP:P171

特色美食 ☕

Sadaharu Aoki

青木定治的日式品味

在Pierre Hermé、Ladurée、Angelina等法式甜點名店包圍下，日籍甜點師傅青木定治以其獨到的日式品味在法國打出一片天卜，實力不可小覷。Isa曾在本店附近住過好長一段時間，每回到店內外帶東方口味的馬卡洪如芝麻、柚子、抹茶、煎茶，簡單卻精緻的包裝都讓我捨不得打開來吃呢！而每每吃下一口，濃厚的和式風情在嘴間化開，細緻的口感竟然讓我有點想家！只用高級的法國Echiré手工奶油也讓他的蛋糕特別好吃，各色唇膏巧克力在視覺與味覺都是雙倍享受。此外在法國住久了，總是每每對這裡的日式親切服務感到相當受寵若驚！

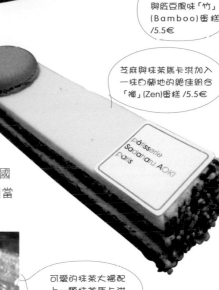

> 得獎作品的抹茶與紅豆風味「竹」(Bamboo)蛋糕 /5.5€

> 芝麻與抹茶馬卡洪加入一抹白蘭地的絕佳組合「禪」(Zen)蛋糕 /5.5€

> 可愛的抹茶大福配上一顆抹茶馬卡洪 /5.3€

Data

地址：35, rue de Vaugirard 75006 Paris
電話：01 45 44 48 90
營業時間：週二～六11:00～19:00，週日10:00～18:00，週一休息
前往方式：地鐵站St.-Sulpice出口，沿Rue de Rennes至Rue Casette左轉，至Rue Vaugirard右轉步行3分鐘即可抵達
網址：www.sadaharuaoki.com
MAP：P171

Poilâne

炭火烘焙的法式圓麵包

若你跟一個法國人問起好吃的麵包店，老巴黎會告訴你這個名字：「Poilâne」。這間名廚Joël Robuchon讚不絕口的麵包店由Pierre-Léon Poilâne創辦於1930年，其後次子Lionel繼承店面繼續經營，而長子Max則獨立開店創辦了Max Poilâne。經典名品是寫上P字母的「圓餅麵包」(Miche Poilâne)，堅持使用石磨麵粉、葛爾宏德(Guérande)鹽花、酵母、水四種原料手工製作、炭火烘焙而成，帶點酸味可切片配上火腿、乳酪、煙燻鮭魚或鵝肝醬都很美味。

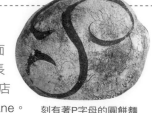

刻有著P字母的圓餅麵包是Poilâne的招牌

超有人氣的麵包店Poilâne

 Data
地址：8, rue du Cherche-Midi 75006 Paris
電話：01 45 48 42 59
營業時間：週一～六07:15～20:15，週日休息
前往方式：地鐵站St.-Sulpice出口，沿Rue du Vieux-Colombier往西至Rue du Cherche-Midi左轉步行3分鐘即可抵達
MAP：P171

Café de la Mairie（市府咖啡館）

文藝人士的休憩地

位在聖許畢斯廣場上，這間面對著教堂的市府咖啡館的露天座位總是客滿，往來的人士盡是附近出版社的編輯或作家，無論到此喝杯咖啡、啤酒，或品嘗經典的巴黎小食：吐司先生(Croque Monsieur)、總匯沙拉(Salade Composé)、水煮蛋(Œuf dur)，都相當具有法國情調，值得一提的是這邊提供的麵包可是名店Poilâne生產的喔！

Data
地址：8, place St. Sulpice 75006 Paris
電話：01 43 26 67 82
營業時間：週一～五07:00～02:00，週六08:00～02:00，週日09:00～21:00
價位：咖啡2.5€
前往方式：地鐵站St.-Sulpice出口，沿Rue du Vieux-Colombier往東走3分鐘即可抵達廣場Pl. St.-Sulpice
MAP：P171

面對市政府、吸引附近文藝人士前來的市府咖啡館

Hermès

愛馬仕居家用品店

由1935年的古老游泳池改建，這間愛馬仕的居家用品店一走入就讓人有天寬地闊的獨家氣勢！由Denis Montel打造的室內設計，占地廣大1,500平方米，最顯眼便是店內中央3座9公尺高的鏤空木籠，徹底捕捉了遊客的眼光！在其中可展示愛馬仕的最新商品或展覽。這邊除了可購買愛馬仕著名的杯盤、家具，也有花店、書店、和知名的方巾。Isa推薦你到這裡的茶沙龍Plongeoir享用點心和茗茶，度過一個高雅悠閒的下午時光。

到愛馬仕的茶沙龍享用茶點

愛馬仕居家用品店有著氣派的裝潢

Data 地址：17, rue de Sèvres 75007 Paris
電話：01 42 22 80 83
營業時間：週一～六11:00～19:00，週日休息
價位：茶點8€，茶9€起
前往方式：地鐵站St.-Sulpice出口，沿Rue des Vieux Colombiers往西走，至Rue de Sèvres左轉步行5分鐘即可抵達
MAP：P171

Christian Constant

法國頂級巧克力名師

巴黎五大巧克力師傅、也曾獲得世界巧克力師傅大獎的Christian Constant在寧靜的左岸小街轉角上開設了這間下午茶店鋪，最有名的便是茶香系列的巧克力，茉莉、綠茶、肉桂、薑、香草花等在大師眼裡都可以入味，松露巧克力(Truffes)更是必嘗的極品；這邊也有各式各樣的巧克力蛋糕，層次口感分明。此外也有各式各樣的冰淇淋可享用，許多有別於傳統的創新口味，如生薑、番紅花，只有這裡才吃得到！巧克力迷自然不同錯過香氣撲鼻的巧克力冰淇淋，Isa以前住在這條街上時便常常走到這裡買冰淇淋，順手吃著，一路散步不到5分鐘便可到達盧森堡公園喔！

Data 地址：37, rue d'Assas 75006 Paris
電話：01 53 63 15 15
營業時間：週一～五09:30～20:30，週六、日09:00～20:00
前往方式：地鐵站St.-Sulpice出口，沿Rue de Rennes往南(蒙帕拿斯高樓方向)走，至Rue d'Assas左轉步行5分鐘即可抵達
MAP：P171

以巧克力聞名的大師Christian Constant

Saint-Germain-des-Prés ○　Saint-Sulpice ○　Saint-Placide ○　**Montparnasse Bienvenüe** ●　Vavin ○　Raspail ○　Denfert-Rochereau ○

Ⓜ 6 ⑫ 13

Ⓜ 6

Ⓜ 6
RER Ⓑ - ✈ CDG Orly
✈ orlybus

Montparnasse Bienvenüe

蒙帕拿斯站

Isa的旅遊筆記

介於6區和14區的蒙帕拿斯是巴黎著名的夜生活中心，蒙帕拿斯大道上四間著名的圓頂咖啡館向來是知識份子聊天的場所，七、八間電影院林立是藝文人士的愛好去處，許多營業到凌晨的餐廳、舞廳則讓這裡越晚越熱鬧。蒙帕拿斯站命名來自希臘神話中一座名為Parnasse的山，至於站名中的「Bienvenüe」很多人誤解為法文裡歡迎(bienvenue)的意思，其實是為了紀念規畫巴黎地鐵的工程師，有「地鐵之父」之稱的Fulgence Bienvenüe。

巴黎達人 3 大推薦地

Isa最愛
Mix Club

入口位在夜生活中心的
蒙帕拿斯高樓旁，廣
大可容納2,000人的舞
池，是年輕人最愛去狂
歡的夜店！（見P.181）

遊客必訪
蒙帕拿斯大樓

法國最高的辦公大樓，
可搭乘歐洲最快速的電
梯抵達頂樓，飽覽巴黎
360度的美景。（見P.180）

©Paris Tourist Office / Fabian Charaffi

巴黎人推薦
Crêperie de Josselin

Thierry·25歲·工程師

每次到蒙帕拿斯看
電影就必吃這家可
麗餅店！是附
近人氣最旺
的一間！（見
P.182）

蒙帕拿斯站街道圖

遊賞去處

蒙帕拿斯大樓
Tour Montparnasse

法國最高的辦公大樓

黑漆漆的蒙帕拿斯大樓，向來不討巴黎人的歡心，在它建好之後法國人甚至立刻通過一條法令：市區內不准再有任何大樓建得比它高了！這棟巴黎市區唯一的摩天大樓，高210米，共有7,200面窗戶，由4位建築師Jean Saubot、Urbain Cassan、Eugène Beaudouin和Louis de Marien共同建造，主要作為商務大樓之用。內有歐洲最快的電梯，38秒就可載你抵達頂樓，360度眺望欣賞巴黎市區的景色。

從高空俯瞰，蒙帕拿斯大樓在巴黎市容中特別突出

Data 地址：33, av. du Maine 75015 Paris
電話：01 45 38 53 16
營業時間：4～9月09:30～23:30，10～3月09:30～22:30
價位：觀景台全票14€，16～20歲和學生11€，7～15歲4.7€
前往方式：地鐵站Montparnasse出口4即可抵達
網址：www.tourmontparnasse56.com
MAP：P179

巴黎骷髏穴
Catacombes de Paris

探索神祕另類的地下世界

堆滿了骷髏的走道，幾乎是所有朋友到巴黎都想要一探究竟的地方！原為一處採石場，二戰時也曾作為法國抗德地下組織的總部所在地，從售票處經一處樓梯往下走，會先通過長長的通道，然後寫著「止步！這裡是冥界」(Arrêt! C'est ici l'Empire de la Mort)，便可進入骷髏穴的中心。黑暗漫長的下水道堆滿了骷髏，可需要相當的勇氣才能冒險前進！穴道內終年氣溫在13～14度左右，記得帶件外套禦寒，手電筒也是必備的探路工具。

Data 地址：1, place Denfert-Rochereau 75014 Paris
電話：01 43 22 47 63
營業時間：週二～日10:00～17:00，週一休息
價位：全票7€，14～26歲或學生3.5€
前往方式：地鐵站Montparnasse出口5沿Bd. Montparnasse往東走至Bd. Raspail右轉，步行10分鐘至pl. Denfert-Rochereau；或地鐵站Denfert-Rochereau出口pl. Denfert-Rochereau步行1分鐘即可抵達
MAP：P179

©Henri Garat

膽大的人一定得去瞧瞧骷髏穴的走道

購物名店

Mix Club

超大舞池的狂歡夜店

　　在蒙帕拿斯附近年輕人愛去的夜店就是Mix了，每接近凌晨總可以看到排隊等待進入的大批人潮！2005年開幕，這裡以電音和House音樂為主，廣大可容納2,000人的舞池讓人可以盡情狂歡。每晚有不同的主題之夜，而週四夜晚是固定的「伊拉斯穆斯國際學生之夜」(Erasmus)，聚集來自世界各地超過1,500名的學生。如果喜歡喝酒、聊天的人，Isa會推薦你去裝潢時尚的Cab，若喜歡跳舞則一定要到Mix感受一下巴黎人的夜晚，這邊主要以年輕人為主，有很多帥哥辣妹！

Data 地址：24, rue de l'Arrivée 75015 Paris
電話：01 56 80 37 37
營業時間：週四23:00～06:00，週五～六00:00～07:00，週日～三休息
價位：入場10～15€，時有Lady's night女生入場免費
前往方式：地鐵站Montparnasse出口4即可抵達
網址：www.mixclub.fr
MAP：P179

特色美食

Hippoptamus（河馬牛排館）

有各式炭烤牛排

　　營業時間長、料理品質不差、價位中等是Isa常和朋友到Hippopotamus用餐的原因。它是那種街坊常見的連鎖餐廳，以各式炭烤牛排聞名。愛吃牛排的人可選擇法國出產的夏侯萊牛(Charolais)製作的沙朗(Faux-Filet)、紐約客(Rumsteak)、牛排骨肉(Entrecôte)，甚至也不妨一嘗法國名菜生牛肉(Tartar de Bœuf)；此外也有前菜、主菜和甜點任意組合的簡餐可選擇，套餐的配菜(米飯、沙拉)和調味醬是無限量供應。

Data 地址：68, bd. Montparnasse 75014 Paris
電話：01 42 22 36 75
營業時間：週一～日12:00～18:00，19:00～05:00
價位：中午主菜+飲料套餐11.9€，前菜或甜點+主菜套餐14.9€，配菜無限供應
前往方式：地鐵站Montparnasse出口5即可抵達
網址：www.hippopotamus.fr
MAP：P179

可口的燻鮭魚沙拉

圓頂咖啡館內部以畫家的裝飾畫聞名
©Paris Tourist Office/Amélie Dupont

La Coupole（圓頂咖啡館）

記得欣賞圓頂裝飾

　　作為蒙帕拿斯大道上4間咖啡館裡最出名的1間，圓頂咖啡館代表了老巴黎記憶裡嚮往的年代。1927年開幕，是酒館、餐廳，也是蒙帕拿斯夜生活的中心，廳中碧綠色的32根彩繪廊柱原有32張不同畫家的畫作，至今只剩夏卡爾和布朗庫西的代表作，讓人懷念起過往的年代；2008年又聘請4位畫家

在咖啡館中央的圓頂裝飾上不同風格的前衛裝飾，代表了圓頂的新時代。這裡以海鮮蚌殼、燻鮭魚、酸菜肉腸出名，而開幕至今未變的咖哩羊肉(Curry d'Agneau)也值得嘗試。畢卡索、列寧、海明威都曾是座上客。

Data 地址：102, bd. Montparnasse 75014 Paris
電話：01 43 20 14 20
營業時間：週一～日08:00～01:00
價位：咖啡2.5€
前往方式：地鐵站Montparnasse出口5，沿Bd. Montparnasse往東步行10分鐘即可抵達
MAP：P179

Crêperie de Josselin（約瑟琳可麗餅店）

可麗餅街最著名的一間

　　蒙帕拿斯火車站專供巴黎與布列塔尼方向列車進出，因此附近的蒙帕拿斯路(Rue du Montparnasse)，便成了布列塔尼地方人來巴黎

甜的可麗餅
(Crêpe)

謀生下榻的地方，整條街幾乎都是可麗餅店，可說是條「可麗餅街」。這種布列塔尼地方料理，法式的吃法便是先吃鹹的蕎麥餅(Galette)，配上一杯蘋果酒(Cidre)，再吃甜的可麗餅(Crêpe)作為甜點。約瑟琳便是可麗餅街上最出名的一間，招牌為「約瑟琳」(Josselin)，內含蛋、火腿、起士、蘑菇，裝潢以布列塔尼地方的彩釉瓷器和馬賽克裝飾。

Data 地址：67, rue du Montparnasse 75014 Paris
電話：01 43 20 93 50
營業時間：週二～日12:00～23:00，週一休息
價位：可麗餅9€
前往方式：地鐵站Montparnasse出口5，沿Bd. Montparnasse至Rue Montparnasse右轉步行5分鐘即可抵達
MAP：P179

Léon de Bruxelles

比利時淡菜屋

　　由Léon Vanlancker於1893年創於布魯賽爾，以「淡菜鍋」(Moules)為其招牌菜色，這種海鮮蚌殼可以清蒸、茄汁、奶油等口味烹調，盛裝在小鐵鍋趁熱食用，配上無限供應的炸薯條及啤酒，讓人一個接一個的吃，大呼過癮。飯後也別忘了來份比利時知名甜點——烤鬆餅，配上巧克力醬或冰淇淋都很美味。Isa喜歡和一群朋友一起去吃Léon，每人點不一樣口味的淡菜鍋互相品嚐，度過一個愉快而滿足的夜晚。網站上提供兩人同行折抵10歐的優惠券(不適用套餐)可列印。

炸花枝和柳葉魚是不錯的開胃菜

盛在小鐵鍋裡的淡菜，配上現炸薯條與啤酒，相當美味

Data 地址：82 bis, bd. Montparnasse 75014 Paris
電話：01 43 21 66 62
價位：中午淡菜鍋+甜點套餐12€，單點約14～20€，現炸薯條無限供應
前往方式：地鐵站Montparnasse出口5，沿Bd. Montparnasse往東步行1分鐘即可抵達
網址：www.leon-de-bruxelles.fr

營業時間：週一～日12:00～18:00，19:00～23:00

MAP：P179

Le Ciel de Paris (巴黎天空觀景餐廳)

56層高眺望美景

　　一邊眺望巴黎的俯瞰美景，一邊享用美味的法式料理，想必能為旅行留下美好的回憶！在蒙帕拿斯大樓56層便有一間視野極佳的餐廳「Ciel de Paris」，每兩週翻新菜單，隨時節選擇新鮮食材，提供美味道地的

法式料理；360度大片的玻璃窗配上200米的高度，讓你從艾菲爾鐵塔到凱旋門都一覽無遺。Isa的朋友說，在56層餐廳裡和情人喝一杯雞尾酒，享受巴黎的夜景，是讓他和女友在一起的契機呢！想要讓對方留下深刻的回憶，不妨就到此來試試看吧！

登上蒙帕拿斯大樓欣賞巴黎全景並享用法式料理

Data 地址：33, av. du Maine 75015 Paris
電話：01 40 64 77 64
營業時間：週一～日08:30～23:00
價位：週一～六午餐前菜或甜點+主菜套餐39€，週日午間與晚間前菜+主菜+甜點套餐85€
前往方式：地鐵站Montparnasse出口4登上大樓56樓即可抵達
網址：www.cieldeparis.com
MAP：P179

4 號線

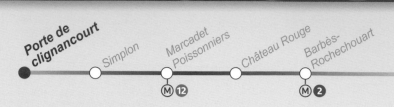

Porte de clignancourt — Simplon — Marcadet Poissonniers Ⓜ ⑫ — Château Rouge — Barbès-Rochechouart Ⓜ ②

Porte de clignancourt

克里雍庫爾門站

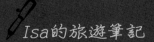

Isa的旅遊筆記

1908年開幕的克里雍庫爾門站是4號線北邊的
終點站，站名來自附近的一個小村落。在巴黎
的周遭築有一條環城大道的高速公路，而大道
與市中心的接口便設有這樣的「門」進出市中
心，克里雍庫爾門便是其中一座。這裡是
前往聖端跳蚤市場的
最近地鐵
站，屬於巴
黎18區。

遊賞去處

聖端跳蚤市場
Marché aux Puces St.-Ouen

12座小型市場聚集的古董大街

喜歡逛跳蚤市場的人絕不能錯過克里雍庫爾門站的這座古老市集，一共有12個小型市集聚集在一起，超過1,000個成衣攤販、2,500個古董攤販，畢宏市集(Marché Biron)是裡面最熱門的一座。入口的地方比較多成衣或平價商品，越往裡走便能發現更多值得尋寶的市集，Isa很喜歡逛這邊的銀製餐具，總想要買一套放在

巴黎通

跳蚤市場的名稱由來

起因是1860年一些被趕出城外的遊民在此擺攤以物易物，身上帶著跳蚤，漸漸有了名聲，20年代開始便出現了小型跳蚤市場。

家裡！各式古老的巴黎明信片也很耐人尋味！在這邊逛街可安排一個下午左右的時間，市場人蛇混雜必須小心財物喔！

Data 營業時間：週六～一09:00～18:00
地鐵出口：地鐵站Porte de Clignancourt沿Av. De la Porte de Clignancourt往北直走5分鐘即可抵達

跳蚤市場中總能找到老相機

很有歐洲風味的銀製餐具

Invalides　　Concorde　　Madeleine　　**Opéra**　　Richelieu-Drouot　　Grands Boulevards　　Bonne Nouvelle

Ⓜ 13　　Ⓜ 1 12　　Ⓜ 12 14　　Ⓜ 3 7　　Ⓜ 9
RER C　　　　　　　　　　　　RER A
　　　　　　　　　　　　　　✈ 🚌 RoissyBus

Opéra
歌劇院站

Isa的旅遊筆記

金碧輝煌的巴黎歌劇院耀眼地佇立在本區中心,以其古典的拿破崙三世風格外觀和華麗的內廳裝潢著稱,自19世紀開幕至今,每晚都依舊吸引巴黎人到此聆聽一齣歌劇,附近相應而生許多營業到凌晨的咖啡館、餐廳,提供遊客觀賞完戲劇後稍事歇息和用餐;緊臨歌劇院的奧斯曼大道上有著拉法葉、春天兩棟富有歷史的百貨公司,是巴黎知名的購物商圈,亞洲遊客最愛到此購買LV手袋;歌劇院站素有巴黎的「小日本區」之稱,充滿了拉麵、壽司、咖哩飯等美食餐廳的「聖安娜街」(Rue Ste.-Anne)是旅途中想念亞洲食物時,必去的一條街。

巴黎達人3大推薦地

Isa最愛
迦尼葉歌劇院

外表像是鍍金的結婚蛋糕，內部裝潢金碧輝煌不輸凡爾賽宮，是上演歌劇和芭蕾的重要場地！（見P.188）

遊客必訪
拉法葉百貨

分有本館女裝館、男裝館、生活館的拉法葉百貨，可現場退稅，敗家必去！也有美食百貨可現點現吃！（見P.190）

巴黎人推薦
Repetto

Samantha・27歲・上班族OL
迷人又舒適好穿的娃娃鞋，是法國女人都想要的一雙鞋！（見P.192）

歌劇院站街道圖

Havre-Caumartin　Printemps　Galeries Lafayette　Chaussée d'Antin La Fayette

Boulevard Haussmann

Uniqlo

Richelieu Drouot

12號線

史凱柏香水博物館
Musée Scribe

迦尼葉歌劇院
Opéra Garnier

Boulevard des Italiens

Hédiard

Fauchon

8號線

Rue Scribe

Rue Auber

出口1
Pl. de la l'Opéra

R. de Sèze

出口3
R. Scribe

Perigot

歌劇院站
Opéra

出口2
R. de la Paix

R. du 4 Septembre

Quartre-Septembre

瑪德蓮教堂
Église Madeleine

Boulevard des Capucines

3號線

Alessi

瑪德蓮站
Madeleine

Rue Cambon

Rue des Capucines

Rue de la Paix

Repetto

7號線

Avenue de l'Opéra

Rue Saint-Augustin

Rue Sainte-Anne

Rue de Richelieu

Rue Vivienne

Patrick Roger

Rue Royale

Christofle

Haviland

Bernardaud

Maxim's

Rue Saint-Honoré

Rue Danielle Casanova

凡登廣場
Place Vendôme

American Apparel

Place Saint-Honoré

Bioboa

Rue des Petits Champs

薇薇安廊巷
Galerie Vivienne

Kunitoraya

Higuma

Maria Luisa

Jean-Paul Hévin

Pyramides

Naniwaya

迦尼葉歌劇院
Opéra de Paris Garnier

鍍金的結婚蛋糕

座落在歌劇院大道上，遠遠就能望見這座混合古典與巴洛克風被稱為「拿破崙三世風格」的宏偉建築，建造時刻意移去了大道上的綠樹，並將建築物高度提升，以擁有最好視線。歌劇院由迦尼葉(Charles Garnier)所設計於1875年，其圓頂外形被稱為「鍍金的

天花板夏卡爾所繪的《夢的花束》

結婚蛋糕」，正面有多根廊柱林立，有著名的劇作家與音樂家浮雕裝飾。

如果光看外表已經讓你覺得華麗，走進內部會更讓你驚艷無比！Isa推薦你絕對要入內參觀，Y字型的大理石階梯，讓你能想像18世紀穿著蓬蓬裙的公主提著裙襬緩步而上；近窗台的長廊金碧輝煌，有多座金色浮雕與天花板的彩繪壁畫，可與凡爾賽宮媲美。而表演廳的天花板則有韋伯《歌劇魅影》裡的水晶燈，其上的壁畫《夢的花束》，是由超現實主義派畫家夏卡爾(Marc Chagall)所繪製。在巴黎歌劇院欣賞一齣歌劇或芭蕾是Isa推薦你難忘的回憶，可提前上網預定，或到現場訂票。

Data 地址：Place de l'Opéra 75009 Paris
電話：01 41 10 08 10
營業時間：週一～日10:00～17:00，最後入場16:30
門票：全票10€，18～24歲6€
前往方式：地鐵站Opéra出口1即可抵達
網址：www.operadeparis.fr
MAP：P187

金碧輝煌的歌劇院走廊，讓人驚嘆

史凱柏香水博物館
Musée Fragonard du Parfum Site Scribe

精采的嗅覺之旅

香奈兒五號、YSL的鴉片、Dior的迪奧小姐、愛瑪仕的Faubourg No.24、Lancôme的璀璨、Guerlain的一千零一夜……法國的香水世界聞名，走在巴黎街頭，隨處都可聞到迷人的香水味！這間不可錯過的香水博物館，由法國香氛名牌Fragonard成立於1983年，古典的大宅中有著典型的拿破崙三世風格裝潢，天花板的古典壁畫、華麗的水晶吊燈、大理石壁爐與木質地板呈現出優美的情調。這裡介紹了香水製作的過程，以及自古希臘至20世紀的香水瓶、標籤設計收藏。大廳裡大型的銅製蒸餾器，是否讓你想起了電影《香水》的場景呢！

香水博物館中各式各樣的香水瓶

銅製蒸餾器讓人想起電影《香水》

Data 地址：9, rue Scribe 75009 Paris
營業時間：週一～六09:00～18:00，週日09:00～17:00
前往方式：地鐵站Opéra出口1，沿Bd. des Capucines往西走至Rue Scribe右轉步行3分鐘即可抵達
MAP：P187

電話：01 47 42 04 56
門票：免費

購物名店

Galerie Lafayette（拉法葉百貨）

服裝、美食應有盡有

　　擁有本館女裝館、男裝館、生活館的拉法葉百貨公司，是1894年由Théophile Bader和Alphonse Kahn所成立，比相鄰的春天百貨晚了30年，卻後來居上成為巴黎最熱絡的購物商場，7層樓的本館內有著被列入歷史古蹟的拜占庭式彩繪玻璃圓頂，讓人驚艷；搭乘電梯到頂樓陽台，可以免費飽覽從歌劇院、艾菲爾鐵塔、傷兵院到蒙馬特的巴黎風情。女裝館的1樓是喜愛名牌的人不可錯過的地方，LV、Chanel、Longchamp、Gucci、Dior的櫃前總是擠滿人潮，不時還得排隊等候進入呢！對於法文不通的觀光客來説，這邊配有中文服務員，讓購物更為便利，館內也可以直接退稅，領到退稅金讓你再繼續購物喔！逛累的話，不妨到位於6樓的拉法葉咖啡館點份餐點，廣大的玻璃窗讓你可邊用餐邊享受遠眺巴黎的風景！

　　另外Isa強烈推薦你到男裝館的1樓，逛逛拉法葉百貨的美食超市，和Bon Marché百貨的超市並稱巴黎兩大食品百貨，這裡對講

Bellota-Bellota的火腿鋪，切點火腿配上紅酒最動人

 Data 地址：40, bd. Haussmann 75009 Paris
電話：01 42 82 34 56
營業時間：週一～六09:30～20:00，週四至21:00，週日休息
前往方式：地鐵站Opéra出口1沿歌劇院旁Rue Halévy往北走至Bd. Haussmann左轉；或地鐵站Chausée d'Antin Lafayette出口Galerie Lafayette即可抵達
網址：www.galerieslafayette.com
MAP：P187

拉法葉百貨華麗的穹頂

究食材的人來説可能比本館還好逛！各式各樣的食品雜貨，如瑪利兄弟茶葉、鵝肝醬罐頭、添加松露的橄欖油、名廚Christine Ferber果醬，讓你把巴黎的美好記憶帶回家；此外也設有各種美食專櫃，可外帶也可在附設的小吧台當場享用；到青木定治帶一份抹茶蛋糕或芝麻馬卡洪；到Eric Kayser帶一份可頌麵包；在可現點現吃的海鮮吧大呼過癮的吃一份有著生蠔、蛤蠣、海螺的海鮮拼盤；到Belloti Belloti火腿鋪切一份入口即溶的伊比利生火腿……午餐不妨就到這裡解決吧！

Printemps（春天百貨）

血拼的好去處

　　從拉法葉百貨本館、男裝館一路逛下來，便會來到同樣在奧斯曼大道上的春天百貨，1865年由Jules Jaluzos和Jean-Alfred Duclos所創立，古典的立面和圓頂都被列入歷史古蹟，春天百貨分為三館，分別是流行館(Mode)、美妝和生活館(Beauté et Maison)、男裝館(Homme)。

春天百貨的聖誕櫥窗

　　除了精選的名牌、服飾和鞋子以外，喜愛美食的你不可錯過流行館1樓Ladurée的人氣馬卡洪，和6樓春天小酒館Brasserie Printemps，有著1923年打造的大型彩繪玻璃圓頂，氣勢非凡，逛完街就到這裡來喝杯茶，吃點東西，放鬆一下。中央吧台區的仿路易十六椅子由Philippe Starck打造，是否讓你想起了Kong餐廳的透明椅子呢！生活館3樓則有名廚Alain Ducasse的BE高級麵包店，9樓Déli-cieux是巴黎人知名的約會地點，可遠眺望艾菲爾鐵塔的露天美景和可口餐點，相當值得到此用餐(單點12～14歐元)。此外，每年春天百貨的聖誕櫥窗也是引領流行的話題，如果你正好在聖誕節期間到巴黎旅行，一定得到此參觀！

 Data　地址：64, bd. Haussmann 75009 Paris
電話：01 42 82 50 00
營業時間：週一～六09:35～20:00，週四至22:00，週日休息
前往方式：地鐵站Opéra出口1沿歌劇院旁Rue Halévy往北走至Bd. Haussmann左轉經過拉法葉百貨步行5分鐘；或地鐵站Havre Caumartin出口Galerie Printemps即可抵達
網址：www.printemps.com
MAP：P187

Repetto

夢幻的芭蕾舞鞋

　　原本以芭蕾舞鞋起家的品牌Repetto，現在成為了舒適好走又時尚迷人的法國名鞋。創辦人Rose Repetto原本只是想替兒子設計一款好穿的舞鞋，進而在1947年成立了Repetto，因法國性感女星碧姬芭度(Brigitte Bardot)時常穿出門而聲名大噪，成為法國女人都想要的一雙鞋。基本款Cendrillon、碧姬芭度款BB、娃娃鞋款Bellinda、綁帶舞鞋款Sophia都各有特色，選用的材質也以柔軟的小牛皮、山羊皮為主，穿起來非常舒服！價格約100歐元起。

好穿舒適的Repetto娃娃鞋是巴黎女人必備的一雙鞋

Data　地址：22, rue de la Paix 75002 Paris
電話：01 44 71 83 12
營業時間：週一～六09:30～19:30，週日休息
前往方式：地鐵站Opéra出口1沿廣場找到Rue de la Paix(可見到凡登廣場拿破崙柱的該條路)，步行1分鐘即可抵達
網址：www.repetto.com
MAP：P187

以芭蕾舞鞋起家的Repetto

Perigot

可伸縮的二合一洗碗刷

設計生活用品

　　由設計師Fédéric Perigot成立於1995年的居家用品設計品牌，實用又有創意，很受到法國人喜愛！最受到矚目的流行商品便是「Bear Bag小熊環保袋」(S號16歐元)，不用時可收納成為一隻小熊放在包包裡，打開就成為一只掛著小熊

小熊環保袋是Perigot
熱銷商品

©Perigot

©Perigot

的環保袋，讓人無法抗拒的實用又時尚的設計！其他的家用品從清潔到收納一應俱全，可看得出法國人對生活態度的用心。

Data 地址：16, bd. des Capucines 75009 Paris
電話：01 53 40 98 90
營業時間：週一～六09:35～20:00
前往方式：地鐵站Opéra出口1沿Rd. des Capucines往東步行1分鐘即可抵達

小巧實用的除塵刷
©Perigot

刺蝟造型的大鞋刷
©Perigot

Uniqlo

獨一無二的日系平價品牌

成功打入巴黎的日本國民服裝品牌Uniqlo已成為法國人除了壽司、串燒以外，風靡巴黎的日本代表物！這間旗艦店開在巴黎歌劇院的「小日本區」一帶，價格平實加上簡單的設計、舒適的材料，非常符合法國人的衣著品味，開幕至今向來都是人潮洶湧！Uniqlo成立於1984年，為全球十大休閒服裝品牌，共有800多間分店，名稱來自Unique和Clothing的縮寫，意味獨一無二的服飾。巴黎旗艦店請來日本空間設計師片山正通參考巴黎歌劇院為靈感，打造了大型的玻璃天棚導入光線和店中央的鏤空樓梯連接一、二樓。品牌也與許多設計師合作，例如與Jil Sander長期合作推出「+J系列」，極簡俐落的剪裁，呈現出優雅及品味；眾多藝術家、名人代言設計的「U-T」T恤，充滿了藝術性，每款都相當熱門呢！

Data 地址：17, rue Scribe 75009 Paris
電話：01 58 18 30 55
營業時間：週一～六10:00～20:00，週四至21:00
前往方式：地鐵站Opéra出口1，面對歌劇院沿左方Rue Auber往北至Rue Scribe交叉口即可抵達
網址：www.uniqlo.com
MAP：P187

巴黎人很愛的日系品牌Uniqlo

特色美食

Kunitoraya（國虎屋）

超人氣日式料理

以各式手打烏龍麵出名的國虎屋，是聖安娜街上最有人氣的一間餐廳，Isa每次用餐時間去必定要排隊！各式烏龍

這邊的天丼和親子丼也很美味道地

麵可分為熱湯和冷湯，都以自家特製的烏龍麵條配上新鮮高湯調配而成，湯頭甜美、麵條細緻，是國虎屋的人氣選擇！也有各式各樣美味道地的關東煮、親子丼、牛丼和天丼可選擇。

為了吃到人氣單品手打烏龍麵，每晚國虎屋前都大排長龍呢

 Data
地址：39, rue Ste.-Anne 75002 Paris
電話：01 47 03 33 65
營業時間：週一～六11:30～22:00，週日休息
價位：天婦羅烏龍麵13€，牛丼飯12€，關東煮5枚8€
前往方式：地鐵站Opéra出口1，沿Av. de l' Opéra往南至Rue des Petits champs左轉，直走至Rue Ste.-Anne右轉步行1分鐘即可抵達
網址：www.kunitoraya.com
MAP：P187

Higuma

日式料理大眾食堂

這是間有著大眾食堂感覺的日本料理餐廳，各式平價而美味的煎餃、丼飯、拉麵讓

Higuma的照燒雞肉套餐

法國人也很喜愛。拉麵包括了味噌、醬油、叉燒、野菜、泡菜等口味，湯底香濃可口，單點已能夠飽足，若選擇套餐則多了7個煎餃；丼飯則有天丼、親子丼、豬排丼等選擇，獨特的醬汁配上米飯暖和了想家的胃，套餐則附上味噌湯和小菜。Higuma有兩家分店，Isa推薦的是在Rue St.-Honoré上油煙味較不重的一家。

 Data
地址：163, rue St.-Honoré 75001 Paris
電話：01 58 62 49 22
營業時間：週一～日12:00～23:00
價位：味噌拉麵6.5€，醬油拉麵套餐10€，天丼單點9€，豬排丼套餐11€
前往方式：地鐵站Opéra出口1，沿Av. de l' Opéra往南步行10分鐘直至Rue St.-Honoré右轉；或地鐵站Palais Royal Musée du Louvre出口5沿Rue St.-Honoré步行1分鐘即可抵達
MAP：P187

Naniwaya（浪花屋）

居酒屋的好味道

聖安娜街上極有人氣的日本料理餐廳，除了有各式各樣的烏龍麵、蕎麥麵，也有美味的鮭魚子、天婦羅、親子丼，晚間更有炸豆腐、章魚燒、唐揚雞等下酒菜，像極了日本居酒屋，而簡單卻正統的拉麵也非常可口！店面位子不多但卻總是客滿，坐在面向開放

拉麵的湯頭
味美而道地

式廚房的櫃台前，讓廚師直接上菜到面前，也很有到日本居酒屋吃飯的感覺喔！

有炸天婦羅的天丼

Data 地址：11, rue Ste.-Anne 75002 Paris
電話：01 40 20 43 10
營業時間：週一～日11：30～15：00，
18：00～22：30
價位：拉麵6.5€，章魚燒4.5€，天丼9.5€
前往方式：地鐵站Opéra出口1，沿Av. de l'
Opéra往南至Rue des Petits champs左轉，直
走至Rue Ste.-Anne右轉步行1分鐘即可抵達
MAP：P187

Bagelstein

新鮮可口的貝果鋪

這是間充滿愉快用餐氣氛的貝果輕食店，新鮮、現做的貝果，不僅有甜、鹹口味，連麵包本身都有各種多元的變化，店內的氣氛也相當輕鬆舒適，牆上掛滿了詼諧喜感的照片，連標語也常常開有幽默的玩笑，例如「Bagelstein建議每天每人限用500個貝果」。無論到這點份早餐或逛完街稍事休息都是個好選擇。

到Bagelstein享用一份可口美味的貝果吧

Data 地址：13, rue des Pyramides 75001 Paris
電話：01 47 30 35 59
營業時間：週一～六11：00～18：00，週日休息
價位：花生貝果2.2€、鮭魚貝果5.1€
前往方式：地鐵站Opéra出口1，沿Av. de l'
Opéra往南至Rue des Pyramides右轉即可達
MAP：P187

195

La Tour-Maubourg　Invalides　Concorde　**Madeleine**　Opéra　Richelieu-Drouot　Grands Boulevards

M 13　RER C　　M 1 12　　M 12 14　　M 3 7　RER A　✈ RoissyBus　　M 9

Madeleine
瑪德蓮站

Isa的旅遊筆記

新古典主義風格的瑪德蓮教堂，宏偉的矗立在瑪德蓮廣場
上，這裡在老饕心目中有如LV總店之於名牌迷一樣，有
巴黎最高級的食品百貨佛雄、艾迪亞坐鎮，還有Maille
芥末醬、Mariage Frères茶葉、Lavinia葡萄酒倉和
Patrick Roger巧克力，相連的皇家路(Rue Royal)除了
有人氣甜點鋪Ladurée自1862年開幕的本店，也可找
到代表法國餐桌藝術的名牌精品，如皇室專用
的Christofle餐具、Bernardaud與Haviland的精
美瓷盤。安排一天到此購物血拼、品嘗美食，
一定讓你大呼過癮！晚間去氣氛神祕的布達吧
喝杯小酒，或預約新藝術風格的美心餐廳，
都是巴黎人會推薦你的地方。

巴黎達人3大推薦地

Isa最愛
Hédiard

紅底黑字的艾迪亞是巴黎數一數二的高級食品百貨，超過3,000種的商品讓人眼花撩亂！（見P.202）

遊客必訪
瑪德蓮教堂

拿破崙為了紀念戰爭勝利所建造，是巴黎最大的新古典主義建築，相當有原創性和創意的設計。（見P.198）

巴黎人推薦
Christofle

Jean-Noël · 32歲 · 室內設計師

這是法國頂級餐具的代表品牌，雖然很貴但我的夢想便是帶一套回家！（見P.200）

贖罪禮拜堂
Chapelle expiatoire
Rue des Mathurins

BetJeman & Barton

Rue Pasquier

Rue de l'Arcade

1 2 號線

Rue Tronchet

Rue Vignon

Rue Godot de Mauroy

Rue de Caumartin

出口5
R. Tronchet

Hédiard

出口4
R. de Sèze

Fauchon
Rue de Sèze

Boulevard Malesherbes

瑪德蓮教堂
Église Madeleine

出口1
Pl. de Madeleine

8 號線

Rue d'Anjou

Rue Boissy d'Anglas

Alessi

瑪德蓮站
Madeleine

Lavinia

Boulevard des Capucines

Patrick Roger

Cité Beryer

出口2
Église

Maille

出口3
R. Duphot

Rue Duphot

Rue Cambon

Rue Saint-Honoré

Buddha Bar

Christofle

Rue Royale

Haviland

Maxim's

Bernardaud

瑪德蓮站街道圖

197

瑪德蓮教堂
Église Ste.-Marie-Madeleine

新古典主義的宏偉門面

從地鐵站出口出來便可看到宏偉的瑪德蓮教堂，在歌手蔡依林《特務J》的音樂錄影帶中也曾出現！是拿破崙為紀念戰爭勝利命建築師Pierre Vignon建於1807年，正面52條宏偉高達20米的科林式廊柱是最明顯的外觀，上方三角形的石牆裡是Henri Lemaire雕刻的《最後的審判》，而入口的銅門上則有德特可提(Henri de Triqueti)關於聖經十誡的精采浮雕。參觀內部不可錯過大殿天篷的三處小圓拱，光線均是由此而入；以及由義大利雕刻家Charles Marochetti所製作的瑪德蓮升天雕像。這邊有一座著名的管風琴，不時有古典音樂會舉行。

Data 地址：Place de Madeleine 75002 Paris
電話：01 44 51 69 00
營業時間：週一～日08:30～18:00
前往方式：地鐵站Madeleine出口即可抵達
MAP：P197

瑪德蓮教堂科林式廊柱是新古典主義的代表

贖罪禮拜堂
Chapelle Expiatoire

昔日王室斷魂的安息場所

正面有三角牆和四柱式門廊，後方則是

三座淡綠色的圓頂，小巧而安詳的贖罪禮拜堂由路易十八命曾建造騎兵凱旋門的Pierre Fontaine興建於1826年，為紀念路易十六和瑪麗皇后，兩人在被送上斷頭台後，遺體被葬在這裡原本的一處墓園中，後來才轉到聖德尼大教堂，這邊也安置了一些在火燒杜樂麗宮時犧牲的瑞士士兵。

Data
地址：29, rue Pasquier 75008 Paris
電話：01 1 44 32 18 00
營業時間：週四～六13:00～17:00，週日～三休息
門票：全票5€，18～25歲3.5€，適用博物館卡
前往方式：地鐵站Madeleine出口沿Rue de Sèze往西至Rue Pasquier右轉步行5分鐘即可抵達
MAP：P197

購物名店

Bernardaud

法國名瓷餐盤

講究的法國人對餐桌上的擺設相當要求，如果你到法國人家中作客，必定會發現每人面前都有一樣整組的桌墊、碗盤、刀叉和酒杯。創於1863年的Bernardaud便是法國頂級餐具中的名牌，以最佳的高嶺土製作各式餐盤、餐碟、瓷碗、茶壺、茶杯等，並擅用手工金漆上色來增強奢華感，向來受到法國王室愛用，知名五星酒店Plaza Athénée也是訂購者。在里摩日(Limoges)的工廠有「王室御用窯廠」之稱，出產的瓷器占了里摩日的40%之多。添購這樣一組高貴的瓷盤作為結婚禮品必定能留下美好的回憶！

Data
地址：11, rue Royale 75008 Paris
電話：01 47 42 82 66
營業時間：週一～六10:00～19:00，週日休息，茶沙龍08:00～19:00
前往方式：地鐵站Madeleine出口沿Rue Royale步行5分鐘即可抵達
網址：www.bernardaud.fr
MAP：P197

Alessi

義大利設計精品

百合鳥醬油罐表現出Giovannoni對亞洲的想像

長得像外星人的榨汁機是Starck替Alessi設計的熱賣商品

©Alessi

1921年由Giovanni Alessi創立，Alessi是在義大利無人不知的設計品牌，即使品牌歷史快要百年，仍然充滿了活力與創意，重點就在網羅了相當多新銳設計師共同開發產品，包括替台灣故宮設計一系列商品的色彩大師Stefano Giovannoni，以亞洲為靈感創作了百合鳥醬油罐Lily Bird(22歐元)，漸層色和造型都讓人愛不釋手；Philippe Starck替Alessi設計的外星人榨汁機Juicy Salif(59歐元)則是暢銷經典作品，外表看起來像外星蜘蛛，實際功能則是榨取檸檬汁！人面蒼蠅拍Fly-swatter(11歐元)則是大師另一個傑作，繪有人臉的拍面就像隨時準備捕殺蒼蠅；建築師

©Alessi

Starck所設計的人面蒼蠅拍

Michael Graves設計的不鏽鋼水壺，在壺嘴加上一隻小鳥，熱水煮開時鳴叫，充滿了想像，自1985年推出後便是熱銷款。

Data 地址：31, rue Boissy d'Anglas 75008 Paris
電話：01 42 66 31 00
營業時間：週一～六10:00～19:00，週日休息
前往方式：地鐵站Madeleine出口沿Bd. Malesherbes往西至與Rue Boissy d'Anglas交叉口左轉即可抵達
網址：www.alessi.com
MAP：P197

Christofle

法國餐桌藝術

一向對餐桌禮儀相當講究的法國，自然有一個高級餐具的奢侈品品牌Christofle誕生，由Charles Christofle創立於1830年，被稱為「歐洲皇室御用供應商」，打造精雕細琢的銀器、餐具、瓷器、玻璃和首飾，其中Rubin系列的純銀餐具走路易十六的華麗風格，相當受到喜愛。仔細看Christofle每件商品都能找到一個品牌戳記，代表了優良品質的認證。從法王Louis Philippe、拿

Christofle自1830年被法王Louis Philippe贈予王室供應商的殊榮

破崙三世、比爾蓋茲、阿湯哥到奢華酒店都愛用。在家裡擺上一組Christofle的銀製餐具一直是法國人的夢想呢！

Data 地址：9, rue Royale 75008 Paris
電話：01 55 27 99 22
營業時間：週一～六10:00～19:00，週日休息
前往方式：地鐵站Madeleine出口沿Rue Royale步行5分鐘即可抵達
網址：www.christofle.com
MAP：P197

精雕細琢的Christofle餐具
©Christofle

Haviland

哈維蘭高級餐瓷

　　1842年由David Haviland創立，其餐盤向來是全球頂級餐廳的指定最愛，林肯、拿破崙三世皇后、戴高樂、林肯也都曾請Haviland設計專用餐具。近來熱銷款是由服裝設計師Véronique Lataste設計的「巴黎仕女系列」(Mademoiselle s'amuse)，在白瓷盤上畫上活潑而優雅的女子，讓人嚮往起巴黎生活。麗池酒店、法航首席設計師Jean Boggio所設計的「麗池系列」(Ritz Club)以午夜的太陽為主題，運用高貴的金色與太陽的圖案勾勒出現代巴洛克的尊貴氣氛。選一套這樣的下午茶組在家裡與朋友共享，一定會為生活帶來更多品味。

Data 地址：6, rue Royale 75008 Paris
電話：01 40 06 91 08
營業時間：週一～六10:00～19:00，週日休息
前往方式：地鐵站Madeleine出口沿Rue Royale步行5分鐘即可抵達
網址：www.haviland.fr
MAP：P197

Haviland是受到頂級飯店喜愛的餐瓷品牌

Fauchon（佛雄食品店）

食品界的名店

　　鵝肝醬、香檳、松露等頂級食材雖不是人人負擔的起，但自路易十四時代對美食、品味的講究，塑造了法國至今擁有許多高級食品百貨成形的原因，在血液裡頭法國人對吃是相當講究的，這間由August Fauchon創立於1886年的佛雄食品店，在瑪德蓮廣場上與相鄰的Hédiard一氣呵成，便是巴黎的老饕和觀光客最愛光臨的地點。Christian Biecher設計的純黑搭配桃紅色的搶眼店面吸引目光，光看便覺得是食品界的精品店。佛雄最出名的便是各種口

瑪德蓮蛋糕

味的瑪德蓮蛋糕(Madeleine)，吃起來口感飽滿，又帶點果醬的香甜！此外店鋪中又可分為鵝肝醬、魚子醬等高級食材區、糖果、軟糖、巧克力區、還有糕點、麵包區，也有餐廳和下午茶店可坐下來享用一頓高級美食。

Data
地址：24-26, place Madeleine 75008 Paris
電話：01 70 39 38 00
營業時間：週一～六09:00～20:30，週日休息
前往方式：地鐵站Madeleine出口即可抵達
網址：www.fauchon.com
MAP：P197

Hédiard（艾迪亞高級食品百貨）

買伴手禮的好地方

　　顯眼的紅配黑色為主調設計的高級食品百貨艾迪亞，由Ferdinand Hédiard成立於1854年，以提供珍貴、稀少的食品為主，吸引了

挑剔的巴黎人目光。這裡有超過3,000種的食品，讓人逛得眼花撩亂！當季的新鮮果醬、蜂蜜讓人想像一頓豐盛的早餐；精美的手工軟糖、巧克力、餅乾禮盒很適合當伴手

艾迪亞的茶葉相當收到歡迎

禮；鵝肝醬、松露、香檳則是過節慶祝的選擇；橄欖油、水果醋、香料、芥末醬是愛下廚的你必定要帶的食材；艾迪亞的茶葉也是Isa許多朋友指定購買，人氣選擇如充滿果香的四水果茶(Thé aux 4 Fruits Rouges)、可加入牛奶的焦糖茶(Thé Caramel)。1樓的餐廳：La Table d'Hédiard，可享受由主廚Jean André Lallican烹調的料理，以及甜點師傅Jeffrey Cagnes的甜點。

Data
地址：21, place Madeleine 75008 Paris
電話：01 43 12 88 88
營業時間：週一～六09:00～20:30，週日休息；餐廳早餐08:00～10:30，中餐12:00～14:30，下午茶15:00～18:00，晚餐19:00～22:00
前往方式：地鐵站Madeleine出口即可抵達
網址：www.hediard.com
MAP：P197

Maille

老牌芥末醬

　　説起法國的芥末醬品牌，沒有人不知道Maille！1720年創立於馬賽，超過30種口味的芥末醬(1.5歐元起)，經典口味包括羅勒(Basilic)、顆粒芥末(A l'ancienne)、蒜香檸檬(Ail-Citron)，添入酒類的白蘭地(Cognac)、或高級的西洋芹碎松露(Celeri-Brisure Truffe)，也有甜口味如開心果柳橙(Pistache-Orange)、香料蜂蜜(Pain d'epice-Miel)，作成沙拉醬或烹調肉類時調味都很迷人，例如法國人喜歡吃牛排時配上一些氣息強烈的芥末醬，或是沙拉調味料中一定會參入一些芥末醬。此外Maille也有水果醋、橄欖油、美乃滋等相關商品。

Maille是法國芥末醬中的名牌

Data 地址：6, place Madeleine 75008 Paris
電話：01 40 15 06 00
營業時間：週一～六10:00～19:00，週日休息
前往方式：地鐵站Madeleine出口即可抵達
網址：www.maille.com
MAP：P197

Lavinia

葡萄酒專賣店

　　廣達三層樓、1,500平方米的葡萄酒店Lavinia，是想在巴黎選購好酒的好去處，這裡共有3,000多種法國酒，也有2,000多種43個國家的葡萄酒和1,000多種白蘭地、威士忌，從瑪德蓮廣場的高級食品一路逛到這裡來選購美酒剛剛好！由Thierry Servant和Pascal Chevrot所創立於2002年，1樓為外來酒和香檳；地下室則為法國本土出產的葡萄酒，如勃根地、波爾多、隆河、薄酒萊、亞爾薩斯等著名產區；2樓則是酒吧和餐廳，點杯紅酒配上乳酪最為享受，在這邊用餐更可以直接點用店內的葡萄酒呢！整體室內空間都針對儲藏葡萄酒優質環境來設計，例如溫度為19度，酒窖區更低於14度；葡萄酒都採用臥放在木箱的形式展示，以防軟木塞乾燥。而Lavinia店內更有試飲機，只要購買儲值卡(最小面額10歐元)，就可以自由飲用店內推薦的新品，一杯約1.5至3歐元。

Data 地址：3, bd. de la Madeleine 75001 Paris
電話：01 42 97 20 20
營業時間：週一～六10:00～20:00，週日休息，餐廳12:00～15:00提供午餐，15:00～20:00提供葡萄酒和乳酪盤品嘗
前往方式：地鐵站Madeleine出口沿Bd. de la Madeleine(近Les Trois Quartiers百貨)步行5分鐘即可抵達
網址：www.lavinia.fr
MAP：P197

Patrick Roger

顛覆巧克力

在瑪德蓮地區有佛雄、艾迪亞兩間超大食品百貨、有芥末醬、美酒、茶葉，自然也得有間有創意又美味的巧克力鋪！以顯眼的土耳其藍和巧克力的顏色正好成明顯對比，Patrick Roger是巧克力界新起之秀，得過全國最佳廚師也曾獲得手工巧克力大獎，對巧克力有著瘋狂的熱愛和執著，他曾說過他要做的是給人幸福感的巧克力，「就像心愛女人致命的吻給人融化感！」這位熱衷摩托車賽車的另類甜點師傅，其靈感時常來自賽車的瞬間爆發！店中的巧克力命名也都很特別，四種巧克力組成的「北緯20度」(20e Parallèle)，分別代表了非洲、印尼、南美、加勒比；代表各種情緒的「本能」(Instinct)、「慾望」(Désir)、「蠻橫」(Insolence)、「柔情」(Tendresse)，可試試你的感受是否和Roger相近；也有對各個城市的想像，如以薑汁入味的「北京」(Beijing)、來自印度的「錫蘭」(Ceylan)、添入柳橙皮的「科西嘉」(Corsica)。

 地址：12 cité Berryer 75008 Paris
電話：01 40 06 99 19
營業時間：週一～六10:30～19:30
價位：9塊禮盒裝14€
前往方式：地鐵站Madeleine出口沿Rue Royale至Cité Berryer右轉步行1分鐘即可抵達
網址：www.patrickroger.com
MAP：P197

Betjeman & Barton

老牌紅茶專賣店

簡單、舒適充滿了下午茶風的情調，這是

走入1919年成立的Betjeman & Barton茶葉專賣店給人的感覺，以「讓顧客能從世界多到數不清的茶葉中挑選到最適合的」如此態度

專賣紅茶的Betjeman&Barton老店

來精選中國、印度、錫蘭、台灣、日本的茶葉，可分為經典茶(Classique)和混合果茶(Parfumé)。混合阿薩姆及大吉嶺的「早午餐茶」(Brunch Tea)、「混合」(Blend)系列的水果茶是熱門的選擇，此外搭配茶葉的點心如水果堅果蛋糕(10.5歐元)、香料蛋糕(8.3歐元)也都很搶手。茶葉罐則以簡單俐落的銀色和多彩包裝為主。

 地址：23, bd. Malesherbes 75008 Paris
電話：01 42 65 86 17
營業時間：週一～六10:00～19:00
價位：茶葉125克罐裝10.8€起
前往方式：地鐵站Madeleine出口沿Bd. Malesherbes步行5分鐘即可抵達
網址：www.betjemanandbarton.com
MAP：P197

特色美食

Buddha Bar（布達吧）

結合東方音樂紓解心靈

有著一尊大佛聞名，布達吧是巴黎最有名的酒吧之一，也在全球各地成立了布達吧分店，帶有東方情調的Lounge音樂是這裡的特色，挑選印度、日本、中國的傳統音樂加以混音，讓人感到神祕與心盪神馳，自1999年開始每年都集結推出專輯，總是暢銷排行榜上的常客，可見巴黎人對東方事物的熱愛。餐廳採挑高設計，大廳是用餐區，而走上樓梯則是酒吧區，琥珀色的燈光與桃花心木桌椅氣氛一流，往來的都是附近的時尚人士。

©Buddha bar

餐點以帶點亞洲色彩為主，如鐵板牛柳、五香煎雞肉，Isa建議你來這邊喝杯小酒放鬆一下，感受這裡獨一無二的氣氛。

Data
地址：8, Rue Boissy d'Anglas, 75008 Paris
電話：01 53 05 00 00
營業時間：週一～五12:00～15:00，19:00～00:30，週六、日19:00～00:30，週六、日中午休息
價位：中午套餐前菜+主菜+甜點+飲料任選29.9€
前往方式：地鐵站Madeleine出口沿Rue Royale至Rue St.-Honoré右轉，再至Rue Boissy d'Anglas左轉步行3分鐘即可抵達
網址：www.buddha-bar.com
MAP：P197

Maxim's（美心新藝術餐廳）

裝潢展現新藝術風格

由Maxime Gaillard創立於1893年，蜿蜒的藤蔓造型鏡框、花朵造型燈飾等經典的新藝術風格裝潢讓人驚艷，一時成為了名人喜愛約會的地方，例如文豪普魯斯、英國國王愛德華七世特便經常造訪，甚至在二戰德國占領期間，這裡也成了德國軍官的聚會地點，希特勒的指定接班人Goering

Maxim's的商品向來是伴手禮的好選擇

便曾到此用餐。主廚Bruno Stril提供傳統的法式美食，如鮮筍佐牛排、羊肉榛果、苦艾酒醬比目魚等。而美心出產的巧克力、栗子糖、乳加糖、餅乾，包裝精美是伴手禮的好選擇，在超市或百貨就買的到！在1979年餐廳被Pierre Cardin買下後，更成立了新藝術博物館，公開他超過50年的收藏，是想了解1900風格的人不可錯過的地方。

Data
地址：3, rue Royale 75008 Paris
電話：01 42 65 27 94
營業時間：週一～日12:00～14:00，19:30～22:30
價位：餐廳中午套餐95€，單點約120€起，博物館門票含導覽15€
前往方式：地鐵站Madeleine出口沿Rue Royale步行3分鐘即可抵達
網址：www.maxims-de-paris.com
MAP：P197

Grands Boulevards

大道站

✎ *Isa的旅遊筆記*

大道站的名稱來自這裡有許多東西向19世紀開拓的大道，比如自瑪德蓮廣場往東延伸有瑪德蓮大道(Bd. de la Madeleine)、卡布辛大道(Bd. des Capucines)和義大利大道(Bd. des Italiens)相連，而奧斯曼大道也與蒙馬特大道(Bd. Montmartre)、魚販大道(Bd. Poissonnière)、崩奴維爾大道(Bd. de Bonne Nouvelle)、聖德尼大道(Bd. St.-Denis)相連可延伸至共和廣場。許多19世紀建立至今仍保存良好的「廊巷」，像時光走廊讓你回味上個世紀的風情。推薦你的餐廳也與這個區域的精神相符，法國人很愛的平價餐廳Chartier能讓你嘗到道地又家庭風的法式料理、Le Valentin則可享受一頓亞爾薩斯風味的法式早餐。

巴黎達人3大推薦地

Isa最愛
Chartier

巴黎超有人氣的19世紀平價餐廳，餐點有著濃濃的家庭風味，裝潢古典，氣氛一流。（見P.210）

遊客必訪
全景巷

19世紀初建造的廊巷，全以鋼鐵和玻璃建成，走入其中好像進入時光隧道一樣，氣氛微妙！（見P.208）

©Chartier

巴黎人推薦
Pastapapa

Edouard · 30歲 · 建築師

最喜歡到這裡享用料多實在的義大利麵、披薩和甜點，多樣選擇總讓我眼花撩亂！（見P.209）

9號線

Fbg Montmartre

Passage Jouffroy

Le Valentin

Richelieu-Drouot

Boulevard Montmartre

8號線

Chartier

出口2
Bd. Montmartre

大道站

Pastapapa

Grands Boulevards

出口1

Passage Panorama

Rue du Fbg Montmartre

出口6

出口3
Rue Montmartre

出口4
Bd. Poissonnière

Rue Rougemont

Le Rex

Boulevard Poissonnière

全景巷
Passage des Panoramas

出口5
Rue St.-Fiacre

De la Ville Café

Bonne Nouvelle

Rue de Richelieu

Rue de Vivienne

Rue St.-Marc

Boulevard Bonne Nouvelle

Bourse

3號線

Rue Montmartre

大道站街道圖

遊賞去處

全景巷
Passage des Panoramas

十九世紀的懷舊廊巷

　　1800年建立的全景巷,入口有兩座圓柱形建築飾有全景壁畫,是巷子命名由來。這是巴黎第一條全用鐵與玻璃鑄造的廊巷,煤氣燈也是1816年首次在此點燃,至今依然生氣勃勃,有許多餐廳和商店在其中,比如57號的L'Arbre à Canelle便是

與全景巷以蒙馬特大道相隔的朱佛巷

一間復古的下午茶店。巴爾札克(Balzac)在其小說《高老頭》裡玩了一種什麼話都以rama結尾的文字遊戲,便出自於全景巷的法文「Panorama」;左拉(Émile Zola)的小說《Nana》,描述了女主角在此廊巷中的多樣劇院(Théâtre des Variétés)表演的景象。與全景巷以Bd. Montmartre相隔的,是作為全景巷延伸的「朱佛巷」(Passage Jouffroy),建於1845年,內有格列凡蠟像館(Musée Grévin)。

 Data
地址:11, bd. Montmartre 75002 Paris
營業時間:週一～六10:00～19:00
前往方式:地鐵站Grands Boulevards出口2沿Bd. Montmartre往西走1分鐘即可抵達
MAP:P207

充滿招牌的全景巷一景

購物名店

Le Rex

巴黎首屈一指的電音夜店

在大道區一帶最有名的夜店便是Rex，位在Grand Rex電影院的地下樓，這裡是巴黎第一座電子樂和DJ進駐的大型夜店，擁有近20年的歷史，現在更是巴黎喜歡Techno音樂人士必去的地方，音響效果非常出色。

 Data
地址：5, bd. Poissonnière 75002 Paris
電話：01 42 36 10 96
營業時間：週三～六約23:00開始進場
價位：週三、四免費，其餘入場費10～15€
前往方式：地鐵站Grands Boulevards出口4步行5分鐘即可抵達
網址：www.rexclub.com
MAP：P207

©Le Rex

特色美食

Pastapapa（爸爸義大利麵）

分量大、口味眾多的好選擇

和許多法國人一樣，在家裡Isa時常自己下廚作義大利麵，如果要到外面吃義式食物，Isa會到這間Pastapapa，因為這裡可自由選擇各種不同的麵條和醬汁做搭配，例如青醬筆尖麵、番茄鮪魚麵、奶油海鮮麵、四種乳酪麵等多達862種的選擇，也可按照喜愛的義大利地方來挑選當地的特色麵食；此外也有各式各樣口味的披薩；甜點則可選擇很義式的提拉米蘇(Tiramisu)、奶酪(Penna Cotta)。重點是Pastapapa的分量十足，義大利麵端上來都是滿滿一盤兩個人吃都沒問題！建議可和朋友共點或互點不同的選擇來一起share。

爸爸義大利麵分量十足，滿足想吃義大利麵或披薩的胃

 Data
地址：8, bd. Montmartre 75002 Paris
電話：01 40 26 30 08
營業時間：週一～日12:00～15:00，17:00～00:00
價位：中午義大利麵或披薩+甜點套餐11€，披薩+甜點+飲料套餐14€，義大利麵+甜點+飲料套餐15€
前往方式：地鐵站Grands Boulevards出口2往西步行1分鐘即可抵達
MAP：P207

209

Chartier是享受法國平價料理的好選擇　　　19世紀的內部裝潢風格　　　　　　　©Chartier

Chartier

法式料理平民食堂

　　對Isa來說，真正的法式料理並不一定只能在米其林餐廳才能吃到，路邊的小酒館、道地的小餐館才能貼近庶民的日常，這便是Isa喜歡Chartier的原因。開幕於1896年的Chartier，黑框大片鏡牆、圓形的白色燈飾、金色掛衣杆都透露出19世紀的情調，每日更換有如報紙的菜單、不須點菜單直接

記錄在桌上的服務更讓人覺得親切有趣。前菜的選擇，Isa推薦你試試看這裡的肥美烤蝸牛(Escargots)，作為進入法式料理的第一課，或是巴黎人都愛的鮮蝦醬酪梨(Avocat sauce crevette)、鯡魚排(Filet de Hareng)；主菜則不妨考慮烤雞配薯條(Poulet Fermier Rôti)、工夫鴨腿(Confit de Canard)、綠胡椒牛排(Steak Haché Sauce Poivre Vert)都是經典的平民菜色；甜點則以添加了蘭姆酒的蘭姆巴巴(Baba aux Rhum Chantilly)或淋上熱巧克力醬的泡芙球(Profiteroles au Chocolat Chaud)最為可口。

Data　地址：7, rue du Fbg Montmartre 75009 Paris
電話：01 47 70 86 29
營業時間：週一～日11:30～22:00
價位：6個烤蝸牛6.5€，烤雞配薯條8.7€，工夫鴨腿9.7€
前往方式：地鐵站Grands Boulevards出口1沿Rue du Fbg Montmartre往北步行1分鐘即可抵達
網址：www.restaurant-chartier.com
MAP：P207

綠胡椒腓力牛排

De la Ville Café (城市咖啡館)

設計前衛的混搭料理

　　Isa最喜愛的巴黎便是大道區，而這間城市咖啡館更是每次去大道區必去的地方。室外露天座位區以現代、普普風格的風格為主，來這裡喝杯啤酒、咖啡，觀看街頭人潮最適合；進到裡頭，酒吧區大面的古典鏡牆，配上現代的設計師座椅，有混搭的效果；走上二樓，拿破崙三世的雕花寬面樓梯、廊柱讓人驚嘆，樓上空間甚至還保留了三道圓拱！這邊的餐點也走混搭風，可以吃到傳統的法式煎鵝肝，也有美式的布魯克林鮭魚貝果、義式的干貝南瓜燉飯；Lounge Bar裡，不規則突出曲線的牆壁裝潢、懸掛牆上的獸首、紅色皮椅新潮前衛，喝杯雞尾酒最恢意，週三晚間還有DJ進駐，炒熱夜晚的氣氛。

De la ville咖啡館分為露天座位、吧台和二樓古典風格的多樣裝潢

©Paris Tourist Office/Amélie Dupont

城市咖啡館面向大街的露天座位

咖啡館1樓Lounge bar走前衛風

Data 地址：34, bd. Bonne-Nouvelle 75010 Paris
電話：01 48 24 48 09
營業時間：週一～日11:00～02:00
價位：咖啡2.1€，啤酒4€，煎鵝肝12€、布魯克林鮭魚貝果14€、干貝南瓜燉飯17€
前往方式：地鐵站Grands Boulevards出口4沿Bd. Poissonnière往東步行10分鐘；
　　　　　或地鐵站Bonne Nouvelle出口往東步行1分鐘即可抵達
網址：www.delavillecafe.com
MAP：P207

La Motte-Picquet-Grenelle　Ⓜ ⑥ ⑩
École Militaire
La Tour-Maubourg
Invalides　Ⓜ ⑬ RER Ⓒ
Concorde　Ⓜ ① ⑫
Madeleine　Ⓜ ⑫ ⑭
Opéra　Ⓜ ③ ⑦ RER Ⓐ ✈ RoissyBus

Invalides

傷兵院站

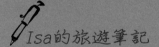
Isa的旅遊筆記

有8、13號線和RER-C線交錯的傷兵
院站，是巴黎左岸介於艾菲爾鐵塔
和聖傑曼德佩之間的精華地段。廣大的傷兵院廣場，是巴黎人夏天喜愛
曬太陽的地方；有著金光閃閃圓頂的傷兵院則是一代英雄拿破崙的安息
之地。附近有　　　　著現代雕塑大師羅丹的個人美術館，著名的《沈
思者》雕像就展示在花園中，任遊客參觀。傷
兵院一帶屬於巴黎左岸高級住宅區，Rue Jean-
Nicot和Rue Cler上充滿了美味的麵包店、海鮮
鋪、熟食鋪讓居民外帶新鮮美食，比如可頌
麵包直送總統府的Secco麵包店、每日準備不
同料理的Davoli義大利外燴鋪、可找到伊比
利火腿的Bellota-Bellota西班牙食材鋪。

巴黎達人3大推薦地

Isa最愛
SECCO
必逛美味麵包店！這裡直送總統府愛麗榭宮的美味可頌超有人氣，晚點來就買不到囉！（見P.218）

遊客必訪
傷兵院
有著鍍金圓頂的傷兵院，占地廣大而具有氣勢，其中的圓頂教堂是法國英雄拿破崙的長眠之地。（見P.214）

巴黎人推薦
Bellota-Bellota
David・32歲・商業人士
下班以後我最喜歡到這裡來切點生火腿，配上紅酒、乳酪最享受！（見P.218）

傷兵院站街道圖

傷兵院
Les Invalides

拿破崙安息之所

不管從艾菲爾鐵塔、蒙帕拿斯高樓或蒙馬特山丘,你都可以望見這座有著圓頂金光閃閃的傷兵院,由路易十四下令建於1671年,歷經30年完成,後又於1706年增建聖路易教堂及圓頂教堂。

傷兵院為布呂揚(Libéral Bruant)所設計,原作為受傷軍人、榮民休息的醫院,目前為軍事博物館(Musée de l'Armée),陳列各種槍械、彈炮、戰袍及與戰爭相關的收藏。從亞歷山大三世橋往傷兵院走,會穿過擁有大片草坪的傷兵院廣場(Esplanade des Invalides),正門上方有路易十四的浮雕,門前18座刻有動物或人像的青銅禮砲,顯出一股正義凜然的風範。再往裡走,會來到掛滿了戰爭擄獲的敵國國旗的聖路易教堂,這裡

拿破崙的紅花崗岩棺塚

還存有當年從聖赫勒拿島裝運拿破崙遺體的靈車,以及運送回法國的大理石棺,喜歡拿破崙的人一定要到此憑弔一番。

圓頂教堂原本是路易十四打算用來作為自己身後的安息之處,聘請皇室專用設計師蒙莎(Jules Mansart)於1706年打造,迎合喜愛氣派風格的路易十四,蒙莎將圓頂漆上一層金箔,在陽光下十分耀眼,成為巴黎最好辨認的一座建築!但這座教堂最後卻沒有安葬路易十四,成為了拿破崙的安息之所,大部分的遊客到傷兵院參觀正是為了拜訪位於地下室的拿破崙之墓,這位叱吒風雲的英雄人物,安眠在由名設計師Louis Visconti所設計的雙桂冠紅花崗岩棺塚裡,為12尊勝利女神所環繞,地上圖騰為「法蘭西帝國戰役」。

 Data 地址:129, rue de Grenelle 75007 Paris
電話:08 10 11 33 99
營業時間:10～3月週一～六10:00～17:00,週日至17:30,4～9月10:00～18:00,週日至18:30,4～9月週二延長至21:00,圓頂教堂7～8月開放至19:00,除7～9月以外每月第一個週一休息
門票:全票9.5€,18～26歲7.5€,17:00以後7€
前往方式:地鐵站Invalides出口即可望見傷兵院
網址:www.invalides.org
MAP:P213

傷兵院前有大片的草坪

羅丹美術館
Musée Rodin

當代雕塑大師的作品收藏

羅丹是法國近代最重要的雕塑家之一，其名作都收藏在這座18世紀洛可可風格的古典大宅之中，讓你可以一次看盡藝術家一生的精采作品！1919年開幕，這座博物館是羅丹將畢生作品捐給法國換得的，可惜在逝世前都未能看到其完工。

Isa推薦你的是這裡的英式花園，廣達3公頃的面積，是巴黎少數廣大的花園。陳列了27尊銅像、40尊大理石雕像，知名雕刻如：參考但丁《神曲》而作、原作為美術館大門之用、從未完成的《地獄門》(La Porte de l'Enfer)，以及《沉思者》(Le Penseur)。若不特別喜愛雕像只想親眼一睹《沈思者》的風采，購買花園門票(1歐元)參觀便已物超所值，帶份三明治到這裡野餐、散步，享受難得的陽光便讓你感到十分愜意。沒有時間到博物館，在地鐵站Varenne的月台上也有一尊複製版的沈思者雕像喔！

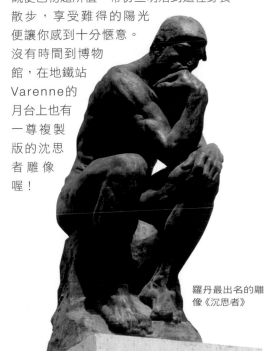

羅丹最出名的雕像《沉思者》

位在公園中的《地獄門》，羅丹終其一生都未完成

羅丹美術館位在一棟18世紀的古宅內

Data

地址：77, rue de Varenne 75007 Paris
電話：01 44 18 61 10
營業時間：週二～日09:30～17:45，10～3月至16:45，週一休息
門票：博物館全票9€，18～25歲7€，花園1€，與奧塞美術館一日通行證12€，每月第一個週日免費，適用博物館卡
前往方式：地鐵站Invalides出口沿傷兵院左側Bd. des Invalides至Rue de Varenne左轉步行3分鐘；或地鐵站Varenne出口即可抵達
網址：www.musee-rodin.fr
MAP：P213

以印象派收藏聞名的奧塞美術館

奧塞美術館
Musée d'Orsay

19世紀的藝術之旅

　　與羅浮宮隔著塞納河相望的奧塞美術館，是巴黎最重要的美術館之一，尤其以印象派收藏最值得一看，例如莫內、雷諾瓦、畢沙羅、竇迦、塞尚、羅得列克至梵谷的原作都能在此處欣賞，以及羅丹和布爾代勒的雕塑。

　　1986年開幕，奧塞美術館的前身是一座為1900年萬國博覽會所蓋的火車站，在廢棄之後改建為美術館，入內後你便可以感受與其他地方不一樣的氣氛，寬敞明亮的空間，是由於搭建了圓拱形透明頂棚所導入的自然光線；華麗的大鐘時間已經停擺，卻還保留著19世紀的輝煌；兩旁原是月台的地方，成了19世紀畫作展覽廳；中央原本的火車鐵道，現在則放置第二帝國時期的雕像作品。Isa特別推薦這裡的館內餐廳，有著華美的新藝術風格，天花板古典壁畫、金碧輝煌的窗台、牆柱和燈飾，用餐氣氛一流，料理也走法式傳統風格，逛累了不妨就在這邊用餐，再繼續下一個行程。

 地址：1, rue de la Légion d'Honneur 75007 Paris
電話：01 40 49 48 14
營業時間：週二～日09:30～18:00，週四至21:45
前往方式：地鐵站Invalides出口沿河岸Quai d'Orsay往東步行10分鐘即可抵達
票價：全票11€，18～30歲8.5€，教師及每月第一個週日免費，餐廳中午套餐主菜+甜點16.5€
網址：www.musee-orsay.fr
MAP：P213

Pierre-Auguste Renoir / 1876年，131 x 1/5 cm

Jean-François Millet / 1857年，83.5 x 111 cm

米勒・拾穗
LES GLANEUSES

巴比松畫派畫家米勒這幅描繪3名婦人撿拾麥穗的畫作，表現出人類崇高精神的畫面。

雷諾瓦・煎餅磨坊的舞會
LE BAL AU MOULIN DE LA GALETTE

繪製蒙馬特煎餅磨坊餐廳的一景，利用點綴在人群上的光影，畫出了歡樂的巴黎景象。

Edouard Manet / 1863年，89.5 x 116.5 cm

Vincent van Gogh / 1889年，57.5 x 74 cm

馬內・草地上的午餐
LE DÉJEUNER SUR L'HERBE

這幅草地上兩位盛裝男士及一名裸女野餐的畫作，震驚了當時的藝評家，被認為傷風敗俗。

梵谷・亞爾的房間
LA CHAMBRE D'ARLES

梵谷在亞爾居住時期的房間，相當知名的畫作。

PARIS

Secco的可頌麵包層次分明，
咬下去滿嘴芳香／0.9€

Boulangerie Stéphan Secco

最美味的可頌麵包

　　2003年成立的Secco麵包店是老巴黎人最愛買麵包的地方，這裡美味的可頌麵包可是直送總統府愛麗榭宮的喔！麵包師傅Stéphan Secco曾在糕點名店Christian Constant和Storher旗下學藝，也曾到日本第一甜點麵包店André Lecomte工作，回到

法國後又擔任知名奢華餐飲集團Coste的烘焙主廚，並在2004年獲選年度最佳甜點師傅。這裡除了經典必買的可頌，傳統的棍子麵包也可看出師傅功力的經典，巧克力麵包、馬卡洪和各式蛋糕也都讓人想帶回家。

Data 地址：20, rue Jean-Nicot 75007 Paris
電話：01 43 17 35 20
營業時間：週二～六08:00～20:30，週一、日休息
前往方式：地鐵站Invalides出口沿河岸Quai d'Orsay往西走至Rue Jean-Nicot左轉步行5分鐘即可抵達
MAP：P213

Secco店家粉紅和寶藍的配色相當有別於一般傳統的麵包店

Bellota-Bellota

西班牙生火腿名店

　　如果你久仰伊比利生火腿的大名，必定要來這間Bellota-Bellota七區的本店品嘗！經典的「三款火腿拼盤」(La Trilogie de Bellota-Bellota)，有Los Pedroches、Guijuelo、Jabugo三種不一樣產區的伊比利火腿，配上麵包與番茄沾醬享用，讓你一次比較三種不一樣的火腿風味！此外也有燻鮭魚、鮭魚卵、魚子醬、乳酪、橄欖油等各式

高級食材可購買。拉法葉百貨男裝館1樓的美食超市內也有Bellota的吧台，可坐下來點盤火腿配上紅酒、乳酪和麵包享用。

Data 地址：18, rue Jean-Nicot 75007 Paris
電話：01 53 59 96 96
營業時間：週二～六11:00～23:00，週日、一休息
價位：三款火腿35€，主菜單點20€，前菜或甜點+主菜25€
前往方式：地鐵站Invalides出口沿河岸Quai d'Orsay往西走至Rue Jean-Nicot左轉步行5分鐘即可抵達
網址：www.bellota-bellota.com
MAP：P213

著名的西班牙食材伊比利生火腿在巴黎Bellota Bellota就可以吃得到

Davoli

義大利食材店

七區是巴黎高級住宅區，想滿足這邊的居民，商品種類繁多、可口又道地的熟食鋪是少不了的，Rue Cler街上便滿是乳酪鋪、海鮮鋪與餐廳和外燴店，其中義大利食材店Davoli自1913年創立，是附近民眾喜愛外帶的知名熟食鋪，大量的帕瑪火腿(Parme)、

帕瑪桑乳酪(Parmesan)讓人饞腸轆轆，也有自家產品如橄欖油、Balsamique醋、醃橄欖、朝鮮薊等開胃菜，也可找到做燉飯專用的義大利米。熟食區每天變換菜單，如時節燉飯、番茄肉醬麵、辣花枝都很可口又傳統，也有鯷魚披薩、吐司先生等小食，再來份義大利水果蛋糕(Penettone)、開心果慕斯、提拉米蘇等甜點，外帶到附近的戰神廣場野餐，或帶回旅館享用再適合不過了！

Data 地址：34, rue Cler 75007 Paris
電話：01 45 51 23 41
營業時間：週二、四、五08:30～13:00，15:15～19:30，週三08:30～12:30，週六08:30～19:30，週日08:30～13:00，週一、三及週日下午休息
前往方式：地鐵站Invalides出口沿河岸Quai d'Orsay往西走至Bd. de la Tour Maubourg左轉，至Rue St.-Dominique右轉，再至Rue Cler左轉步行5分鐘即可抵達
網址：www.davoli-paris.fr
MAP：P213

Grands Boulevards　　Bonne Nouvelle　　Strasbourg-Saint-Denis　　**République**　　Filles du Calvaire　　Saint-Sébastien-Froissart　　Chemin Vert

Ⓜ ④ ⑨　　　Ⓜ ③ ⑤ ⑨ ⑪

République
共和廣場站

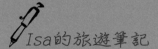
Isa的旅遊筆記

有3、5、8、9、11號線交錯的共和廣場站，是巴黎繁忙而熱鬧的區域，年輕人喜愛到這邊小酌或到舞廳跳舞，共和廣場和聖馬當運河是本區兩大集散地，為巴黎市中心最大的共和廣場，廣場上的雕像是法蘭西共和國的象徵，向來是人們約會的好地方，這裡有許多簡餐、餐廳、商店。運河兩岸則是著名的Bobo區，設計師小店、藝廊和許多有露天座位的餐廳、營業到深夜的酒吧、舞廳帶動了本區的氣息，學巴黎人一樣到這邊用餐、喝酒，散步再愜意不過。

巴黎達人 **3** 大推薦地

Isa最愛
聖馬當運河

有別於塞納河的另一種寧靜唯美風情，在聖馬當運河畔散步、看書或野餐是巴黎人週日午後的活動！（見P.222）

遊客必訪
共和廣場

巴黎市中心最大的廣場，有一尊倚著人權宣言的瑪麗安娜像，遊行示威必經之地！
（見P.222）

巴黎人推薦
Café Séraphin

Véronique・27歲・雜貨店店員
從早餐、午餐到小酌、晚餐都適合的綜合型餐廳，和朋友聚會最棒！（見P.225）

聖得尼門
Porte St.-Denis
聖馬當門
Porte St.-Martin

Bd. St.-Denis

8號線

5號線

Bd. de Magenta

出口
Rue René Boulanger

出口
Bd. Magenta

聖馬當運河
Canal St.-Martin

Quai de Valmy

Quai de Jemmapes

聖馬當運河 Canal St-Martin

Bd. St.-Martin

Le Gibus

共和廣場站
République

出口
Bd. St.-Martin

Café Séraphin

出口
Rue du Faubourg du Temple

Bd. Jules Ferry

Temples

3號線

共和廣場
Place de la République

出口
Rue du Temple

Av. de la République

Arts et Métlers

11號線

Rue du Temple

Rue Béranger

Bd. du Temple

Bd. Voltaire

Rue Réaumur

Hôtel Murano Resort

共和廣場站街道圖

遊賞去處

共和廣場
Place de la République

人權宣言的堡壘

共和廣場是Isa和年輕朋友最喜愛約會的地方，這裡氣氛熱鬧且較平易近人，廣場上有許多商店，小巷裡也有許多美味的咖啡館和餐廳，離聖馬當運河也不遠，是真正的巴黎人喜愛聚集的地方。命名來自法蘭西第一、二、三共和，廣達3.7公頃，是巴黎市中心最大的廣場，中央有一尊代表法蘭西共和國的瑪麗安娜(Marianne)雕像，左手倚著刻有「人權宣言」之板，右

巴黎市中心最大的廣場——共和廣場

手持象徵和平的橄欖枝葉，下方3座大理石人像分別代表自由、平等、博愛，是法國的國家格言。

 Data　地址：Place de la République 75009 Paris
前往方式：地鐵站République出口Pl. de la République即可抵達
MAP：P221

聖馬當運河
Canal St.-Martin

靜謐唯美的河岸之旅

流經城市的河流往往造就無數美景，巴黎獨天得厚的有著美麗的塞納河，以及從拉維特港口、烏克運河穿過市區，在阿森那爾港口匯入塞納河的聖馬當運河。這裡是Isa特別喜愛的地方，比起塞納河沿岸少了點觀光客的塵囂打擾，運河兩旁種植巨大的梧桐樹，和朋友隨意找個地方坐下來野餐便很愜意。還可以到河上天橋學艾蜜莉打水漂！

 Data　地址：Canal St.-Martin 75010 Paris
前往方式：地鐵站République出口Rue Fbg. du Temple步行5分鐘至Quai Valmy左轉即可抵達聖馬當運河
MAP：P221

與塞納河比起來多了一分靜謐之美

聖得尼與聖馬當門
Porte St.-Denis et Porte St.-Martin

矗立市中心的兩座城門

這兩座位在市中心的城門，由於四周商店、餐廳林立，特別顯得古意盎然，在此拍照或許會比凱旋門更有巴黎獨特的風格！兩座城門的建造時間也都比凱旋門要早得多，為了紀念路易十四的功績，高24米的聖德尼門矗立在聖德尼大道(Bd. St.-Denis)與聖德尼區街(Rue du Fbg. St.-Denis)上，由建築師François Blondel所設計於1672年，電影《巴黎，我愛你》中，娜塔莉波曼便和男主角在這座門前佇立，任人聲車流經過，回憶他們交往的片段，十分動人！聖德尼門是為了紀念路易十四對萊茵河之役的勝利，兩側方尖碑造型的浮雕，刻上了戰爭戰利品。中央的浮雕南面描繪穿越萊茵河，北面則是攻入荷蘭的馬斯垂特。聖馬丁門則可在聖德尼大道(Bd. St.-Denis)與

聖馬當區街(Rue du Fbg. St.-Martin)交界處找到，高17米，比聖德尼門晚建2年，為了紀念柏桑松(Besançon)及擊潰荷德西盟軍的功績。

Data 地址：**聖德尼門**：Bd. St.-Denis與Rue St.-Denis交會處；**聖馬當門**：Bd. St.-Denis與Rue St.-Martin交會處
前往方式：地鐵站République出口Bd. St.-Martin往西步行10分鐘，可先見到聖馬當門再見到聖得尼門
MAP：P221

購物名店

LE GIBUS（吉布斯夜店）

©Gibus

盡情狂high的電音之夜

　　位在共和廣場不遠的吉布斯是巴黎知名的老牌夜店，1967年開幕以來，已有超過40年的歷史，一開始以搖滾樂團表演為主，如Sex Pistols、Deep Purple、Téléphone、Indochine，後來Gibus開始播放電音和Hip-Hop音樂，客群比較普羅大眾，播放的音樂有Hip-Hop、House、電音及不同的主題之夜，約莫可容納700人。

 地址：18, rue Fbg du Temple 75011 Paris
電話：01 47 00 78 88
營業時間：週五、六23:00以後進場
前往方式：地鐵站République出口Rue Fbg du Temple步行5分鐘即可抵達
網址：www.gibus.fr
MAP：P221

巴黎知名的老牌夜店Gibus

特色美食

Bar du Hôtel Murano Resort

©Murano

充滿色彩的Murano酒吧

有設計感的彩色酒吧

　　2004年由Jérôme Foucaud成立的酒吧，位在這間以設計與當代感聞名的Murano旅館中，奢華、舒適、設計和現代，充滿色彩的牆壁和桌椅，這裡曾獲選巴黎最佳雞尾酒吧，更有多達300種伏特加供你挑選，有最佳調酒師Sandrine Gregoire替你調配，如果和眾多朋友一起去不妨開瓶香檳會比每人單點雞尾酒還划算，又有party的感覺喔！晚間的音樂以輕鬆優雅的爵士樂為主，週四以後則有DJ進駐。

 地址：13, bd. du Temple 75011 Paris
電話：01 42 71 20 00
營業時間：週一～日07:00～02:00
價位：無酒精雞尾酒11€起，雞尾酒19€起，香檳17€起
前往方式：地鐵站République出口Rue du Temple沿廣場走至Bd. du Temple步行5分鐘即可抵達
網址：www.muranoresort.com
MAP：P221

Café Séraphin（薩哈凡咖啡館）

令人賓至如歸的好餐廳

位在共和廣場旁，這是一間何時去都有熱情服務的餐館、咖啡館，混合了現代和復古的裝潢與家具，氣氛很不錯，到這邊用一份簡單的早餐，現煮咖啡配上可頌，就相當的巴黎人；週日早午餐則包括了咖啡或茶、配上柳橙汁，新鮮的麵包、喜瑞兒麥片、優酪、吐司先生、燻鮭魚和白煮蛋和一份水果沙拉，讓你睡得飽也吃得飽，元氣十足。餐點方面則有像是白汁煮小牛肉、塔塔生牛肉、工夫鴨腿這樣傳統法式料理的選擇。

每日主餐魚排配米飯

 Data
地址：14, rue Fbg du Temple 75011 Paris
電話：01 48 05 77 33
營業時間：週一～日07:30～02:00
價位：週一～三中午主菜+一杯酒或飲料套餐11.7€，主菜單點約15€，早午餐19.7€，每日主餐9.1€
前往方式：地鐵站République出口Rue Fbg du Temple步行1分鐘即可抵達
MAP：P221

現代又帶巴洛克風格的撒哈凡咖啡館

Séraphin的露天咖啡座

Boissière　Trocadéro　Passy　**Bir-Hakeim**　Dupleix　La Motte-Picquet Grenelle　Cambronne

Ⓜ 9　　　　　　RER Ⓒ　　　　Ⓜ 8 10

Bir-hakeim
比爾阿坎站

Isa的旅遊筆記

比爾阿坎站是前往參觀艾菲爾鐵塔最方便的地鐵
站，由於地鐵架設在高架橋的關係，搭乘時可透
過地鐵車窗，欣賞到塞納河畔艾菲爾鐵塔的動人
景致！地鐵出口處便是因電影《全面啟動》而大
紅的比爾阿坎橋，獨特的雙層鐵橋造型上為地鐵
車道，下為人行步道，並可由比爾阿坎橋走到名
為白鳥小徑的河心島，島上寧靜優美，適合散
步；沿著布朗利堤道(Quai Branly)便可走到巴黎
的人氣觀光景點艾菲爾鐵塔，搭乘電梯到頂層飽
覽巴黎的市容，並安排到鐵塔上享用一餐是人生
中難忘的回憶！天氣好的話，不妨從艾菲爾鐵塔
旁的塞納河畔選一艘船舶公司進行一趟約莫1小
時的河上觀光之旅，在船上欣賞河兩岸的建築風
光，或是預約一頓船上用餐，想必相當有氣氛！

地鐵站大發現

比爾阿坎的站名是為了紀念1942
年在非洲利比亞沙漠的戰爭勝
利。仔細看月台兩側會發現有
藍色、黃色不一樣顏色的大型
玻璃設計，這是美國藝術家Judy
Ledgerwood贈予巴黎的藝術創作
「Day and Night」，巴黎則將新
藝術風格的地鐵入口贈予芝加哥
(地鐵站Van Buren Street)作為交
換。

巴黎達人3大推薦地

Isa最愛
白鳥小徑

塞納河上一處鮮為人知的河心島,寧靜無人的氣氛和眺望艾菲爾鐵塔的視野讓你可到此休息一下!(見P.232)

遊客必訪
艾菲爾鐵塔

為1889年萬國博覽會而建的人氣鐵塔,高324米,可搭乘電梯或步行樓梯參觀3層不同的景色!(見P.228)

巴黎人推薦
塞納河遊船

Steve・19歲・學生

搭遊船可把艾菲爾鐵塔、奧塞美術館、羅浮宮、聖母院等名勝一次看盡!

(見P.230)

Les Deux
Abeilles

布朗利碼頭博物館
Musée
Quai Branly

Rue de l'Université

Avenue New York

Avenue Rapp

Avenue Bosquet

塞納河遊船
Croisière sur la Seine

Pont d'Iéna

塞納河 La Seine

Quai Branly

Café
Constant

Avenue de la Bourdonnais

Rue Saint-Dominique

Passy
M

艾菲爾鐵塔
La Tour Eiffel

6號線

Av. J. Bouvard

比爾阿坎橋
Pont Bir-Hakeim

Avenue de Suffren

戰神廣場
Parc du
Champs de Mars

白鳥小徑
Allée des
Cygnes

出口2
Tour Eiffel

出口1
R. Nelation

比爾阿坎站
Bir-Hakeim

M

比爾阿坎站街道圖

艾菲爾鐵塔
Tour Eiffel

巴黎象徵性地標

　　為了1889年慶祝法國大革命100週年而建造的艾菲爾鐵塔，是巴黎最高的地標，也是最熱門的觀光景點之一。建築師Gustave Eiffel帶領著300名工人在每週工作7天、連續工作26個月又5天之下，終於將這個劃時代的嶄新建築完成。然而完工後卻受到大量的批評與非議，市民認為這座鐵塔與巴黎市容格格不入。鐵塔原本預計在博覽會後20年拆除，卻因為無線電的發明而意外的將鐵塔保

艾菲爾鐵塔造型紀念品一直有高人氣

留下來，現在成為了巴黎最受歡迎的代表象徵，來自世界各地的遊客無不想登上鐵塔作紀念，排隊的人潮從不間斷，旺季時總得等上1小時以上呢！

　　高324米的艾菲爾鐵塔，共分為3層，第一層設有餐廳Le 58 Tour Eiffel，中午以簡單、平價的輕食套餐(套餐17.5歐元起)提供你絕佳的視野相伴；第二層則有米其林一星餐廳Le Jules Verne，屬於Alain Ducasse集團，是不少追求浪漫氣氛和精緻料理朋友

由鐵塔俯瞰的巴黎動人夜景

的好選擇(週間午餐套餐85歐元起)；頂層則是360度的觀景台，附有香檳吧(10～15歐元)。Isa建議大家如果確定好到訪時間，先到艾菲爾鐵塔的網站上線上訂票(附有英文版)，可省去不少排隊購票的時間喔！

 地址：5, av. Anatole France 75007 Paris
電話：01 41 10 08 10
門票：電梯達第二層全票9€，12～24歲7.5€；電梯達頂層全票15€，12～24歲13.5€；樓梯達第二層全票5€，12～24歲4€
營業時間：週一～日09:00～23:45(最後班次23.00，頂層22:30)，夏季6月17日～8月28日09:00～00:45(最後班次00:00，頂層23:00)
前往方式：地鐵站Bir-Hakeim出口2，沿河岸Quai Branly往東走5分鐘即可抵達
網址：www.tour-eiffel.fr，線上訂票ticket.toureiffel.fr
MAP：P227

Le 58 Tour Eiffel
餐廳的中午套餐：前菜
鵝肝肉凍和主菜香煎鮭魚配烘蛋

比爾阿坎橋
Pont de Bir-Hakeim

塞納河上雙層道橋

這座造型特殊，分為上層6號線地鐵鐵軌、下層人行道的塞納河河上橋樑，在電影《全面啟動》(Inception)中露臉後，突然成為了巴黎熱門的觀光景點，不少遊客到此想像電影中Ellen Page和Leonardo Di Caprio所創造出的第一個夢境中的鏡牆。建造於1905年，比爾阿坎橋連接了左岸15區和右岸16區，並有樓梯與塞納河上的河心島白鳥小徑相連，這邊也有眺望艾菲爾鐵塔很好的視野。

 地址：Pont Bir-Hakeim
前往方式：地鐵站Bir-Hakeim出口2即可抵達
MAP：P227

塞納河遊船
Croisière sur la Seine

悠遊河上的美麗時光

　　在塞納河上一邊欣賞岸邊美麗的建築，一邊享用浪漫的法式燭光晚餐，這樣的行程是許多旅人都夢寐以求的。以下Isa便推薦你幾家知名的遊船公司與河上晚餐的行程，餐點含有前菜、主菜、乳酪盤、甜點、咖啡。

遊船公司	Bateaux Parisiens 巴黎人遊船	Bateaux Mouches 蒼蠅船	Vedettes du Pont Neuf 新橋遊船	Capitaine Fracasse 法卡斯船長
				©Capitaine Fracasse
搭乘地點	艾菲爾鐵塔	Pont de l'Alma	Pont Neuf	Pont de Bir-Hakeim
時程	60分鐘	70分鐘	60分鐘	無觀光船行程
票價	13€	12.5€	14€	無觀光船行程
優惠	持國際學生證7.7€	—	網上訂票可享8€票價	無觀光船行程
河上午餐	每日12:45 54€～74€	週末及假日13:00 55€	無用餐行程	—
河上晚餐	每日18:30和21:00 69€ 每日20:30 99€起	每日20:30 99€、140€	無用餐行程	20:30 60€起
網址	www.bateauxparisiens.com	www.bateaux-mouches.fr	www.vedettesdupontneuf.fr	www.lecapitainefracasse.com

製表：姚筱涵

戰神廣場
Champs de Mars

拿破崙軍事操演場地

　　這座綠意盎然、廣達24.5公頃的帶狀公園，是以前鄰近的軍事學校作為軍事演練的操場，拿破崙就曾讀過這所軍事學校、也曾在這處廣場上操練呢！就位在艾菲爾鐵塔後方，參觀完鐵塔後，不妨到戰神廣場的草坪上野餐或休息一下。

Data 地址：Champs de Mars 75007 Paris
前往方式：地鐵站Bir-Hakeim出口2，沿河岸Quai Branly往東走5分鐘至艾菲爾鐵塔即可抵達
MAP：P227

布朗利碼頭博物館
Musée Quai Branly

連接多元文化的橋樑

　　擁有玻璃帷幕外觀的布朗利碼頭博物館，很容易就讓人聯想到卡地亞基金會、阿拉伯文化中心擁有的建築風格，都是出自建築師Jean Nouvel之手，玻璃帷幕上有26個突出的彩色方塊，相當富有節奏感。這座由席哈克總統所構思的博物館，是巴黎第一座專門收藏世界原始藝術展品的展覽館，2006年正式開放後，成為繼羅浮宮、奧塞美術館、龐畢度中心後巴黎受到矚目的重點，館內收藏有4,000件來自亞洲、非洲、大洋洲、美洲的展品。

　　附設的「布朗利咖啡館」(Café Branly)熱門程度並不輸給博物館，因為這裡的露天座位有著眺望艾菲爾鐵塔的良好視野，並位在Jean Nouvel所設計的花園之中，享受寧靜、自然的氣氛，很受到巴黎人歡迎，一壺茶配上甜點的下午茶套餐約莫在10歐元左右。而高檔次一點的「影子餐廳」(Les Ombres)，位於博物館頂樓，提供登高遠眺的視野，可在此用餐(套餐26歐元起)，或品嘗瑪莉兄弟茶、咖啡或熱巧克力選擇的下午茶。

Data 地址：37, quai de Branly 75007 Paris
電話：01 56 61 70 00
門票：全票9€，學生7€，教師免費，適用博物館卡
營業時間：週二～日11:00～19:00，週四～六至21:00，週一休息
前往方式：地鐵站Bir-Hakeim出口2，沿河岸Quai Branly往東走10分鐘即可抵達
網址：www.quaibranly.fr
MAP：P227

玻璃帷幕是Jean Novel的建築風格代表
©Musée Branly

231

寧靜優美的白鳥小徑

白鳥小徑
Allée des Cygnes

浪漫綠蔭散步道

　這座塞納河上的另一處狹長形河心島，比起西堤島顯得默默無名的許多，總長890米，其上浪漫的散步道「白鳥小徑」兩旁種滿了綠樹，只見慢跑或看書的巴黎人在此活動。Isa特別喜愛這份寧靜和與世無爭的平和，如果要選出巴黎最愛的景點，白鳥小徑會在我的Top 10之中。

Data 地址：Allée des Cygnes 75015 Paris
前往方式：地鐵站Bir-Hakeim出口2至比爾阿坎橋上的樓梯往下走即可抵達
MAP：P227

特色美食

Les Deux Abeilles（兩隻蜜蜂下午茶店）

吃完甜點再上路

　這是一間位在戰神廣場附近的小巧下午茶店，逛完布朗利碼頭博物館後，不妨散步到這裡享用一份蛋白霜檸檬塔、司康餅、熱肉桂奶油麵包配上手工果醬、蘋果汁，或是鹹派、焗烤茄子，點心和料理都有濃濃的家庭風味，像極了到法國奶奶家裡用餐的感覺。

各式下午茶的蛋糕與甜點

Data 地址：189, rue de l'Université 75007 Paris
電話：01 45 55 64 04
營業時間：週一～六09:00～19:00，週日休息
價位：茶4.5€
前往方式：地鐵站Bir-Hakeim出口2，沿河岸Quai Branly往東走至Av. de la Bourdonnais右轉，至Rue de l'Université左轉步行10分鐘即可抵達
MAP：P227

Café Constant

星級名廚新小酒館

這是一間在艾菲爾鐵塔附近家庭式小館風情的迷人餐廳，2003年開幕，由待過Ledoyen、Ritz、Hotel Crillon等高級餐廳的知名主廚Christian Constant主持，以

往要享用到名廚料理可得花上大筆數目，但這裡秉持新小酒館的風格，利用市場上的新鮮食材，星級師傅的手藝，創造出精緻、創新的料理，例如手工鴨肝醬配烤麵包、南瓜冷湯、炒鱸魚、火腿捲小牛肉、西洋芹豬頰肉等，而且價格十分親民！Isa非常推薦你去試試看。

Christian Constant以平價推出精緻美味的小酒館美食

Data 地址：139, rue St.-Dominique 75007 Paris
電話：01 47 53 73 34
營業時間：週一～日08:00～23:00
價位：週一～五中午前菜或甜點+主菜套餐16€，前菜+主菜+甜點套餐23€
前往方式：地鐵站Bir-Hakeim出口2，沿河岸Quai Branly往東走5分鐘至戰神廣場，沿Rue St.-Dominique步行5分鐘；或RER Pont de l'Alma出口沿Av. Bosquet往南至Rue St.-Dominique左轉步行1分鐘即可抵達
網址：www.cafeconstant.com
MAP：P227

巴黎通

新小酒館運動風行

名廚Christian Constant和他的愛徒與師兄們在90年代末發起了新小酒館運動，顛覆了巴黎餐飲界，開創出料理創新、價格親切的小酒館，搞得比米其林星級餐廳還要難訂位！

以下便是其他赫赫有名的小酒館地址：

👍Yves Camdeborde@Le Comptoir du Relais
地址 3, carrefour de l'Odéon 75006 Paris
👍Thierry Faucher@L'Os a Moelle
地址 3, rue Vasco de Gama 75015 Paris
👍Christian Etchebest@Le Troquet
地址 21, rue François Bonvin 75015 Paris
👍Thierry Breton@Chez Michel
地址 10, rue de Belzunce 75010 Paris
👍Rodolphe Paquin@Le Repaire de Cartouche
地址 8, bd des Filles du Calvaire 75011 Paris

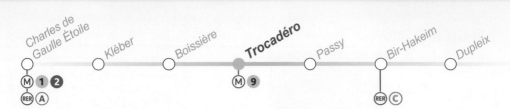

Charles de
Gaulle Étoile ◦ Kléber ◦ Boissière ● **Trocadéro** ◦ Passy ◦ Bir-Hakeim ◦ Dupleix

Ⓜ ① ②   Ⓜ ⑨   RER Ⓒ
RER Ⓐ

Trocadéro
投卡德侯站

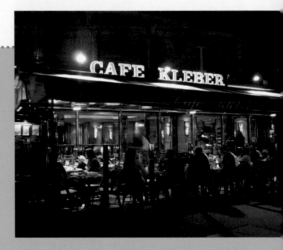

Isa的旅遊筆記

投卡德侯站一帶屬巴黎的富人區，聚集了律師、醫生、政商名流，同時也有許多拿著相機的觀光客，形成本區特殊的氣氛。夏佑宮前的廣場總是擠滿人潮，因為這裡是眺望艾菲爾鐵塔最好的角度，不少遊客到此合影留念。而綠樹環繞的投卡德侯廣場，則是巴黎最迷人的地方之一，廣場上著名的咖啡館包括了投卡德侯咖啡館、Carette高級甜點店，坐下來喝杯咖啡，吃點點心最是享受。從投卡德侯往東走，可前往參觀當代藝術殿堂的東京宮、當代美術館和流行博物館。

巴黎達人 3 大推薦地

Isa最愛
Carette

投卡德侯廣場上高雅氣派的老牌甜點店，人氣甜品是聖多諾黑泡芙，來這裡享用一頓貴婦午茶吧！(見P.239)

遊客必訪
投卡德侯廣場

充滿咖啡館、餐廳的投卡德侯廣場，是逛完艾菲爾鐵塔、夏佑宮後適合到此歇息的地方。(見P.237)

巴黎人推薦
Tokyo Eat

Mickael·26歲·**平面設計師**

東京宮附設的咖啡廳，可以眺望艾菲爾鐵塔的露天座位非常搶手！(見P.238)

投卡德侯站街道圖

夏佑宮
Palais de Chaillot

眺望艾菲爾鐵塔最佳角度

夏佑宮所在的位置原本是今日已不存在的投卡德侯宮，作為1937年的萬國博覽會場地。地下原本的採石場改建成了水族館。在夏佑宮前能取得以艾菲爾鐵塔為背景的最佳拍照角度，就連希特勒征服巴黎時，也曾在此拍照！每年7月14日法國國慶時在艾菲爾鐵塔施放的煙火，也是在此有最多人潮圍觀。

夏佑宮裡包括了位於南翼的海軍博物館(Musée de la Marine)、人類博物館(Musée de l'Homme)，位於東翼的建築與遺產之城(Cité de l'Architecture et du Partimoine)，並可由此進入地下的夏佑國家劇院(Théâtre de Chaillot)。

有多座博物館在內的夏佑宮

 地址：35, av. Raymond Poincaré 75016 Paris
電話：01 53 70 09 09
營業時間：週三～一11:00～19:00，週四至21:00，週二休息
前往方式：地鐵站Trocadéro出口1即可抵達
MAP：P235

夏佑宮前的金色雕像與艾菲爾鐵塔是攝影師常取景的角度

投卡德侯廣場
Place Trocadéro

旅人休憩的好場所

1869年由拿破崙建造,原本要送給被封為羅馬王的兒子Charles Joseph Bonaparte而命名為羅馬王廣場,在1877年改名為投卡德侯廣場,紀念在西班牙投卡德侯小鳥戰爭的勝利。廣場中央有一尊佛許(Foche)將軍的雕像。這裡可遠眺艾菲爾鐵塔,廣場上四處均是咖啡館,不妨選一間坐下來小憩。

 地址:Place Trocadéro 75016 Paris
前往方式:地鐵站 Trocadéro出口1即可抵達
MAP:P235

可眺望艾菲爾鐵塔的投卡德侯廣場

巴黎市立現代美術館
Musée d'Art Moderne de la Ville de Paris

當代藝術的殿堂

與東京宮、流行博物館相連一氣呵成,開幕於1961年,收藏20～21世紀近8,000件的近代作品,包括立體派、野獸派、達達主義、超現實主義等派系的作品,是在巴黎想了解當代藝術的殿堂,Isa在設計學校就學時,開學第一天便安排到現代美術館參觀呢!最重要的收藏包括了全世界最大幅的馬諦斯《舞蹈》(La Danse)、蒙德里安的《持扇的女人》(Madame Lunia Czechowska à l'Eventail)、杜菲利用250張畫作拼貼而成的大型油畫《電器妖精》(La Fée Électricité),以及令人震撼的波坦斯基廳(Salle Botanski)所展出納粹集

現代美術館是參觀當代藝術的聖殿

中營無名孩童的衣物,無聲的記錄了歷史。

 地址:11, av. du Président Wilson 75116 Paris　　　電話:01 53 67 40 00
營業時間:週二～日10:00～18:00,週四至22:00,週一休息
門票:常設展免費,特展全票視展覽5～11€,14～26歲半價
前往方式:地鐵站Trocadéro出口,沿Av. du Président Wilson往東步行15分鐘;或地鐵站Iéna出口Av. du Président Wilson步行1分鐘
網址:mam.paris.fr　　　　　　　　　　MAP:P235

東京宮
Palais de Tokyo

地位重要而前衛的藝術場地

由建築師Anne Lacation及Jean-Philippe Vassal建於1937年，為1942年的世界當代藝術與科技博覽會而建，建築位在東京堤道(Quai de Tokyo)因此命名為東京宮。在其中的當代藝術作品遷移到龐畢度中心後，東京宮便成為法國和全球當代藝術家展覽的場所，定期舉辦大型主題展覽，開放到

©Palais de Tokyo

Tokyo Eat餐廳
裝潢現代

凌晨的營業時間，讓你可以在附近塞納河搭完遊船再過來參觀也不遲。東京宮內附設的餐廳Tokyo Eat的露天座位有眺望艾菲爾鐵塔的良好視野，很適合到這裡坐下來喝杯咖啡(2.5€)，室內最出名像眼睛的懸掛燈具由設計師Stéphane Maupin所打造。

Data 地址：13, av. du Président Wilson 75116 Paris
電話：01 47 23 54 01
營業時間：博物館週二～日12:00～00:00，週一休息；餐廳12:00～15:00，20:00～23:30
門票：全票10€，18～25歲或學生8€，門票+主菜+咖啡套餐15€
前往方式：地鐵站Trocadéro出口，沿Av. du Président Wilson往東步行15分鐘；或地鐵站Iéna出口Av. du Président Wilson步行1分鐘
網址：www.palaisdetokyo.com
MAP：P235

流行博物館
Musée Galliera

18、19世紀的服裝展示櫃

1977年開幕，隸屬巴黎市政府的流行博

物館，建設在一棟建築師Léon Ginain替嘎黎哈公主(Maria Ferrari de Galliera)所打造的建築之中，有著義大利和法國混合的文藝復興風格，並有一座美麗的花園。館藏有著超過10萬件18、19世紀的服裝、首飾及配件，及5萬件的時裝攝影收藏品，是想了解時裝歷史及發展的朋友不可錯過的博物館。

Data 地址：10, av. Pierre-1er de Serbie 75116 Paris
電話：01 56 52 86 00
營業時間：週二～日11:00～18:00，週一休息
門票：全票8€，14～26歲4€
前往方式：地鐵站Trocadéro出口，沿Av. du Président Wilson往東步行15分鐘；或地鐵站Iéna出口Av. du Président Wilson步行1分鐘
MAP：P235

特色美食

Café du Trocadéro(投卡德侯咖啡館)

欣賞鐵塔的絕佳視野

位在投卡德侯廣場上的咖啡館,就屬這間投卡德侯咖啡館擁有得天獨厚正對艾菲爾鐵塔的視野,讓這裡的露天座位在天氣好時必定客滿,營業到凌晨的時段,讓你也可以晚上到這裡來,和朋友談天、看鐵塔整點亮燈的絕美景致!Isa推薦你在夏佑宮和艾菲爾鐵塔照相完後,到這裡的露天座位喝杯咖啡或用餐,感受一下正統的巴黎街頭風情。

投卡德侯咖啡館是廣場上最有人氣的咖啡館之一

Data
地址:8, place Trocadéro 75016 Paris
電話:01 44 05 37 00
營業時間:週一~日12:00~00:30
價位:咖啡3.5€
前往方式:地鐵站Trocadéro出口1即可抵達
MAP:P235

Carette

富人區高級甜點店

16區向來就是巴黎的高級住宅區,貴族、醫生、律師都住在這邊。要迎合這樣社會菁英份子的口味,一間老牌又高雅的甜點店是少不了的,位在可望見艾菲爾鐵塔的投卡德侯廣場上,店內裝置藝術風格裝潢氣派而優

雅,銀製茶壺、花邊餐盤的餐具也都很符合本區巴黎人的調調。由Jean Carette創立於1927年,Carette以它的馬卡洪(Macaron)、

沙龍內氣質高雅華麗很受巴黎人歡迎

聖多諾黑蛋糕(St.-Honoré)及千層派(Millefeuilles)出名。坐在露天座位上,一邊享受艾菲爾鐵塔的美景和美味的甜點,讓人不忘情花都也難!Isa覺得這裡的馬卡洪比起其他甜點鋪要來的口感厚實且較甜一點,口味選擇雖然不如Ladurée、Pierre Hermé多,但基本口味如玫瑰、香草也都表現不俗。

可口的千層派,派皮酥脆有層次,奶油內餡甜而不膩/ 8€

Data
地址:4, place du Trocadéro 75016 Paris
電話:01 47 27 98 85
營業時間:週一~日07:00~00:00
價位:下午茶套餐咖啡或熱巧克力或茶+馬卡洪或任選甜點13€(15:00~17:00)
前往方式:地鐵站Trocadéro出口1即可抵達
網址:www.carette-paris.com
MAP:P235

Place d'Italie　Nationale　Chevaleret　**Quai de la Gare**　Bercy　Dugommier　Daumesnil

Ⓜ 5 7　　　　　　　　　　　　　　　Ⓜ 14　　　　　　Ⓜ 8

Quai de la Gare

車站岸邊站

©Paris Tourist Office/Amélie Dupont

Isa的旅遊筆記

巴黎東南方的塞納河河畔，是有別於西堤島的另一種風情。
這邊的建築物新穎而占地廣大，有一種天寬地闊
的氣勢，讓人心情也舒暢了起來。像是四本打
開的書本造型的密特朗圖書館是本區的指標建
築物。沿著河岸散步，你的目光會被一棟覆蓋著
綠色流線型外殼的塞納河船塢所吸引，這是最新
開放的設計和流行重鎮。塞納河上很多停靠的船
隻，供你享受一頓河上晚餐或跳舞狂歡到天明，或
是到河畔的約瑟芬芭克游泳池惬意的曬太陽，和遊
船上的旅人揮揮手打個招呼。

遊賞去處

密特朗圖書館
Bibliothèque François Mitterrand

四本書的巨大地標

提起塞納河畔新穎的現代建築，以1995年開幕、具四本書造型的密特朗圖書館最值得一看，占地7.8公頃，高80米的四座玻璃帷幕L型高樓，分別以時間、法律、數字和文學來命名，由建築師Dominique Perrault設計，氣勢宏偉，是密特朗總統為因應舊有的黎希留國家圖書館(Blbliothèque Richelieu)不堪負荷而興建的重要工程。共有1,300萬的藏書，是法國也是世界最大的圖書館。可從廣場上搭乘電扶梯到達地下的入口進入參觀，時有展覽舉行。

 Data 地址：Quai François-Mauriac 75013 Paris
電話：01 41 10 08 10
營業時間：週二~六10:00~19:00，週日13:00~19:00，週一休息
門票：一日票3.5€，17:00以後免費，持展覽門票可免費參觀圖書館
前往方式：地鐵站Quai de la Gare出口便可見圖書館，步行1分鐘即可抵達
網址：www.bnf.fr

塞納河船塢
Dock en Seine

©Paris Tourist Office/Amélie Dupont

綠色的流線型建築

這棟覆蓋著青綠色不規則造型頂棚的船塢，建築在塞納河之上，作為時尚、設計相關的展覽空間，是最熱門的話題之一。2009年開幕，由曾設計龐畢度中心頂樓Georges餐廳的Jakob+MacFarlane雙人設計師所設計，綠色的頂棚回應著塞納河河水帶點深綠的顏色，內含130公頃超大的空間，已有法國時裝機構(IFM)搶先進駐。

 Data 地址：30, quai Austerlitz 75013 Paris
前往方式：地鐵站Quai de la Gare出口，沿Bd Vincent Auriol往東至河岸Quai Austerlitz左轉步行5分鐘即可抵達

約瑟芬芭克河畔游泳池
Piscine Joséphine-Baker

想像在塞納河畔游泳

在巴黎優美的塞納河畔游泳是一件再愜意不過的事情，因應著這樣的需求，巴黎市政府在河畔建立了這座約瑟芬芭克游泳池，滿足市民夏日到河畔戲水、游泳，有如在海邊的渴望。站在游泳池畔能看到塞納河上的遊船緩緩駛過，風景十分迷人！

©Paris Tourist Office/Marc Bertrand

想像塞納河變成私家游泳池的約瑟芬芭克遊泳池

 Data 地址：Quai François-Mauriac 75013 Paris
電話：01 56 61 96 50
營業時間：週一～五10:00～22:00，週六～日10:00～20:00
門票：全票3€
前往方式：地鐵站Quai de la Gare出口沿Bd Vincent Auriol往東至河岸Quai François-Mauriac右轉步行5分鐘即可抵達

購物名店

Batofar

塞納河上的紅色船隻

想過一個比較不一樣的巴黎夜晚？到Batofar狂歡吧！密特朗圖書館旁的河岸邊，停有一艘顯眼的紅色大船，是巴黎知名的夜店去處。這是從愛爾蘭駛來巴黎的照明船，以船上大型的燈塔為其標誌，300平方米的空間可供300名群眾熱舞，並設有4間酒吧。這邊也提供中餐或晚餐的用餐選擇，坐在船艙裡一邊品嘗美食、一邊眺望塞納河也是相當不錯的感受呢！

©Batofar

在Batofar船上度過一個愜意的夜晚

 Data 地址：11, quai François-Mauriac 75013 Paris
電話：09 71 25 50 61
營業時間：舞廳23:00開始入場，餐廳12:00～14:30，19:00～23:30
價位：中午前菜或甜點+主菜套餐19€
前往方式：地鐵站Quai de la Gare出口沿Bd Vincent Auriol往東至河岸Quai François-Mauriac右轉步行5分鐘即可抵達
網址 www.batofar.org

特色美食

Café Bibliothèque MK2

電影城內的咖啡館

　　設立在MK2電影城內，以紅色為主調的咖啡廳，是喜愛現代風設計的人不可錯過的地方。紅色皮椅、搭配灰色沙發、木質圓桌，散發出優雅的氣質，擁有眺望密特朗圖書館的良好視野，露天座位在夏天也相當受歡迎。餐點以傳統的法式料理為主，如煎鮭魚、牛排佐蛋黃醬等。想在法國體驗看電影的經驗，不妨到這間MK2影城，由Marlin Szekely所設計的紅色電影座椅「Love

©MK2

離密特朗圖書館不遠的MK2電影城

Seat」舒適而寬敞，中間的把手還可以收起，拉近兩人的距離！

Data　地址：162, av. de France 75013 Paris
電話：01 55 75 08 00
營業時間：週一～五12:00～16:00，19:00～23:00，週六～日12:00～00:00
價位：前菜或甜點+主菜+電影票套餐22€
前往方式：地鐵站Quai de la Gare出口沿Bd Vincent Auriol往西至Av. de France左轉步行5分鐘即可抵達

充滿現代感的Café Bibliothèque

坐在充滿文藝氣息的Bibliothèque咖啡館寫張明信片吧

©MK2

©MK2

Place de Clichy　Blanche　Pigalle　**Anvers**　Barbès-Rochechouart　La Chapelle　Stalingrad

Ⓜ 13　　Ⓜ 12　　　　Ⓜ 4　　RER Ⓑ Ⓓ Ⓔ　Ⓜ 5 7

CDG Orly
Gare du Nord

Anvers *Sacré-Cœur*

安特衛普站

Isa的旅遊筆記

安特衛普是前往聖心堂最方便的地鐵站，沿著各式各樣販賣布料、紀念品的小街就可來到聖心堂山腳下的廣場，電影《艾蜜莉的異想世界》中出現的旋轉木馬便在這裡。搭乘纜車或爬樓梯上到山頂可俯瞰巴黎景色，並參觀著名的聖心堂、帖特廣場、達利博物館，足夠安排上一天的時間。此外，這裡也是服裝設計師和學生最愛的地方，三大布市：聖皮耶爾(St.-Pierre)、女王(Tissue Reine)、莫林(Tissue Moline)有各式各樣的流行布料，附近也有各種剪好的現成布料雜貨店。

Anvers
Sacré-cœur

巴黎達人3大推薦地

Isa最愛
Le Poulbot

這是間迷人的法式料理小餐廳,具有童話一般的色彩,料理平價又有家庭道地風味!(見P.251)

遊客必訪
聖心堂

為了感謝耶穌而全民捐款興建的教堂,以其白色外觀著名,是蒙馬特必看地標!(見P.246)

巴黎人推薦
帖特廣場

Christian・22歲・畫家

充滿畫家和遊客的廣場,來這裡喝杯咖啡或讓畫家替你畫張肖像!(見P.247)

安特衛普站街道圖

聖心堂
Basilique du Sacré-Cœur

聳立山丘上的白色教堂

蒙馬特最顯眼的地標便是這座永遠潔白高聳在山丘上的聖心堂，它是由建築師Paul Abadie建於1876年，歷經變動到1914年才正式開放。你或許會問為何聖心堂永遠都不會褪色變舊？是因為它採用來自蘭登城堡(Château Landon)的石灰岩所建成，遇水會自動分解白色方解石，因此終年白淨無比，又被稱為「白教堂」。聖心堂與其他國王下令建造的教堂不同，它是由民間集資、感謝耶穌而成立，起因是1870年普法戰爭時，

在聖心堂前能遠眺巴黎的市容

巴黎曾遭圍城斷糧達4個月之久，當時虔誠的天主教徒便發願若耶穌能保佑巴黎脫困，將蓋一座神聖的教堂來獻給基督之心，也就是聖心堂取名「聖心」(Sacré-Cœur)的原因。除了普法戰爭，1871年在蒙馬特開始的「巴黎公社」(La Commune de Paris)暴動也讓人們決定建造一座大教堂來贖罪，便透過全國捐款來興建。

聖心堂屬於羅馬拜占庭風格，以中央羅馬式圓頂為中心，左右各有一座對稱的小圓頂。正面有3道拱門，上方有兩座青銅雕像，左為聖女貞德，右為聖路易國王，而上方正中央眺望巴黎的雕像則為耶穌。入口的鐵門及門上方都有耶穌的浮雕，內部圓頂更是世界上最大的馬賽克壁畫——耶穌畫像。聖心堂有一處高達84米，重達18,835公斤的鐘樓，是世界最大最重的鐘。

Data 地址：35, rue du Chevalier 75018 Paris
電話：01 53 41 89 09
開放時間：週一～日09:00～19:00，冬季至18:00
前往方式：地鐵站Anvers出口沿Rue de Steinkerque往北走即可來到聖心堂山腳下的廣場，往上沿樓梯攀爬或往左搭乘纜車即可抵達
MAP：P245

永遠潔白無垢的聖心堂

時常出現在電影鏡頭中的蒙馬特階梯

蒙馬特纜車
Funiculaire de Montmartre

方便上山的便利交通工具

聖心堂位在蒙馬特高地，要上去參觀，得爬三次階梯讓人氣喘吁吁！Isa建議你上坡時不妨使用位在階梯起頭處廣場左側的蒙馬特纜車，下坡時再走階梯，感受電影《艾蜜莉的異想世界》中的氣氛。這條纜車線路的歷史可追朔至1891年，上升高度38米，只花1分鐘的時間便可帶你來到聖心堂，纜車旁則有200級的階梯可步行，也是時常出現在巴黎相關電影中的經典鏡頭。票價等同地鐵的單張票，或是如果你購買一日票、週票、月票也可以無限次搭乘纜車喔！

搭乘蒙馬特纜車便可不花力氣的登上山丘

Data 營業時間：週一～日06:00～00:45
前往方式：地鐵站Anvers出口沿Rue de Steinkerque往北走即可來到聖心堂山腳下的廣場，往左走便是山下纜車搭乘處
MAP：P245

帖特廣場
Place du Tertre

畫家聚集的波西米亞之地

位在聖心堂後方的帖特廣場總是聚滿了遊客和替人作畫的畫家，原本在40年代就是羅德烈克、蒙德里安、梵谷、畢卡索進駐的地方，充滿了藝術氣息。如果你想留下美好的記憶，不妨找個風格對味的畫家，請他替你速寫一張寫生吧！此外，廣場四周圍盡是咖啡館和餐廳，包括巴黎第一間小酒館：凱薩琳媽媽之家，氣氛熱鬧而活潑。

帖特廣場有許多街頭畫家替你繪製肖像

Data 地址：Place du Tertre 75018 Paris
前往方式：地鐵站Anvers出口，至聖心堂後沿Rue Norvins往西至帖特廣場　　MAP：P245

達利蒙馬特空間 Espace Montmartre Salvador Dali

超現實主義天才藝術家

　　位在帖特廣場不遠的達利蒙馬特空間是20世紀超現實主義畫家達利的私人博物館，這邊有超過300件的原作，達利向來擅長用隱喻來表現它的觀察，例如蝸牛代表時間、拐杖代表死亡和權力、雞蛋象徵生命等，其中最著名的「軟鐘」系列，則是來自達利邀請朋友到家中作客，看見桌上融化的乳酪盤而

有了時間易逝的感嘆，因此創作了這系列外表像是融化時鐘的雕像。「抽屜」也是解讀達利作品的關鍵，他認為女人的祕密都收藏在抽屜裡。

Sonia Rykiel因達利的抽屜而產生靈感的針織毛衣

超現實主義畫家達利

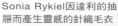

以「軟鐘」來呈現時間消逝的傷感

Data 　地址：11, rue Poulbot 75018 Paris
電話：01 42 64 40 10
營業時間：週一～日10:00～18:00
門票：全票10€，26歲以下學生6€
前往方式：地鐵站Anvers出口，至聖心堂後沿Rue Norvins至Rue Poulbot左轉即可抵達
網址：www.daliparis.com
MAP：P245

紅唇椅是達利另一項著名的作品

購物名店

La Case de Cousin Paul

彩色球燈

漂亮的彩色球燈有各種不同的顏色供你任

意組合，喜歡極簡主義的黑白、喜歡如女孩般夢幻的粉紅色系、或喜

可任意組合搭配的彩色球燈小店La case de Cousin Paul

歡多采多姿的彩色系列都能自己選擇，最小的組合為20個燈球起跳，18歐元售價已含燈具，並可以購買方便旅行攜帶的小體積版本。網站上可以線上組合你想要的彩色燈球顏色，並可預覽發亮時的效果。注意回台須購買轉接頭將法國插頭改為台式。

 地址：6, rue Tardieu 75018 Paris
電話：01 56 79 19 41
營業時間：週二～五11:00～19:30、週一、六、日休息
前往方式：地鐵站Anvers出口沿Rue de Steinkerque往北至Rue Tardieu往左步行3分鐘即可抵達
網址：www.lacasedecousinpaul.com
MAP：P245

A.P.C. Stock

簡約到家的法國品牌打折出清

這是一個十分受到法國人喜愛的品牌，創立於1988年，突尼西亞出生的品牌設計師Jean Touitou曾先後在Kenzo及Agnès b.旗下工作，多少影響了他簡約而自然的風格，A.P.C.系列分為男、女裝、配件、鞋款也都相當齊全，一樣都是把極簡主義發揮到極致的表現。第一間分店開立在巴黎六區，立刻就吸引了左岸的文藝青年，男裝讓男生穿起來更顯氣質與修長，女裝則展現了女生的輪廓與自然。在這邊Isa要推薦的是A.P.C.的過季折扣店，位在聖心堂山腳下的小巷，離聖皮耶爾布市不遠，喜歡A.P.C.的朋友一定要到這裡來撿寶。

A.P.C.是相當有法國極簡風格的品牌

 地址：20, rue André del Sarte 75018 Paris
電話：01 42 62 10 88
營業時間：週二～日12:30～19:30，週一休息
前往方式：地鐵站Anvers出口沿Bd. Rochechouart往東走至Rue Sevestre左轉，直行接上Rue Ronsard至Rue André del Sarte右轉即可抵達
MAP：P245

Antoine et Lili

多彩與眾不同的法國時裝

比起法國其他簡約低調的牌子，創立於

充滿色彩的服裝品牌Antoine & Lili

1994年的Antoine et Lili直接而大膽的運用色彩，凸顯了品牌的特色，有著普普藝術的味道，剪裁合宜的寬口褲、帶復古風味的碎花短裙，小圓點綁帶洋裝等都讓人驚艷不已！除了品牌本身的設計，Antoine et Lili也挑選不少新銳設計師的作品，如Noire EBENE的長裙及Alexandra de Haenen的時裝。

Data 地址：90, rue des Martyrs 75018 Paris
電話：01 42 58 10 22
營業時間：週一～日11:00～19:30
前往方式：地鐵站Anvers出口沿Bd. Rochechouart往西走至Rue des Martyrs右轉步行5分鐘即可抵達
網址：www.antoineetlili.com
MAP：P245

Marché St.-Pierre

聖皮耶爾布市

Isa是在從事服裝設計後，才開始愛上蒙馬特！每回都必來這家聖皮耶爾布市買需要的布料，選定了以後找店內專門剪布的服務員替你服務，最少須購買20公分以上。服務員會替你填一張單子，拿到櫃台去付帳即可。這裡一共有6層樓，廣達2,500平方米的大型布料商場，1樓是設計師、服裝系學生的最愛，可以在此找到棉布、裡布或促銷的布料；2樓則以現成的浴用毛巾、枕具、床單為主；3樓則有高級的絲或羊毛布料，4樓提供家居家飾布料；5樓以精緻的掛毯、地毯為主；6樓則是奢華家居所使用繁複而美麗的布料。

而布市的隔壁則有聖皮耶爾零件行(Mercerie)，專供選購針線、花邊、鈕扣和拉鍊等配件。

聖皮耶爾布市是服裝設計人士必逛的地方

Data 地址：2, rue Charles Nodier 75018 Paris
電話：01 46 06 92 25
營業時間：週一～五10:00～18:30，週六至19:00
前往方式：地鐵站Anvers出口沿Bd. Rochechouart往東走至Rue Sevestre左轉，至Rue Tardieu右轉即可見到聖皮耶爾布市
MAP：P245

特色美食

Le Poulbot

童話般迷人法式小屋

　　這間氣氛溫馨的迷你餐廳是Isa到蒙馬特最常用餐的地方，它的門口被綠樹、花草環繞，其上還有Francisque Poulbot的鄉村風格繪畫，讓人想一探究竟；入內後壁上滿是復古懷舊的畫框、擺飾品，像是進入了童話中的世界。中午套餐只要9.5歐元讓你能享用道地的法式料理，前菜如鄉村肉醬、洋蔥湯、番茄鑲鮪魚；主菜則有紅酒燉牛肉、香煎鮭魚佐奶油醬配飯、焗烤千層派；甜點則要嘗嘗有著蛋白霜浸泡在香草糖漿裡的「漂浮之島」和李子小米蛋糕。

Data　地址：3, rue Poulbot 75018 Paris
電話：01 42 45 72 88
營業時間：週一～日11:30 ~02:30
價位：中午前菜+主菜+甜點套餐9.5€
前往方式：地鐵站Anvers出口，至聖心堂後沿Rue Norvins至Rue Poulbot左轉即可抵達
MAP：P245

充滿花草的Le Poulbot門面

傳統的法國菜紅酒燉牛肉

香煎鮭魚佐奶油醬配飯

鄉村肉醬

Rome ○ · Place de Clichy ○ Ⓜ 13 · Blanche ○ · **Pigalle** ● Ⓜ 12 · Anvers ○ · Barbès-Rochechouart ○ Ⓜ 4 · La Chapelle ○ ⓇⒺⓇ Ⓑ Ⓓ Ⓔ ✈ CDG Orly 🚆 Gare du Nord

Pigalle

皮加爾站

Isa的旅遊筆記

皮加爾站的命名來自法國一位雕塑家Jean-Baptiste Pigalle，這裡是蒙馬特夜生活的重心，19世紀開始便是巴黎夜總會重鎮，黑貓(Le Chat Noir)、紅磨坊、蒙馬特愛麗榭(Élysée Montmartre)、世界沙發劇場(Divan du Monde)等紅極一時的夜總會相繼開幕，讓喜歡在夜晚尋歡作樂的人們聚集這裡，大街上滿是情趣商店與色情錄影帶店，霓紅燈招牌越夜越閃爍，形成了皮加爾區特殊的文化，法國影集《皮加爾之夜》(Pigalle, la nuit)便生動的描述了本區的夜總會、妓女、情趣商店的景象。從皮加爾廣場往聖心堂方向上走，便會來到迷人的阿貝斯廣場，Rue des Abbesses上有許多餐廳、咖啡館、商店，是蒙馬特主要的血拼大街。

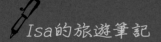

巴黎達人3大推薦地

Isa最愛
Spree

位於阿貝斯廣場附近的名牌挑選概念店，可找到ACNE、Vanessa Bruno、Pierre Hardy的服飾與配件！(見P.256)

遊客必訪
阿貝斯廣場

相當經典的一個蒙馬特廣場，以保存良好的吉瑪新藝術風格地鐵出入口聞名，總是人潮擁擠。(見P.254)

巴黎人推薦
Coquelicot

Hérold‧22歲‧法律系學生
這間溫馨的麵包店是我常去小憩的地方，一杯咖啡和麵包就讓人相當滿足！
(見P.256)

皮加爾站街道圖

帖特廣場
Place Tetre

聖心堂
Sacré Cœur

R. Poulbot

達利蒙馬特空間
Espace Montmartre
Salvador Dali

Rue Gabrielle

Rue Saint Eleuthère

Rue Charles Nodier

Rue des Abbesses

Grenier à Pain
Abbesses

Rue Berthe

Rue des Trois Fréres

蒙馬特纜車
Funiculaire
de Montmartre

Rue Véron

Coquelicot

阿貝斯廣場
Place des
Abbesses

Abbesses
M

Spree

Case cousin Paul

Rue Yvonne le Tac

Rue Tardieu

Rue Seveste

Homies

Antoine et Lili

Rue d'Orsel

安特衛普站
Anvers
M

1 2號線

R. Houdon

Bd. de Clichy

皮加爾站
Pigalle
M ●出口

Bd. de Rochechouart

2號線

Rue Duperré

253

遊賞去處

阿貝斯廣場
Place des Abbesses

新藝術風格勝地

新藝術風格的阿貝斯廣場

從地鐵站阿被斯出口走出來，就會來到這座漂亮的阿貝斯廣場，有著典型的蒙馬特風情，1863年開幕，保存著吉瑪當初替巴黎地鐵所設計的新藝術風格出入口，也有華勒斯所設計的飲水噴泉。廣場旁一處小公園裡則有一道寫滿超過300種語言的「我愛你牆」，由藝術家Frédéric Baron建造，帶著情人到這裡來看看你會說多少種語言的我愛你？

Data 地址：Place des Abbesses 75018 Paris
前往方式：地鐵站Pigalle出口沿Rue Houdon
往北走至Rue des Abbesses左轉步行3分
鐘；或地鐵站Abbesses出口即可抵達
MAP：P253

充滿了浪漫氛圍的「我愛你」牆

購物名店

Homies

前衛流行小店

這間流行的小店就像倫敦的肯頓市集！各式各樣復古、多彩的設計師商品、10公分以上的高跟鞋、罕有少見的創意款式等，可找到Gaspard Yurkievich、Valentine Gauthier的服裝，也有Gat Rimon、D.Dikate、Mellow Yellow等比較容易入手的品牌。

 Data 地址：8, rue des Abbesses 75018 Paris
電話：01 46 06 85 87
營業時間：週二～日21:00~01:00，週一休息
前往方式：地鐵站Pigalle；或地鐵站Lamarck-Caulaincourt
網址：www.homies.fr　　　MAP：P253

Homies是不可錯過的流行小店

Spree

設計、家具、流行挑選概念店

這間小巧的服飾店由服裝設計師Roberta Oprandi和藝術家Bruno Hadjadj共同創立於2000年，由兩人獨到的眼光精選Acne、A.P.C、Isabel Marant、Marc by Marc Jacobs、Margiela 6、Vanessa Bruno、Pierre Hardy等設計師的名牌商品，也有Ginette Ny的首飾、Jérôme Dreyfuss的包包，或從50～80年代的復古家具，各式各樣的精選好物讓人很難不敗回家！店鋪陳列的感覺像間小型展覽廳，相當有氣質。

 地址：16, rue la Vieuville 75018 Paris
電話：01 42 23 41 40
營業時間：週二～日21:00～01:00，週一休息
前往方式：地鐵站Pigalle
網址：www.spree.fr
MAP：P253

Spree精選服裝品牌和設計師家具

 特色美食

Coquelicot

罌粟花麵包坊

這間傳統麵包店位在阿貝斯廣場不遠的地方，是逛蒙馬特時適合排入行程中休息的一站，小小的店鋪內有各式各樣的麵包、點心和熱食，可以外帶或內用。一杯黑咖啡熱茶或巧克力、一片蛋黃麵包與果醬，這裡提供簡單而法式的早餐(4歐元)；想吃豐盛一點，也有培根、蘑菇、煎蛋和

夏天的週末到這裡的露天座位享用早餐，氣氛迷人

吐司配上咖啡、柳橙汁的選擇(11.55歐元)；週末的早晨，巴黎人喜愛到這裡來用一份早

午餐，包括咖啡熱茶或巧克力、燻鮭魚吐司、炒蛋、馬鈴薯、優格、沙拉、馬德蓮蛋糕以及一杯柳橙汁(16.5歐元起)，可讓你充足電力，繼續往蒙馬特山丘爬坡冒險。

各式各樣造型的手工麵包

Data　地址：24, rue des Abbesses 75018 Paris
營業時間：週二～日07:30～20:00，週一休息
網址：www.coquelicot-montmartre.com

電話：01 46 06 18 77
前往方式：地鐵站Pigalle
MAP：P253

Grenier à pain Abbesses

人氣棍子麵包店

這間在阿貝斯路上的小麵包店自從贏得2010年棍子麵包大賽首獎後人氣直升，來這邊自然要品嘗得獎的「傳統棍子麵包」(Baguette Traditionnelle)。另外，這裡的巧克力麵包撕開來層次分明，足見師傅的功力！各式水果蛋糕看來也相當可口，適合買了帶回旅館當點心用喔！

Data　地址：38, rue des Abbesses 75018 Paris
電話：01 46 06 41 81
營業時間：週四～一07:30～20:00，週二、三休息
前往方式：地鐵站Pigalle或Abbesses步行3分鐘即可抵達
MAP：P253

Grenier à Pain櫥窗內迷人可口的水果蛋糕

Villiers　　Rome　　Place de Clichy　　**Blanche**　　Pigalle　　Anvers　　Barbès-Rochechouart

M ③　　　　　　　M ⑬　　　　　　　　　　　　M ⑫　　　　　　　M ④

Blanche

白站

©Moulin Rouge

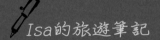
Isa的旅遊筆記

從白站地鐵站出來便可看到大名鼎鼎的夜總會紅磨坊，這是蒙馬特僅存的磨坊之一，也是源於法國的康康舞誕生之處，每晚歌舞昇華的氣氛仍吸引著人們到此看秀用餐。這裡最熱鬧的街便屬樂比克街(Rue Lepic)，有著電影《艾蜜莉的異想世界》影迷不可錯過的雙磨坊咖啡館，店內大大的電影海報吸引著無數的粉絲前去點一份焦糖烤布蕾；煎餅磨坊則是曾出現在雷諾瓦畫中的另一座僅存磨坊，如今為有著名廚進駐的餐廳。如果週日沒有什麼打算，不妨到蒙馬特來享用一份早午餐，例如Café qui parle便是推薦的咖啡館。

巴黎達人❸大推薦地

Isa最愛
Café qui parle

這是一間氣氛舒適、輕鬆，適合到這裡享用早餐的咖啡館兼餐廳，很有蒙馬特的情調！
（見P.262）

遊客必訪
雙磨坊咖啡館

位在熱鬧的樂比克街，《艾蜜莉的異想世界》影迷不可錯過的咖啡館，電影中的真實場景再現。（見P.261）

巴黎人推薦
Arnaud Larher

Joan・29歲・廚師
蒙馬特超高人氣的甜點店，到這裡來外帶它的馬卡洪和巧克力吧！（見P.263）

Le Diapason

R. Joseph de Maistre

Arnaud Larher

Lamarck Caulaincourt
Ⓜ Rue Caulaincourt

Rue Lamarck

Le Lapin Agile

Rue des Saules

Le Moulin de La Galette

Rue Norvins

Café qui parle

Rue Durantin

蒙馬特墓園 Cimetière Montmartre

Le Poulbot

帖特廣場 Place Tetre

R. Polbot

聖心堂 Sacré Cœur

達利蒙馬特空間 Espace Montmartre Salvador Dali

Rue Gabrielle

Rue Berthe

Rue des Abbesses

Grenier à Pain Abbesses

Rue des Trois Fréres

Café des Deux Moullns

Rue Lepic

阿貝斯廣場 Place des Abbesses

Coquelicot

Abbesses Ⓜ

Spree

蒙馬特纜車 Funiculaire de Montmartre

Rue Charles Nodier

A.P.C. Stock

Marché St.-Pierre

Rue Tardieu

Case cousin Paul

R. Livingstone

Bd. de Clichy
2號線

紅磨坊 Le Moulin Rouge

白站 Blanche
Ⓜ●出口

Homies
Antoine et Lili

Rue Yvonne le Tac

Rue d'Orsel

Rue Seveste

遊賞去處

門口有一座紅色風車的紅磨坊

紅磨坊
Moulin Rouge

康康舞的美好年代

　　紅磨坊是巴黎最出名的夜總會,由舊時蒙馬特的磨坊所改建,門口有一座大型的紅磨坊作為招牌。

　　由Joseph Oller及Zidler Renard創於1889年,以在此誕生的法國傳統「康康舞」(Cancan)著稱,這是一種19世紀開始流行的舞蹈,舞女們身著有著波浪形皺褶且多層次的長裙,在跳舞時兩手不時擺動,且雙腿向前踢。直到現在,到紅磨坊看秀加上吃晚餐都還是蔚為風潮的樂事,若旅行中有時間不妨就提早預定一場秀,欣賞紅磨坊女郎們表演的精彩傳統康康舞表演。

Data

地址:82, bd. de Clichy 75018 Paris
電話:01 53 09 82 82
開放時間:週一～日10:00～20:00
價位:21:00/23:00看秀99€,看秀+香檳109€,看秀+晚餐180€起
前往方式:地鐵站Blanche出口即可抵達
網址:www.moulinrouge.fr
MAP:P259

紅磨坊著名的康康舞女郎

特色美食

Le Lapin Agile (狡兔之家)

蒙馬特小酒館地標

位在蒙馬特葡萄園旁，原本是間小酒館，自從畢卡索、興建傷兵院的布呂揚、莫迪亞里尼等藝術家都愛到此聚會後，成了一個藝文人士風靡的場所。

店名來自招牌上由19世紀畫家André Gill所繪一隻正逃出平底鍋的兔子而得到狡兔之家的綽號。目前仍是帶有藝術氣氛的小酒館，時有表演演出，想感受電影《香頌天

蒙馬特出名的小酒館「狡兔之家」

后》裡在餐廳裡聆聽名伶演唱的氣氛，來這裡準沒錯。

 地址：28, rue des Saules 75018 Paris
電話：01 46 06 85 87
開放時間：週二～日21:00～01:00，週一休息
價位：表演+飲料24€，學生17€
前往方式：地鐵站Pigalle；或地鐵站Lamarck-Caulaincourt
網址：www.au-lapin-agile.com
MAP：P259

Café des Deux Moulins (雙磨坊咖啡館)

艾蜜莉的異想咖啡館

所有《艾蜜莉的異想世界》影迷必去朝聖的地點！走入這間再平常不過的巴黎咖啡館，因為腦中的電影場景加持，一切都變得不一樣，彷彿看見艾蜜莉在櫃台擦拭玻璃杯，遍尋電影中的賣煙櫃台(實際上已經撤換)、艾蜜莉反手寫字的大型玻璃(是臨時搭建的)，別忘了到洗手間裡瞧瞧，會找到那尊艾蜜莉帶去旅行的小矮人雕像。Isa喜愛坐在咖啡館的一角點杯濃縮咖啡，看著那些影迷，高興的猛拍那艾蜜莉喜歡敲破糖衣的「焦糖烤布蕾」(Crème Brulée)，雖不是巴黎最美味的，但伴隨而生的美好記憶或許是無價的吧，這樣替他們想著，一邊也想起自己第一次光臨雙磨坊咖啡館的興奮。

咖啡館洗手間裡保留著電影海報及明信片

點壺熱奶茶，感受雙磨坊咖啡館的氣氛

 地址：15, rue Lepic 75018 Paris
電話：01 42 54 90 50
營業時間：週一～六07:30～02:00，週日09:00～02:00
價位：焦糖烤布蕾5.8€，咖啡2€
前往方式：地鐵站Blanche沿Bd. de Clichy往西至Rue Lepic右轉步行5分鐘即可抵達
MAP：P259

Le Moulin de la Galette（煎餅磨坊）

70年代曾是煎餅磨坊

　　蒙馬特原有30座左右的風車磨坊，用來研磨小麥和榨取葡萄汁，雷諾瓦的《煎餅磨

©Moulin de la galette

舊時磨坊改建成的餐廳煎餅磨坊

坊的舞會》(Bal au Moulin de la Galette)便是描繪在此煎餅磨坊的景象。這座1777年建立、保存完好的磨坊，現今改建成一座餐廳，由曾在米其林餐廳Arpège待過的主廚Antoine Heerah掌廚，中午套餐讓你以平實的價格享用名廚料理。

Data
地址：83, rue Lepic 75018 Paris
電話：01 46 06 84 77
開放時間：週一～日12:00～23:00
價位：中午前菜或甜點＋主菜套餐17€，單點主菜21€起
前往方式：地鐵站Blanche沿Bd. de Clichy往西至Rue Lepic右轉步行10分鐘即可抵達
網址：www.lemoulindelagalette.fr
MAP：P259

Café qui parle

會說話的咖啡館

　　這間氣氛舒適、服務親切的咖啡館，是吃早午餐的好選擇，多樣的麵包、沙拉、果醬、水煮蛋、貝果、起士、乳酪、水果、果汁等讓你週末有個美好的開始。這邊也可享用道地的法式料理，如香煎鵝肝、工夫鴨腿等，坐在舒適的長椅上，這是你蒙馬特行程中可以稍事休息的地方。

　　有趣的是，這間咖啡館原本是由舊銀行所改裝，樓下的空間裡面還保存有原本的保險箱呢！

Data
地址：24, rue Caulaincourt 75018 Paris
電話：01 46 06 06 88
開放時間：週四～二08:30～11:00，12:00～15:00，19:30～23:00，週六～日早午餐10:00～16:00，週三休息
價位：早午餐17.5€，咖啡1.8€，前菜或甜點＋主菜套餐13€
前往方式：地鐵站Blanche沿Bd. de Clichy往西至Rue Lepic右轉，步行至Rue des Abbesses左轉，再至Rue Calaincourt右轉步行3分鐘即可抵達　　MAP：P259

有多樣選擇的Café qui parle咖啡館

位在四星酒店裡的景觀餐廳Diapason

©Diapason

La Diapason

眺望巴黎的觀景餐廳

座落在蒙馬特高地的四星酒店Terasse Hôtel中的餐廳Diapason，其5～9月開放位於7樓的露天觀景座位，提供眺望巴黎的良好視野，主廚Frédéric Lacono提供你美味的海鮮料理，清酒燉干貝、泰式鱸魚。

中餐採自助式buffet的形式提供沙拉、火腿冷盤、燉牛肉、燴魚排、馬卡洪、乳酪和甜點，相當適合到此一邊欣賞風景，一邊享用美食。

Data 地址：12/14, rue Joseph de Maistre 75018 Paris
電話：01 44 92 34 00
開放時間：週一～日12:00～14:00，19:30～22:30，週日早午餐11:30～16:00
價位：週二～五中餐吃到飽21€，早午餐28€
前往方式：地鐵站Blanche沿Bd. de Clichy往西至Rue Lopio右轉，步行至Nue des Abbesses左轉，再至與Rue Joseph de Maistre交會處即可抵達
網址：www.restaurantlodiapason.com
MAP：P259

Arnaud Larher

天生的甜點師傅

如果你喜歡Pierre Hermé，則必定要嘗嘗這間被PH稱為「天生的甜點師傅」的麵包甜點鋪！被美國Vogue雜誌稱為「甜點界的畢卡索」，曾擔任食品百貨Fauchon甜點主廚、獲2007年最佳手藝獎(MOF)頭銜，也曾在Dalloyau、Pierre Hermé名店下工作、Arnaud Larher想不紅也

難！特別偏愛蒙馬特的氣氛，在此開了兩間甜點鋪，橘紅色調的裝潢充滿熱情，以美味的巧克力山名，例如開心果夾心的「Jade」口味。店內的馬卡洪和冰淇淋也很可口。

手工的冰淇淋在夏天吃相當過癮

被譽為天生的甜點師傅的Arnaud Larher，一定要去嘗嘗

Data 地址：53, rue Caulaincourt 75018 Paris
電話：01 42 57 68 08
開放時間：週二～六10:00～19:30，週日、一休息
前往方式：地鐵站Blanche沿Bd. de Clichy往西至Rue Lepic右轉，步行至Rue des Abbesses左轉，再至Rue Calaincourt右轉步行5分鐘即可抵達
MAP：P259

搭RER
遊巴黎近郊

搭乘郊區快鐵RER線可輕鬆地遊覽郊區主要景點，包括歐洲最宏偉的宮殿──凡爾賽宮、梵谷生前最後居住的「奧維小鎮」、拿破崙與約瑟芬的愛情見證地「楓丹白露宮」、像極《達文西密碼》裡的李伊爵士堡的「香提伊堡」、與凡爾賽宮風格相近的「沃子爵堡」、以歐洲古典風格為基調的「巴黎迪士尼樂園」、可大肆血拼的「瓦雷購物村」，都是可一日來回的行程。

凡爾賽宮	265
奧維	271
楓丹白露	274
香提伊堡	276
巴黎迪士尼樂園	278
瓦雷購物村暢貨中心	279

搭RER遊巴黎近郊

凡爾賽宮．奧維．楓丹白露．香堤伊堡．巴黎迪士尼樂園．瓦雷購物村暢貨中心

從花園的海神池遠眺凡爾賽宮

凡爾賽宮

世界文化遺產

Château de Versailles

　　這座象徵太陽王路易十四權力巔峰的宮殿，是法國人心目中君王時代的代表，知名導演蘇菲亞·科波(Sophia Coppola)拉在此拍攝了《瑪麗皇后》(Marie Antoinette)，香奈兒創意總監卡爾·拉格斐(Karl Lagefeld)認為這裡是他的靈感來源，許多藝術家都仍嚮往著這個年代。1979年列入世界文化遺產。

　　位於巴黎西南方伊夫林省(Yvlines)凡爾賽鎮的凡爾賽宮，占地約110公頃，其中花園就占了100公頃。建築形式以古典主義為主，內部裝飾以巴洛克風格居多。這座無與倫比的宮殿在建成後引起歐洲其他君王的跟進，例如德國的波茲坦忘憂宮(Sanssouci)、俄國夏宮(Summer Palace)、維也納美泉宮(Schönbrunn Palace)等都是仿照凡爾賽宮的形式。

1623年時這裡還只是片森林與沼澤，路易十三買下後建了座狩獵行宮。路易十四便以此行宮為基礎，修建一座歐洲最大的宮殿，偉大工程由三位建築師擔任：負責建築的勒沃(Louis Le Vau)、負責花園的勒諾特(André Le Nôtre)及負責雕像、裝潢的勒布倫(Charles Le Brun)。勒沃以路易十三的狩獵行宮為基礎，在其西、北、南三面加蓋宮殿，讓凡爾賽宮成為一棟四面的建築，原行宮的東面作為主要入口。在勒沃過世後，由蒙莎(Jules Mansart)繼任主要建築師，增添禮拜堂、南北翼的建

築，及宮前的大道，並修建凡爾賽鎮讓人民前來居住。宮殿於1661年開始建設，1689年完成，花園部分直到1710年才完工。

歷經巴黎平民暴動與17世紀的投石黨叛亂後，讓路易十四下決心在1682年正式將王宮從羅浮宮遷至凡爾賽宮，並強迫他的貴族一起遷到這裡好監視他們、削弱他們的勢力。頓時這裡成為歐洲最大最豪華的宮殿，全盛時期王室有36,000多人在此居住。直到1789年法國大革命爆發，路易十六被人民挾持搬回巴黎，才結束了此處的君主極權時代。

花園(Jardin)

由景觀設計師勒諾特(André Le Nôtre)設計，展現法式對稱美學，被稱為最完

美的法式花園。全盛時期曾
有1,400多座噴泉，如今剩下
300多座，以中心的阿波羅噴
泉最出名。其中的大運河在路
易十四時期便時常舉行泛舟宴
會，目前亦可租船體驗湖上划
船的樂趣。花園在夏季(4～10
月)會有大型音樂水舞表演(Les
Grand Eaux Musicales)，壯觀
而華麗，7、8月時更會推出夜
間燈光水舞秀。

大翠安儂宮(Grand Trianon)

路易十四為其情婦曼德儂夫人(Madame
De Maintenon)所建，以粉色大理石的廊柱
外觀最為明顯。國王有時厭倦了凡爾賽宮
的繁文縟節也會到此居住，拿破崙也曾於
此居住。

小翠安儂宮(Petit Trianon)

路易十五的離宮，為其情婦龐巴朵夫人
所建，後來瑪麗安東奈特皇后增建了英式
花園及農莊、愛人殿、王妃之家，她時常
在此與宮女養雞養鴨、種田織衣嚮往著農
村的生活。

1.法國在位最久的國王──路易十四
2.在大運河和一艘船感受划船的氣氛
3.廣大的凡爾賽宮花園
4.大翠安儂宮由路易十四所建
5.小翠安儂宮旁的愛人殿氣氛浪漫

Data
地址：Château de Versailles 78000 Versailles
電話：01 30 83 78 00
營業時間：4～10月週二～日09:00～
18:30，11～3月週二～日09:00～17:30，週
一休息
門票：一日通票(Passeport)包含宮殿、大小
翠安儂宮、花園門票、中文語音導覽18€，
有水舞表演時25€；宮殿全票15€，花園免
費，有水舞表演時全票8€，學生6€。適用博
物館卡，每月第一個週日免費
前往方式：搭乘RER-C5線VICK列車至
Versailles Rive Gauche下車，步行至凡爾賽
宮約10分鐘
網址：www.chateauversailles.fr

參觀重點 ☼

⤷ 入口 Entrée

來到凡爾賽宮的第一眼將被這尊路易十四的青銅雕像吸引住，騎在馬上準備出征，顯出王者與眾不同的氣勢。

⤷ 大理石庭院 Cour

這處庭院原是由路易十四的父親路易十三打造的狩獵行宮，路易十四以此為基礎建造了廣大的凡爾賽宮。

⤷ 皇家禮拜堂 Chapelle Royale

進入凡爾賽宮參觀的第一個重點，路易十六與瑪麗皇后舉行婚禮的皇家禮拜堂，分為上下兩層，上層提供皇室專用，下層則是臣民使用。

⤷ 維娜斯廳 Salon de Vénus

金星廳，原有一套擺放水果和點心的銀製餐具，後來因籌措戰爭經費而鎔鑄。

為首的維納斯廳中——尊路易十四的雕像

狄安娜廳 Salon de Diane

月神廳，原本作為路易十四打撞球的遊戲間，以各種瓷器裝飾，有一尊路易十四的半身雕像。

戰神廳 Salon de Mars

火星廳，代表戰爭之神的火星也是最受到路易十四喜愛的一個房間，以各種功績作為裝潢顯露出王者好大喜功的個性。

阿波羅廳 Salon d'Apollon

原本有一把銀製的御座，供路易十四在此接見重要的賓客，後來因為戰爭需要被鎔鑄。現在可見的是天花板上會有阿波羅馬車的壁畫。

鏡廳 Galerie des Glaces

凡爾賽宮最迷人的重點，1919年協約國和同盟國在此簽下「凡爾賽條約」，表示第一次世界大戰結束。24個水晶燈懸掛天花板上，17面巨大鏡子反射花園景像，晚上則燈火相映，華麗無比。

戰爭廳 Salon de la Guerre

進入鏡廳之前的小廳，值得關注的是路易十四的浮雕，下方有兩尊金色奴役雕像支撐，上方兩尊天使圍繞，為了紀念荷蘭之戰。

༺ 國王房間 Chambre de Roi

凡爾賽宮各廳的名字均是以太陽為中心的宇宙行星來命名，因此在最中央的房間自然是國王早朝與就寢的地方，在這裡可以看見太陽升起。目前房間保持著1715年路易十四逝世的模樣。

༺ 皇后房間
Chambre de la Reine

共有7個房間的皇后套房，床鋪上方裝飾的羽毛相當高雅貴氣。

༺ 牛眼間 Œil de Bœuf

因為牆壁上方有一個狀似牛眼的方窗而有了牛眼間的稱號，位在國王房間的南邊，用來接見貴族和王室成員。法國大革命爆發時，瑪麗皇后便是由此逃入國王的房間，躲過一劫。

༺ 貴族間 Salon des Nobles

提供皇后用來接見新入宮的女賓之用，由瑪麗皇后在1785年改裝成她喜歡的蘋果綠壁紙及金色飾條。

270

奧維
Auvers-sur-Oise

奧維小鎮上梵谷生前最後見到的稻田

寧靜純樸的奧維小鎮

　　1890年畫家梵谷在奧維的麥田舉槍自殺，這處是他生前最後居住的小鎮，隨處都是他筆下的風景，包含《奧維教堂》、《麥田烏鴉》、《市政廳》，現在仍然維持著畫家當年居住時的模樣。

　　對於喜歡畫家梵谷的人來說，奧維是不可錯過的小鎮。梵谷在朋友高謝醫生(Dr. Gachet)的建議下到此休養，僅住了70天，但卻留下超過70幅油畫及素描，鎮上畫家曾經親身待過、作畫的地方都有告示牌展現原畫的對比。如今梵谷與弟弟合葬在鎮上的墓園內。就在這處小鎮隨意的漫步，找尋梵谷筆下的風景。

Data 前往方式：搭乘RER-C至Pontoise，再轉往Persan-Beaumont方向的列車到Auvers-sur-Oise車站下車；4～10月有自巴黎北站直達Auvers-sur-Oise的火車，去程09:56，回程18:15

梵谷雕像
Statut de Vincent Van Gogh

在奧維公園裡孤立的梵谷，瘦弱背著畫架的身影顯露出藝術家的憂鬱氣質，為雕刻大師查德金(Zadkine)的作品。

市政廳
Mairie d'Auvers

曾出現在梵谷畫中的奧維市政廳。

哈伍客棧
Auberge Havoux

梵谷在奧維居住時便是住在這間客棧的5號房，至今都還保存著當時的模樣。

奧維教堂
Église Notre-Dame d'Auvers

在前往麥田和墓園前小斜坡上的教堂，為12世紀的建物，曾出現在梵谷筆下，該畫作現存於奧塞美術館。

梵谷與弟弟之墓
Cimitière

奧維的公墓園，梵谷之墓與一生在心靈和經濟都支持自己的弟弟西奧之墓兩兩相鄰。

麥田烏鴉
Le Champ de Blé aux Corbeaux

梵谷在奧維的麥田中舉槍自殺，這是他生前最後一幅畫作，充滿了陰鬱的氣氛，該畫作現存於荷蘭梵谷博物館。

梵谷與西奧之墓，左側為梵谷，右側為西奧

拿破崙在此發表退位演說的白馬階梯

楓丹白露

🏛 世界文化遺産

Château de Fontainebleau

比起凡爾賽宮的趾高氣揚，楓丹白露宮多了一份蕭瑟靜美，歷經法國歷代君王的整建，可以見到各個君主的標記，如亨利二世及梅迪奇、黛安娜的三角戀，有著H、D、C交纏的符號、拿破崙的蜜蜂、法蘭索瓦一世的火蠑螈。廣大的森林更是參觀完王宮後野餐休息的好去處。1981年列入世界文化遺產。

離巴黎東南方60公里楓丹白露宮，法文原意為「藍色噴泉」，因該地有一座八角小泉，泉水清澈優美。從12世紀起，路易六世在泉水旁修建城堡，作為狩獵行宮，偏愛楓丹白露的法蘭索瓦一世將這裡改建為有義大利文藝復興風格的建築，請來義大利畫家繪製繪畫，並因此產生了楓丹白露畫派。《蒙娜麗

代表法蘭索瓦一世的F及火蠑螈圖騰

莎》在羅浮宮展出之前便是收藏在這裡。共有1,500餘間房間的楓丹白露，可分為大套間、帝王套間、小套間、拿破崙一世博物館、中國館。亨利二世修建了白馬庭院的馬蹄形階梯，並於路易十五世時重新整建；拿破崙偏愛這裡，在此居住了很久一段時間，也是在1814年他在白馬庭院被逼簽字讓位，發表告別演說。城堡被楓丹白露森林所圍繞，是法國目前最大的森林，廣達16,855公頃。

Data 地址：Château de Fontainebleau 77300 Fontainebleau
電話：01 60 71 50 60
營業時間：10~3月週三~一09:30~17:00，4~9月週三~一09:30~18:00
門票：全票11€，18~25歲9€
前往方式：在里昂車站(Gare de Lyon)搭乘往Montargis Sens或Montereau方向的列車，於Fontainebleau-Avon站下車，須約38分鐘，單程票價8.05€；或搭乘RER-D線至Melun轉搭火車至Fontainebleau-Avon下車，再轉搭A線巴士往Les Lilas方向在La poste – Château下車即可抵達
網址：www.musee-chateau-fontainebleau.fr

參觀重點

🦎 白馬庭院
Cour du Cheval Blanc

進入楓丹白露宮後便可看到這處廣大的庭院，拿破崙在此發表退位演說，因此又被稱為告別庭院。

🦎 拿破崙一世博物館
Musée de Napoléon 1er

保存著拿破崙的服裝、家用品和收藏品的地方。

🦎 法蘭索瓦一世走廊
Galerie François 1er

64米長的走廊滿是文藝復興時期的裝飾與雕刻，是法國保存最好的一條16世紀文藝復興風格走廊。

🦎 御座殿 Salle du Trône

原是國王的房間，後來拿破崙使用時改為放置御座的地方。

🦎 英國花園 Jardin Anglais

原是法蘭索瓦一世修建的小松樹園，後拿破崙建成英式花園，其中一處八角泉即是楓丹白露命名的由來。

有水上城堡之稱的香堤伊堡

香堤伊堡

🏛 世界文化遺産

Château de Chantilly

在高盧羅馬時期，香堤伊在此建立城堡，後世便延用此名，因酷似小說《達文西密碼》中所虛構的李伊爵士堡，這座位巴黎北方的香堤伊堡便有名了起來。

為森林、湖泊環繞的香堤伊堡有「水上古堡」之稱，收藏豐富也讓它有「小羅浮宮」的美譽，這裡的法式花園為同樣替凡爾賽宮設計的景觀設計師勒諾特(André Le Notre)規劃，電影《瑪麗皇后》、《烈愛灼身》均到此取景。城堡最重要的主人包括路易十五的表兄孔代親王、路易十五的孫子歐馬公爵亨利(Duc d'Aumale)。到香堤伊參觀城堡後別忘了品嘗著名的「香堤伊奶油」(Crème Chantilly)，為路易十四時代的名廚瓦戴(Vatel)所發明，配上冰淇淋香甜可口。

參觀重點 ☼

藏書閣 Cabinet des Livres

這座讓人驚艷的藏書閣，顯示了歐馬公爵對閱讀的喜愛與收藏，建於1876年，這裡也作為閱讀室的用途。

大套房 Grands Appartements

19世紀風格的一系列房間，又分為候見廳(Antichambre)、護衛間(Salle des Gardes)、王子房間(Chambre de M. Le Prince)、角落閣(Cabinet d'Angle)和音樂廳(Salle de Musique)。

禮拜堂 Chapelle

城堡附有一間小巧莊嚴的禮拜堂，由奧馬公爵令建築師Honoré Daumet規劃，建於1882年。

畫廊 Galerie de Peintures

香堤伊是僅次於羅浮宮的古典畫作收藏代表，這邊可找到許多19世紀前的畫作。

小套房 Petits Appartements

華美的小套房共有9間房間，可分為隨興間(Salon de Guise)，收藏有歐馬公爵9歲時的肖像，及公爵夫人房(Chambre de la Duchesse)、公爵夫人客廳(Boudoir de la Duchesse)、歐馬公爵房(Chambre du Duc d'Aumale)。

花園 Jardin

香堤伊堡的花園面積達115公頃，十分壯觀，由勒諾特替孔代親王所設計，共有3座花園讓遊客可在此隨意散步，分別是17世紀勒諾特所建的法式花園、18世紀末的中英式花園、以及19世紀的英式花園。

Data 地址：Château de Chantilly 60500 Chantilly　電話：03 44 27 31 80
門票：城堡+花園+孔德博物館通票20€，城堡+花園14€　網址：www.chateaudechantilly.com
營業時間：11～3月週三～一09:30～17:00，4～10月週三～一09:30～18:00
前往方式：搭乘RER-D線在Chantilly-Gouvieux下車，須約53分鐘；或在北站(Gare du Nord)搭乘火車至Chantilly，須約24分鐘，再於火車站對面轉搭免費接駁巴士Le Duc於Chantilly, église Notre-Dame下車，或搭計程車(車程約5分鐘，8€左右)

©SCX

巴黎迪士尼樂園
Disneyland Resort Paris

　　繼美國兩座迪士尼、東京迪士尼之後，世界上第四座迪士尼樂園，於1992年開幕，分有兩大主題樂園，一為「迪士尼樂園」(Disneyland Park)，另一為「迪士尼影城」(Disney Studio)，並有以餐廳和飯店為主的迪士尼村。迪士尼樂園又可分為以維多利亞時代為背景的美國大街購物中心(Main street USA)、以睡美人城堡為主題的幻想世界(Fantastyland)、探索世界(Discoveryland)、冒險世界(Adventureland)、邊域世界(Frontierland)。巴黎迪士尼和其他迪士尼不同的地方在於這裡以歐洲古典風格為基調，因此園中的探險設備多是以19世紀法國文豪Jules Verne的科幻小說來想像，比起其他樂園以未來科技為主調更多了一分法國風。

 Data
地址：Disneyland 77700 Magny le Hongre
電話：01 64 74 40 00
營業時間：Disneypark週一〜日10:00〜20:00，Walt Disney Studios週一〜日10:00〜19:00
門票：1日2座樂園全票68€，提早預定(最少5日前)，1日1座樂園全票41€，1日2座樂園51€
前往方式：搭乘RER-A線往Marne-la-Vallée Chessy方向至終點站Marne-la-Vallée Chessy下車，須約40分鐘，單程票價6.7€
網址：www.disneylandparis.fr

瓦雷購物村暢貨中心
La Vallée Village

La Valée Village是巴黎近郊出名的outlet

位於郊區的La Vallée village購物村，保證至少67折的折扣，讓不少遊客專程到此來尋寶。沿著一棟棟的小木屋，特別有度假村的感覺，這裡可找到的品牌包含：Agnès.B、Armani、Burburry、Céline、Dolce&Gabbana、Kenzo、Longchamp、Polo Ralph Lauren、Versace。Isa曾在這邊買過40歐元左右的Longchamp包包、15歐元Armani襯衫，逛累了也可在附近的餐廳、咖啡館坐下來休息。

 Data 地址：3, cours de la Garonne 77700 Serris
電話：01 60 42 35 00　　營業時間：週一～日10:00～19:00
前往方式：搭乘RER-A線往Marne-la-Vallée Chessy方向至Val d'Europe下車，須約37分鐘
網址：www.lavalleevillage.com

279

Paris
巴黎旅館住宿

巴黎有各式各樣的旅館提供旅人選擇，在此Isa推薦你一些比較不一樣的旅館，讓你有難忘的巴黎旅行經驗！想要感受巴黎奢華的一面，可參考頂級奢華型的旅館；若預算中等，則可考慮連鎖的商務旅館，住得舒適而安全；想體會巴黎特別的一面，找間設計品味型的旅館，體會著名設計師的用心。巴黎的旅遊旺季約在4～9月之間，提早訂房多半可享受優惠價格。

頂級奢華型旅館	281
品味精緻型旅館	283
商務設計型旅館	286

©Hotel MamaShelter

頂級奢華型旅館

富給酒店
Hôtel Fouquet's Barrière

星辰廣場站

　　位在香榭大道上，巴黎最新的一座五星級酒店，由Jacques Garcia打造出低調奢華的室內裝潢風格，飯店附設的水療按摩池，蒸氣浴、和7座不同形態的按摩房，設備新穎而完善；附設的餐廳更有得過法國最佳創意美食獎的主廚Jean-Yves Leuranguer加持，是法國總統招待嘉賓的地方，也是法國奧斯卡凱薩獎晚宴宴客的地方喔！

Data　地址：99, av. Champs-Élysées 75008 Paris
電話：01 40 69 60 50
價位：750€起
網站：www.fouquets-barriere.com
MAP：P37

©Hotel Fouquet's Barrière

©Hotel Fouquet's Barrière

©Hotel Fouquet's Barrière

1.主廚Jean-Yves Leuranguer加持的餐廳，用餐氣氛絕佳
2、3.由Jacques Garcier打造精緻奢華的室內裝潢

©Hotel Plaza Athénée

雅典娜廣場酒店 [星辰廣場站]
Hôtel Plaza Athénée

　　星光閃耀的雅典娜廣場酒店,位在名牌聚集的蒙恬大道上,是設計師、時尚記者、名模的最愛;也是《慾望城市》(Sex and the City)外景場地;只有兩間可眺望艾菲爾鐵塔的皇家套房(Suite Royale),更入選為世界十大酒店套房之一。這邊由Patrick Jouin所設計的高質感酒吧,是巴黎時尚人士愛去的地方;米其林三星名廚Alain Ducasse坐鎮的餐廳更是老饕首選。此外,Dior也在此開設了美容沙龍,讓你住宿飯店就可享用明星商品的按摩療程。想要享受一晚奢華的巴黎,絕對要選擇雅典娜廣場酒店。

Data　地址:25, Avenue Montaigne 75008 Paris
電話:01 53 67 66 65
價位:550€起
網站:www.plaza-athenee-paris.com
MAP:P37

1.露天餐廳神祕而氣氛絕佳
2.雅典娜飯店中的Dior美容沙龍
3.可眺望艾菲爾鐵塔的皇家套房

©Hotel Plaza Athénée

設計品味型旅館

小磨坊旅館
Hôtel Petit Moulin

　　小磨坊旅館曾獲選全球十大藝術旅館，這間四星旅館本身為一棟17世紀的老建築所改建，內部裝潢由時裝設計師拉克華(Christian Lacroix)一手打造，17間風格迥異的房間，讓你彷彿在拉克華華麗的穿衣間裡遊晃，有著設計師向有的濃郁華麗風格與對瑪黑區的想像。

Data 地址：20/31, rue du Poitou 75003 Paris
電話：01 55 37 73 77
價位：150€起
網站：www.paris-hotel-petitmoulin.com

©Hotel Petit Moulin

高雅而充滿色彩的大廳

©Hotel Petit Moulin

閣樓也能搭出完美有創意的空間感

方塊旅館
Hôtel Kube

©Hotel Kube

　　如果你想在巴黎有一晚不一樣的體驗，那麼這間有著冰塊床的旅館是可以考慮的選擇。外表是一間奧斯曼式的古典大宅，內部是一間四星級的設計旅館，難以想像其中有著一座零下12度的伏特加冰吧！

　　在這邊可以暢飲知名的Grey Goose伏特加，穿上雪衣、手套就像來到冰天雪地之中，而由裝置藝術家精心設計的冰塊砌成冰牆，配上各色燈光閃爍，氣氛夢幻迷人，是非常特殊難得的體驗。舒適的客房都配有空調、電視、衛浴、遊戲機等相當宜人的設備，採取指紋控制的系統更讓人有住在高科技飯店的感覺呢！

Data 地址：1-5, passage Ruelle 75018 Paris
電話：01 42 05 20 00
價位：168€起

©Hotel Kube

到冰旅館體驗一下
零下暢飲的快感

©Hotel MamaShelter

媽媽保護旅館
MamaShelter

©Hotel MamaShelter

如果你是法國設計師Philippe Starck的粉絲的話,一定要來住這間設計旅館!位於目前開始新興的藝術家、設計師聚集的20區Saint-Balaise,設計概念是有如繭的溫暖感覺,裝潢取向與家具挑選都充滿了Starck現代又有趣的風格,是品味人士首選的設計旅館!

©Hotel MamaShelter

 Data　地址:109 rue de Bagnolet 75020 Paris
　　　電話:01 43 48 48 48
　　　價位:99€起
　　　網站:mamashelter.com

1.Mamashelter充滿藝術氣息的大廳
2.附有蘋果電腦的客房,很對設計人士的味
3.充滿設計感的房間

商務舒適型旅館

Mercure

　全球知名連鎖旅館，在法國有多達266間旅館，多半是三至四星等級，舒適而方便。在奧里、戴高樂機場，以及巴黎大型展場「Paris Expo」、93省展覽中心「Parc d'Exposition」附近都有旅館。

Data 價位：120€起
　　　網址：www.mercure.com

©Mercure

Ibis

　全球近20個國家、800間分館的Ibis是1974在法國波爾多建立的連鎖經濟旅館，在巴黎也有45間分館，巴黎南方展場「Paris Expo」、93省展覽中心「Parc d'Exposition」及戴高樂機場。

Data 價位：90€起
　　　網址：www.ibishotel.com

©Ibis

Novotel

　分館多半位於市中心，交通便利、理想、舒適的連鎖中階旅館，屬於旗下擁有Etap、IBIS的Accord集團。也提供商務旅行所需要的設備。

Data 價位：90€起
　　　網址：www.novotel.com

©Novotel

©Novotel

這次購買的書名是——
搭地鐵玩遍巴黎 2014最新版(世界主題之旅 71)

＊ **01** 姓名：＿＿＿＿＿＿＿＿＿＿ 性別：□男　生日：□女　民國＿＿＿＿＿ 年

＊ **02** 市話：＿＿＿＿＿＿＿＿ 手機：＿＿＿＿＿＿＿＿＿＿

＊ **03** E-Mail：＿＿＿＿＿＿＿＿＿＿＿＿＿＿＿＿＿＿

＊ **04** 地址：□□□□□＿＿＿＿＿＿＿＿＿＿＿＿＿＿

05 你決定購買這本書的主要原因是：(請選出前三項，用1、2、3表示)
□題材適合　□封面設計　□內頁編排　□內容清楚實用
□資訊豐富　□價格合理　□其他＿＿＿＿＿＿＿＿

06 你的旅行習慣是怎樣的：
□跟團　□機＋酒自由行　□完全自助　□旅居
□短期遊學　□打工度假

07 通常在一趟旅行中，您的購物預算是多少(新台幣)：
□10,000以下　□10,000～30,000　□30,000～100,000　□100,000以上

08 您通常跟怎樣的旅伴一起旅行：
□父母　□另一半　□朋友2人行　□跟團
□親子　□自己一個　□朋友3～5人

09 在旅行過程中最讓你困擾的是：(請選出前三項，用1、2、3表示)
□迷路　□住宿　□餐飲　□買伴手禮
□行程規畫　□語言障礙　□突發意外

10 你需要怎樣的旅館資訊：(請選出前三項，用1、2、3表示)
□星級旅館　□商務旅館　□設計旅館　□一般旅館
□青年旅館　□民宿

11 你認為本書哪些資訊最重要：(請選出前三項，用1、2、3表示)
□餐飲　□景點　□住宿　□地圖
□行程規畫　□購物逛街　□貼心提醒　□教戰守則

12 你有使用「智慧型手機」或「平板電腦」嗎？ **13** 你會購買旅遊電子書嗎？
□有　□沒有　□會　□不會

14 你最期待旅遊電子書有哪些功能？(請選出前三項，用1、2、3表示)
□美食　□景點　□購物　□交通
□住宿　□地圖　□GPS定位　□其他＿＿＿＿

15 若你有使用過電子書或是官方網路提供下載之數位資訊，真正使用經驗及習慣？
□隨身攜帶很方便且實用　□國外上網不方便，無法取得資訊
□電子工具螢幕太小，不方便閱讀　□其他＿＿＿＿＿＿＿

16 計畫旅行前，你通常會購買多少本參考書：＿＿＿＿＿＿＿＿ 本

17 你最常參考的旅遊網站、或是蒐集資訊的來源是：
＿＿＿＿＿＿＿＿＿＿＿＿＿＿＿＿＿＿＿＿＿＿＿＿＿

18 你習慣向哪個旅行社預訂行程、機票、住宿、或其他旅遊相關票券：
＿＿＿＿＿＿＿＿＿＿＿＿＿＿＿＿＿＿＿＿＿＿＿＿＿

19 你會建議本書的哪個部分，需要再改進會更好?為什麼?
＿＿＿＿＿＿＿＿＿＿＿＿＿＿＿＿＿＿＿＿＿＿＿＿＿

20 你是否已經照著這本書開始操作?使用本書的心得是?有哪些建議?
＿＿＿＿＿＿＿＿＿＿＿＿＿＿＿＿＿＿＿＿＿＿＿＿＿

填表日期：＿＿＿＿年＿＿＿＿月＿＿＿＿日

讀者回函

掌握最新的旅遊與學習情報，請加入太雅出版社「旅行與學習俱樂部」

很高興您選擇了太雅出版社，陪伴您一起享受旅行與學習的樂趣。只要將以下資料填妥回覆，您就是「太雅部落格」會員，將能收到最新出版的電子報訊息!

填問卷，送好書
(限台灣本島)

凡填妥問卷(星號＊者必填)寄回、或傳真回覆問卷的讀者，即可獲得太雅出版社「生活手創」系列《一對》或《旅行》一本。活動時間為2014/01/01至2014/12/31。數量有限，郵戳為憑，送完為止。二選一，請勾選

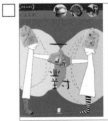

太雅部落格
taiya.morningstar.com.tw

太雅愛看書粉絲團
www.facebook.com/taiyafans

(請沿此虛線壓摺)

| 廣　告　回　信 |
| 台灣北區郵政管理局登記證 |
| 北 台 字 第 1 2 8 9 6 號 |
| 免　貼　郵　票 |

太雅出版社　編輯部收

台北郵政53-1291號信箱

電話：(02)2882-0755

傳真：**(02)2882-1500**

(若用傳真回覆，請先放大影印再傳真，謝謝！)

(請沿此虛線壓摺)

太雅出版社

太雅部落格 http://taiya.morningstar.com.tw

有 行 動 力 的 旅 行 ， 從 太 雅 出 版 社 開 始

(請沿此虛線裝訂)